Kohlhammer

Der Autor

Dr. Christoph Mattes ist Dozent an der Hochschule für Soziale Arbeit der Fachhochschule Nordwestschweiz (FHNW). Nach einer Lehre zum Bankkaufmann studierte er Soziale Arbeit, Betriebswirtschaftslehre und Erziehungswissenschaft in Berlin und Freiburg und absolvierte den Master of Advanced Studies in Coaching, Supervision und Organisationsentwicklung in Zürich. Seit 2009 leitet er die internationalen Oltner Verschuldungstage sowie seit 2018 die Nationalfondsstudie »In der Sozialhilfe verfangen – Hilfeprozesse bei Armut, Verschuldung und Sozialhilfe« (Laufzeit bis 2022) und weitere Forschungs- und Evaluationsstudien zum Thema Verschuldung und Schuldenberatung in der Sozialen Arbeit (www.forum-schulden.ch).

Christoph Mattes

Schuldenberatung und Schuldenprävention als Soziale Arbeit

Grundwissen und Handlungskonzepte

Verlag W. Kohlhammer

Dieses Werk einschließlich aller seiner Teile ist urheberrechtlich geschützt. Jede Verwendung außerhalb der engen Grenzen des Urheberrechts ist ohne Zustimmung des Verlags unzulässig und strafbar. Das gilt insbesondere für Vervielfältigungen, Übersetzungen, Mikroverfilmungen und für die Einspeicherung und Verarbeitung in elektronischen Systemen.

Die Wiedergabe von Warenbezeichnungen, Handelsnamen und sonstigen Kennzeichen in diesem Buch berechtigt nicht zu der Annahme, dass diese von jedermann frei benutzt werden dürfen. Vielmehr kann es sich auch dann um eingetragene Warenzeichen oder sonstige geschützte Kennzeichen handeln, wenn sie nicht eigens als solche gekennzeichnet sind.

Es konnten nicht alle Rechtsinhaber von Abbildungen ermittelt werden. Sollte dem Verlag gegenüber der Nachweis der Rechtsinhaberschaft geführt werden, wird das branchenübliche Honorar nachträglich gezahlt.

Dieses Werk enthält Hinweise/Links zu externen Websites Dritter, auf deren Inhalt der Verlag keinen Einfluss hat und die der Haftung der jeweiligen Seitenanbieter oder -betreiber unterliegen. Zum Zeitpunkt der Verlinkung wurden die externen Websites auf mögliche Rechtsverstöße überprüft und dabei keine Rechtsverletzung festgestellt. Ohne konkrete Hinweise auf eine solche Rechtsverletzung ist eine permanente inhaltliche Kontrolle der verlinkten Seiten nicht zumutbar. Sollten jedoch Rechtsverletzungen bekannt werden, werden die betroffenen externen Links soweit möglich unverzüglich entfernt.

1. Auflage 2021

Alle Rechte vorbehalten
© W. Kohlhammer GmbH, Stuttgart
Gesamtherstellung: W. Kohlhammer GmbH, Stuttgart

Print:
ISBN 978-3-17-034793-9

E-Book-Formate:
pdf: ISBN 978-3-17-034794-6
epub: ISBN 978-3-17-034795-3

Inhaltsverzeichnis

1	**Einleitung**		9
	1.1	Warum »Schuldenberatung und Schuldenprävention als Soziale Arbeit«?	9
	1.2	Verständnis dieses Buches	12
	1.3	Aufbau dieses Buches	13
	1.4	Die Schuldenberatung im deutschsprachigen Raum	14
		1.4.1 Deutschland	15
		1.4.2 Österreich	16
		1.4.3 Schweiz	16
	1.5	Schuldenberatung auf europäischer und internationaler Ebene	17
2	**Eine erste Standortbestimmung zur Schuldenberatung**		21
	2.1	Schuldenberatung als Antwort auf gesellschaftliche Veränderungsprozesse	22
	2.2	Schuldenberatung als Fortschrittskonzept	23
	2.3	Schuldenberatung als Spezialisierung und Arbeitsteilung	24
	2.4	Schuldenberatung als Akteur*innen im Rechtssystem des Konsument*innenschutzes	25
	2.5	Schuldenberatung als Hilfe im Markt der Zahlungsstörungen	27
	2.6	Schuldenberatung in einer verschuldungsgeleiteten Volkswirtschaftlicher	27
	2.7	Fazit: Verschuldung und Ungleichheit als Herausforderung	29
3	**Theoretische Grundlagen zu Verschuldung**		30
	3.1	Definition Verschuldung und Überschuldung	31
		3.1.1 Grundannahmen und Unschärfen	31
		3.1.2 Ver- und Überschuldung aus sozialwissenschaftlicher Sicht	33
		3.1.3 Ver- und Überschuldung aus Gläubiger*Innensicht	35
		3.1.4 Ver- und Überschuldung aus der Perspektive der Sozialen Arbeit	35
		3.1.5 Überschuldung als soziales Problem und sozialpolitische Referenzgröße	36
	3.2	Zur Entstehung von Verschuldung und Schuldenberatung	38

		3.2.1	Babylonische und alttestamentliche Bezüge zur privaten Verschuldung	38
		3.2.2	Professionelle Armenfürsorge in der Frühmoderne ..	39
		3.2.3	Schuldenberatung als Sozialdisziplinierung	40
		3.2.4	Vorratswirtschaft, Freiheitssymbole und Machtstrukturen	41
		3.2.5	Verschuldung und Konsumgesellschaft	43
		3.2.6	Vom Konsument*innenschutz zur Schuldenberatung	45
		3.2.7	Entstehung der spezialisierten Schuldenberatung	46
	3.3	Zum Verhältnis von Budgetberatung und Schuldenberatung	48
	3.4	Was verstehen wir heute unter Schuldenberatung	49
	3.5	Fazit: Begriffsverständnisse von Überschuldung und Schuldenberatung	50
4	**Professionalisierung der Schuldenberatung als Soziale Arbeit** ..	52
	4.1	Die Professionalisierung der Schuldenberatung als Entwicklungsprozess..	53
		4.1.1	Standardisierung der Beratungsverläufe der Schuldenberatung	54
		4.1.2	Dienstleistungsorientierung der Schuldenberatung ..	57
		4.1.3	Typologisierung professioneller Beratungsverständnisse	57
		4.1.4	Die »Soziale Schuldnerberatung« als Teil der Wohlfahrtspflege	60
		4.1.5	Kriterien guter Schuldenberatung	63
	4.2	Professionalität in der Schuldenberatung aus theoretischer Perspektive..	64
		4.2.1	Professioneller Habitus in der Schuldenberatung	65
		4.2.2	Arbeitsbündnis in der Schuldenberatung.............	66
		4.2.3	Alltags- und Lebensweltorientierung der Schuldenberatung	67
		4.2.4	Sozialraumorientierung und Partizipation	68
	4.3	Bezüge zum Berufskodex Soziale Arbeit	69
	4.4	Fazit: Schuldenberatung als professionelle Soziale Arbeit ...	70
5	**Verschuldung als Konzept**	**72**
	5.1	Forschungsstand..	73
	5.2	Kritische Lebensereignisse	74
	5.3	Grundannahmen eines Verschuldungskonzeptes	75
		5.3.1	Rechtliche Aspekte	77
		5.3.2	Konsument*innenschutz	78
		5.3.3	Soziale Sicherung	79
		5.3.4	Lebenslage und soziale Ungleichheit	81
		5.3.5	Lebensereignisse mit wirtschaftlichen Schocks	84
		5.3.6	Individuelle Bewältigungsstrategie	84
	5.4	Fazit: Verschuldung als Konzept	86

6	**Ausgewählte Kennzahlen und Befunde zu Verschuldung**		**87**
	6.1 Verschuldungsindikatoren in Deutschland		88
	6.2 Die Ratsuchenden der Schuldenberatungsstellen		93
		6.2.1 Alter und altersspezifischer Verschuldungsumfang	94
		6.2.2 Gläubiger*innenanzahl und Verschuldungsumfang	95
		6.2.3 Gläubigerkategorien und durchschnittliche Forderungshöhe	96
		6.2.4 Einkommens und Verschuldungsstruktur	98
	6.3 Armut und Verschuldung in der Schweiz		99
		6.3.1 Dauer der finanziellen Schwierigkeiten	100
		6.3.2 Verschuldung und Zahlungsrückstände	101
		6.3.3 Bisherige Strategien zur Verbesserung der Situation	103
		6.3.4 Verschuldung und Gesundheit	104
		6.3.5 Subjektive Bewältigung	105
	6.4 Fazit: Was ist die problematische Verschuldung?		106
7	**Beratungsansätze bei Verschuldung**		**107**
	7.1 Systemische Beratung		109
		7.1.1 Grundlagen der systemischen Beratung	110
		7.1.2 Systemische Aspekte in der Schuldenberatungspraxis	114
		7.1.3 Beispielfragen	117
	7.2 Lösungsorientierte Beratung		119
		7.2.1 Lehrsätze der lösungsorientierten Beratung	120
		7.2.2 Merkmale lösungsorientierter Beratung	121
		7.2.3 Von der Wunderfrage zur Wunderskala	125
		7.2.4 Beispielfragen	126
	7.3 Ausblick: Hypnosystemische Beratung – Beratung mit Lösungserlebnissen		127
	7.4 Fazit: Beratung in der Schuldenberatung		129
8	**Schuldenprävention**		**131**
	8.1 Grundzüge von Schuldenprävention		132
		8.1.1 Ziel und Widerspruch der Schuldenprävention	133
		8.1.2 Risiko- und Schutzfaktoren bei Verschuldung	134
		8.1.3 Verhalten und Verhältnisse	138
		8.1.4 Klassifizierungen von Prävention	139
	8.2 Schuldenprävention konkret		143
		8.2.1 Betroffenengruppen	143
		8.2.2 Exkurs: Jugendverschuldung	145
		8.2.3 Setting als Rahmen	147
		8.2.4 Bedürfnisse der Zielgruppe	149
		8.2.5 Erreichbarkeit der Zielgruppen	150
		8.2.6 Der Peer-to-Peer Ansatz	151
	8.3 Ausgestaltung von Maßnahmen der Schuldenprävention		153
		8.3.1 Mögliche Ziele und Handlungsstrategien	153
		8.3.2 Handlungsebenen und Handlungsfelder	154

		8.3.3	Für Schuldenprävention dienliche Grundsätze	156
	8.4		Fazit: Erfolgsfaktoren der Schuldenprävention	161
9	**Evaluation als Grundlage der Professionalität**			**163**
	9.1		Grundbegriffe und Nutzen	164
	9.2		Wirkungsmodell der Schuldenberatung und Schuldenprävention	166
	9.3		Finanzielle Bildung bei Verschuldung	169
	9.4		Fazit: Keine Professionalität ohne Evaluation	170
10	**Herausforderungen der Schuldenberatung als Soziale Arbeit: Ein Ausblick**			**172**
Literatur				**174**
Abbildungs- und Tabellenverzeichnis				**184**

1 Einleitung

Ist Schuldenberatung die Arbeit mit Schlitzohren? Auf den ersten Blick und beruhend auf einer parteilichen Haltung der Leserschaft von Büchern der Sozialen Arbeit für Armutsbetroffene oder anderweitig benachteiligte Personengruppen, dürfte die Antwort auf diese Frage mit ›nein‹ ausfallen. Historisch gesehen lautet die Antwort aber ›ja‹. Die Redewendung des Schlitzohrs wurde im 19. Jahrhundert durch die Handwerkszünfte geprägt. Vor allem Zimmermänner, die auf Wanderschaft waren, trugen ihr Erspartes als goldenen Ring mit dem Wappen ihrer Zunft im Ohr. Ließ sich der Zimmermann etwas zuschulden kommen, wurde dieser Ring aus dem Ohr gerissen, um mit dem Gegenwert den Schaden oder die daraus entstandenen Schulden zu begleichen. Es verblieb ein Schlitz im Ohr, der fortan die Mitmenschen und vor allem zukünftige Meister warnen sollte.

Wem nun aber die Redewendung des Schlitzohrs in einem Fachbuch der Sozialen Arbeit zu unangebracht erscheint, dem hilft vielleicht ein Symbol aus dem antiken Griechenland. Damals wurde, wenn sich Hauseigentümer verschuldeten, als Pfand für den Kredit nicht bürokratisch eine Grundschuld oder eine Hypothek in das Grundbuch eingetragen. Es wurde ein großer Stein auf das Dach gelegt. Dieser signalisierte, dass das Haus mit Schulden belegt ist. Diese Praktik erklärt das Sprichwort »Wenn die Schulden das Dach eindrücken«.

Ob nun Schlitzohren oder verschuldete Hausbesitzer – die Menschen, die zur damaligen Zeit hinter diesen Redewendungen standen, sind die heutigen Zielgruppen der Sozialen Arbeit. Dies aber erst dann, wenn aus ursprünglich umworbenen Kund*innen der Konsum- und Kreditwirtschaft säumige Zahler*innen von Forderungen geworden sind.

1.1 Warum »Schuldenberatung und Schuldenprävention als Soziale Arbeit«?

Sich mit Schulden auszukennen, ist eine praxisorientierte Kernkompetenz der Sozialen Arbeit, die sich im beruflichen Handeln mit Klient*innen sehr oft einsetzen lässt. Dabei geht es nicht nur darum, im Rahmen spezialisierter Schuldenberatungsstellen Hilfen anzubieten. Schuldenberatung bedeutet auch, Unterstützung zur Bewältigung wirtschaftlicher Probleme auch dort zu geben, wo Menschen sich in unterschiedlichsten Lebenssituationen und mit unterschiedlichsten Problemen hinwenden: an Hilfeangebote für Jugendliche und jungen Erwachsenen, für Familien und Erziehungsberatung, der Straffälligen-, Sucht- und Obdachlosenhilfe, in öffentlichen Sozialdiensten bis hin zu Unterstützungsangeboten älterer Menschen. Die entscheidende Kompetenz ist es daher, Expert*innenwissen zu Verschuldung in unterschiedliche Hilfeangebote und Hilfeprozesse der Sozialen Arbeit so einzubeziehen, dass dabei der Charme einer professionellen Beratung und Intervention nicht verloren geht.

Dass jedoch durch Expert*innenwissen die Professionalität der Sozialen Arbeit nicht zwangsläufig geschaffen oder erhöht, sondern auch unschärfer oder verloren gehen kann, zeigt gerade die Vielschichtigkeit von Schuldenberatung auf. Ihre Brillanz, im Einzelfall tatsächlich das Problem der Verschuldung hilfesuchender Haushalte lösen zu können, was zu einer beträchtlichen Wertschätzung durch die Ratsuchenden führen kann, macht sie in der Disziplin der Sozialen Arbeit eher unnahbar. So ist Schuldenberatung oft mit dem Makel des Normativen eines schuldenfreien Lebens behaftet und muss sich gelegentlich auch den Vorwurf gefallen lassen, Erfüllungsgehilfe der Gläubiger*innen zu sein. Einen eindeutigen Bezug »Schuldenberatung ist Soziale Arbeit« herzustellen und fachlich zu begründen, ist daher das zentrale Anliegen dieses Buches.

Nun ist die Soziale Arbeit nicht die einzige Profession, die bei Verschuldung helfen will oder kann. Das Feld der rechtsberatenden Berufe ist groß, und immer wieder entwickeln sich Beratungsangebote, die im rechtlichen Graubereich der gewerblichen Schuldenregulierung oder der nicht erlaubten Rechtsberatung Hilfe anbieten. Doch was rechtlich möglich, unmöglich erlaubt oder verwehrt ist, soll nicht Gegenstand dieses Buches sein. Ganz im Gegenteil, die Erarbeitung dieses Buches beruht auf der Maßgabe, die Schuldenberatung nicht anhand juristischer Aspekte vorzustellen. Das Anliegen ist vielmehr, den genuinen sozialarbeiterischen Gehalt zu explorieren: Was ist bei der Beratung von verschuldeten Menschen wichtig, wenn die Kernanliegen der Profession der Sozialen Arbeit mitgedacht werden und das Fundament der Beratung bei Verschuldung darstellen sollen. So zeigt sich, dass aus dem juristisch geprägten Thema Verschuldung und Schuldenberatung ein über das Setting Einzelhilfe hinausreichendes Anliegen unserer Profession wird: Ungleichheit zu bekämpfen und Bedingungen für einen gelingenden Alltag und eine gesellschaftliche Teilhabe zu schaffen.

Gerade unter dem Aspekt, trotz Verschuldung einen gelingenden Alltag zu ermöglichen, ist die jüngere Geschichte der Schuldenberatung eine Erfolgsgeschichte. Insbesondere ihre politische Einflussnahme hat dazu geführt, den Schuldner- und Pfändungsschutz auszubauen bis hin zur Durchsetzung von Restschuldbefreiungsverfahren in den meisten europäischen Ländern, die seither umfassende Möglichkeiten der Entschuldung mit sich bringen und den Betroffenen wieder gleichwertige gesellschaftliche Teilhabe ermöglichen. Vieles von dem, was heute an Interventionen zur Verfügung steht, wurde durch Schuldenberatungsstellen, Wohlfahrtsverbände, Konsument*innenschutzorganisationen und Hilfswerke sozialpolitisch erarbeitet und durchgesetzt. Schuldenberatung entstand somit durch Organisationen, bei denen die Soziale Arbeit vielfach eine zen-

1.1 Warum »Schuldenberatung und Schuldenprävention als Soziale Arbeit«?

trale Rolle bei der Formulierung und Durchsetzung sozialpolitischer Forderungen einnimmt und entsprechende Hilfen angeboten werden. Die Frage ist jedoch, ob sich der sozialarbeiterische Gehalt der politischen Arbeit der Verbände und Organisationen auch in der alltäglichen Beratungspraxis zeigt und anhand welcher Aspekte dies reflektiert und dargestellt werden kann. Hier lohnt sich eine Auseinandersetzung mit dem Professionalisierungsdiskurs der Sozialen Arbeit. Soweit sich dieser in den letzten Jahren entwickelt und konkretisiert hat, bietet er Orientierungshilfe dafür, inwiefern das, was in der Schuldenberatung und in der Beratungspraxis der Sozialen Arbeit zu finanziellen Schwierigkeiten angeboten und geleistet wird, professionelle Soziale Arbeit darstellt.

Schließlich geht es in diesem Buch und im Alltag der Schuldenberatung auch um Schuldenprävention und dem damit verbundenen Bestreben, Verschuldung zu verhindern oder bestimmten Betroffenengruppen einen mündigen Umgang mit Schulden zu ermöglichen. Auch wenn sich die Schuldenprävention durch die Entwicklung einer Vielzahl didaktischer Materialien zu einem augenscheinlich bunten Feld der Präventionsarbeit entwickelt hat, sind die Erfolge der jüngeren Geschichte hier weitaus geringer als die der Einzelhilfe und Einzelfallberatung. Die Praxis der Schuldenprävention bleibt vor allem die zielgruppenspezifische Ausrichtung der Angebote, die professionelle Haltung der Akteur*innen der Präventionsarbeit und der Wirkungsnachweis solcher Programme und Maßnahmen schuldig. Dies zu klären, in Anlehnung an die Erkenntnisse und Erfahrungen der Sucht- und Gewaltprävention, und die Professionalität der Schuldenprävention zu schärfen, soll einen weiteren Beitrag dieses Buches zur Professionalisierungsdiskussion der Schuldenberatung als Soziale Arbeit leisten.

Um die genannten inhaltlichen Anliegen leisten zu können, gilt es auch, den Fachdiskurs innerhalb der Schuldenberatung zu analysieren und kritisch in den Blick zu nehmen. Dabei fällt auf, dass in den vergangenen Jahren nur noch wenige Veröffentlichungen zum Aspekt der Sozialen Arbeit in der Schuldenberatung erfolgten. Kritische Fragen an den Wissenschaftsdiskurs zur Sozialen Arbeit werfen auch auf, dass im aktuellen »Handbuch der Sozialarbeit/Sozialpädagogik« von Otto und Thiersch (Otto et al. 2018) der in den vorangegangenen Ausgaben enthaltene Beitrag zu Schuldenberatung (vgl. Proksch 2001: 1527–1531) nicht mehr erscheint. Wurde die Schuldenberatung aufgrund ihrer oft dominanten juristischen Prägung inzwischen aus dem Feld und dem wissenschaftlich geführten Fachdiskurs der Sozialen Arbeit verwiesen? Dieser Eindruck verfestigt sich bei der Lektüre genau der Buchpublikationen der letzten Jahre, die im Titel eigentlich einen direkten Bezug der Schuldenberatung zur Sozialen Arbeit versprechen (Schruth et al. 2011, Gastiger 2012). Deren Beiträge reichern vor allem die Rechtsberatungspraxis der Schuldenberatung an, nicht aber die methodischen Fragen der Beratung und Intervention durch die Soziale Arbeit. Hier markiert der Beitrag »Professionalität und Entfremdung« (Mattes/Lang 2015), das Buch »Soziale Schuldnerberatung – Prävention und Intervention« (Ansen 2018) und die Aufsätze des Themenhefts »Schulden und Schuldnerberatung« (Sozialmagazin 2020) eine Trendwende innerhalb des Fachdiskurses, wenngleich das Profil der Schuldenberatung als Soziale Arbeit durch einen neuen Terminus, den der »Sozialen Schuldnerberatung«, verwässert wird (Glatzel 2020, Ansen 2018). Somit ist in den letzten Jahren eine Rückbesinnung und ein wachsendes Bedürfnis der Fachpersonen der Schuldenberatung zu erkennen, sich nach vielen Jahren der juristischen Profilierung wieder auf die eigentliche professionelle Heimat der Sozialen Arbeit zurückzubesinnen (vgl. Mattes 2020: 23f).

1.2   Verständnis dieses Buches

Neben der Schwierigkeit einer gendergerechten Sprache, ergibt sich aus der juristischen Prägung heraus noch eine weitere, zu Beginn dieses Buches zu klärende Unschärfe, was den Gegenstandsbereich Verschuldung anbelangt. Geht es um »Verschuldete« im Sinne einer einzelnen Person, die nicht erfüllte Schuldverpflichtungen mit sich tragen, oder ist der »verschuldete Haushalt« gemeint, in dem eine oder mehrere Personen verschuldet sind, die Folgen daraus sich aber auf alle in diesem Haushalt lebende Personen auswirken? Konkret gesagt: Ist nur die Person, die als einkommensbeziehendes Haushaltsmitglied häufig auch für einen Großteil der Forderungen haftet Adressat*in der Beratung oder geht es im professionellen Verständnis auch um die Haushalts- oder Familienangehörigen, die zwar nicht für die Schuldentilgung herangezogen werden können, trotzdem aber mit den wirtschaftlichen und familiären Auswirkungen konfrontiert sind? Im Hinblick auf das Grundanliegen dieses Buches, von einer individualisierten Betrachtung von Verschuldung und Schuldenberatung zu einer alltagsorientierten Auseinandersetzung zu kommen, wird in diesem Werk soweit als möglich von verschuldeten »Haushalten« oder »Personen und Haushalten« gesprochen. Dabei ist es zwar nicht gleichgültig, wer im betroffenen Haushalt für die Zahlungsverpflichtungen rechtlich haftet und wer nicht. Im Mittelpunkt der fachlichen Auseinandersetzung stehen die Haushaltsgemeinschaften, also Ein- oder Mehrpersonenhaushalte, Familien oder familienähnliche Haushaltspraktiken, die als Verschuldungsbetroffene die Adressat*innen der Sozialen Arbeit und deren Beratung darstellen. Die Haushaltsgemeinschaft, mit ihrer eigenen Binnenstruktur, ihren Ritualen, Themen und Ressourcen, ist die zentrale Referenzgröße der Schuldenberatung, auf deren Grundlage Problemlösungen erarbeitet und ein gelingender Alltag ermöglicht werden kann. Soweit es um spezifische Zusammenhänge der Beratung einer einzelnen Person oder der Bildungs- und Partizipationsaspekte im Rahmen von Schuldenprävention handelt, bei der nicht die Haushaltsgemeinschaft, sondern einzelne Individuen im Vordergrund stehen, wird in diesem Buch von Personen oder Ratsuchenden gesprochen.

Zum Duktus dieses Buches gehört auch der Hinweis, dass es sich um eine kritische Auseinandersetzung mit Experte*innenwissen und Expert*innenberatung handelt. Gerade die Schuldenberatung definiert sich maßgeblich über Fachwissen und Expert*innenberatung, was nicht dem genuinen professionellen Beratungsverständnis der Sozialen Arbeit entspricht. Zugleich sieht sich die Schuldenberatung oft den Erwartungen und Zuschreibungen der Betroffenen gegenüber, die in der Annahme der Lösbarkeit der Verschuldung und schuldenspezifischem Fachwissen, im Beratungssetting dieses Expert*innenwissen einfordern. So wird Schuldenberatung immer auch das Bedürfnis nach Rechtsauskünften erfüllen müssen, um den Erwartungen der Betroffenen gerecht werden zu können. Schuldenberatung stellt die Gestaltung zweier parallel verlaufender Prozesse dar: die Information und Bildung der Ratsuchenden mit verschuldungsrelevantem Wissen; zudem aber auch die Beratung im Sinne der Klärung eigener Bedürfnisse und Erschließung individueller Fähigkeiten und Ressourcen, um die aktuelle Situation zu klären und Perspektiven der Betroffenen zu erarbeiten.

In diesem Buch wird Schuldenberatung und Schuldenprävention getrennt voneinander abgehandelt. Es handelt sich hier um eine rein analytische Trennung dieser beiden Bereiche. Das Phänomen der Verschuldung und das Hilfeangebot Schuldenberatung sind stark historisch oder durch ihre Entstehungsgeschichte als Einzelhilfe geprägt. Die Schuldenprävention, im Verständnis wie sie in diesem Buch eingeführt ist, orientiert sich dabei stark am Fachdiskurs der Sucht- und Gewaltprävention und der Gesundheitsförderung und zielt sowohl auf Verhaltens- wie auch Verhältnisprävention. Am Ende des Buches wird jedoch deutlich, dass Schuldenberatung nicht getrennt von Schuldenprävention erklärt und in der Praxis umgesetzt werden kann.

1.3   Aufbau dieses Buches

Der erste Teil dieses Buches setzen sich theoretisch mit Schuldenberatung auseinander. Ausgehend von einer ersten Standortbestimmung in Kapitel 2, folgen in Kapitel 3 die theoretischen Grundlagen von Verschuldung als sozialem Problem. Kapitel 4 widmet sich der Professionalisierung und Professionalität der Schuldenberatung als Soziale Arbeit. Die Genese der privaten Verschuldung als gesellschaftliches Konzept wird anschließend in Kapitel 5 und empirische Befunde zum Ausmaß in Kapitel 6 dargestellt. Der zweite Teil des Buches bietet eine anwendungsorientierte Verknüpfung der theoretischen Grundlagen von Beratung bei Verschuldung (▶ Kap. 7) und Schuldenprävention (▶ Kap. 8) mit praxisrelevanten Hinweisen für den Arbeitsalltag. Auch Kapitel 9 zur Evaluation von Schuldenberatung und Schuldenprävention schließt mit konkreten Evaluationsfragen für Fachpersonen der Beratungs- und Präventionspraxis.

Die Handlungsempfehlungen und Hinweise für die Praxis sind im Text mit entsprechenden Symbolen gekennzeichnet. Sie verstehen sich als Hinweise und Hilfestellungen zur Erarbeitung und Reflexion professioneller Hilfen im Sinne der Sozialen Arbeit.

Grundannahmen für die Beratungspraxis

 Reflexionsfragen zur Erarbeitung von Schuldenpräventionskonzepten

 Leitfragen zur Evaluation Ihres Beratungs- oder Präventionsangebots

1.4 Die Schuldenberatung im deutschsprachigen Raum

In diesem Buch sind die professionellen Grundzüge der Schuldenberatung und Schuldenprävention im deutschsprachigen Raum beschrieben und reflektiert. Dabei geht es nicht um einen wissenschaftlichen Vergleich. Dieser ist allein schon wegen der heterogenen sozialstaatlichen Zusammenhänge und der noch unterschiedlicheren rechtlichen Rahmenbedingungen von Verschuldung nicht möglich. Der an einzelnen Stellen vorgenommene Vergleich dient dazu, die Unterschiedlichkeit und die nationalen Besonderheiten exemplarisch darzustellen und darauf aufbauend Fragen der Professionalität der Schuldenberatung zu diskutieren. Hier geht es um Fachlichkeit und Professionalität in der Betrachtung von Unterschiedlichkeit, also eigene Bilder von dem, wie es ist und zu sein hat, anhand anderer Modelle und Herangehensweisen zu hinterfragen. Es lohnt der Blick, vom eigenen und als besonderer oder als einzig richtiger Weg angenommenen auch darauf zu blicken, wie es in einem der Nachbarländer geregelt und gehandhabt wird. Vielleicht auch um zur simplen Erkenntnis zu gelangen, dass weder das Eigene noch das Fremde der Königsweg der Bewältigung von Verschuldung ist. Anzumerken ist, dass der Fachdiskurs und der Forschungsstand zur Schuldenberatung in den drei Ländern sehr unterschiedlich differenziert ausgeprägt sind. Daher ist es nicht immer möglich, eine solche Analyse gleichgewichtig vorzunehmen. Um dies zu tun, wären weitreichende Forschungsfragen zu beantworten, was derzeit noch zukünftigen Forschungsvorhaben vorbehalten ist.

Um diesen Vergleich aber besser einordnen zu können, wird die Situation der Schuldenberatung in den drei Ländern Deutschland, Österreich und Schweiz nachfolgend anhand von Länderprofilen skizziert und tabellarisch dargestellt. Hierzu ist vorab darauf hinzuweisen, dass es bei ›der‹ Schuldenberatung nicht einzig und allein um den Beratungsprozess der ratsuchenden Personen und Haushalte geht. Wie in den nachfolgenden Kapiteln ausgeführt, steht Schuldenberatung auch für sozialpolitische Einflussnahme und teilweise auch für die im

Rahmen des Rechtssystems übernommenen Aufgaben. Die Länderprofile skizzieren daher die nationalen Kontextbedingungen, innerhalb derer Schuldenberatung agiert und angeboten wird.

Was die Relevanz der Einzelfallarbeit anbelangt sei darauf hingewiesen, dass in allen drei Ländern die spezialisierte Schuldenberatung verglichen mit den vielzähligen Stellen, die nicht spezialisierten oder in anderen Beratungsangebote integrierte Schuldenberatung anbieten, nur einen kleinen Teil der Beratungsleistung erbringen. Der größte Teil der betroffenen Haushalte bekommt im Zusammenhang anderer Hilfeangebote Beratung zu Budget- und Schuldenfragen. Umso wichtiger ist es, die Schuldenberatung nicht isoliert als Beratung für Betroffene, sondern vor allem auch hinsichtlich ihrer sozialpolitischen Einflussnahme fachlich zu diskutieren.

1.4.1 Deutschland

Die Schuldenberatung in Deutschland wird entweder direkt durch die Kommunen und Landkreise oder, mit öffentlicher Förderung, durch Institutionen der Wohlfahrtsverbände angeboten. Anfänglich war Schuldenberatung auch bei den Verbraucherzentralen beheimatet, die sich nach ersten grundlegenden gerichtlichen Entscheidungen zum Konsument*innenkredit und aufgrund rückläufiger öffentlicher Finanzierung der Verbraucherberatung und -bildung aus der Schuldenberatung weitgehend, aber nicht vollständig, zurückzogen (vgl. Ebli 2003: 53ff). Das parallele Angebot der Schuldenberatung durch die öffentliche und private Wohlfahrtspflege bildet sich auch in deren Fachverbandsstruktur ab. Hier ist die Bundesarbeitsgemeinschaft Schuldnerberatung e. V. (BAG-SB) als Zusammenschluss aller, mehrheitlich aber der durch die Kommunen und Landkreise getragenen Stellen tätig. Die wohlfahrtsverbandlichen Stellen sind über deren Spitzenverbände durch die Arbeitsgemeinschaft Schuldnerberatung der Verbände (AG SBV) organisiert, können aber zusätzlich auch Mitglied der Bundesarbeitsgemeinschaft Schuldnerberatung e. V. sein.

Die Schuldenberatung in Deutschland ist seit 1999 im Rahmen des Verbraucher*inneninsolvenzverfahrens für den obligatorischen außergerichtlichen Einigungsversuch als bescheinigende Stelle und in den gerichtlichen Verfahrensabschnitten auch als verfahrensbevollmächtigte Stelle tätig. Sie ist zudem im Rahmen der Einrichtung von Pfändungsschutzkonten bescheinigende Stelle. Die sich dadurch ergebende Finanzierungsfrage wird durch die Bundesländer geregelt. Das führt zu sehr uneinheitlichen sozialpolitischen Rahmenbedingungen der Schuldenberatung innerhalb Deutschlands.

Die sozialrechtliche Verortung sieht in der Schuldenberatung eine Akteurin der Bekämpfung von Arbeitslosigkeit und Armut, vor allem zur Bearbeitung und Lösung von Verschuldung als Vermittlungshemmnis arbeitsloser Hilfesuchender auf dem Arbeitsmarkt.

Neben einer bereits seit vielen Jahren andauernden Diskussion um die Reglementierung der Inkassobranchen, insbesondere der Rechtmäßigkeit der von verschuldeten Personen eingeforderten Inkassokosten, sind Insolvenzrechtsreformen und mit ihnen die Verkürzung der Laufzeit der Wohlverhaltensphasen der Restschuldbefreiungsverfahren ein politisches Dauerthema.

Bildungs- und Präventionsangebote werden von den einzelnen Stellen oder den Wohlfahrtsverbänden entwickelt und angeboten, stehen aber mit wenigen Ausnahmen nicht im Mittelpunkt der Arbeit der Schuldenberatung.

1.4.2 Österreich

Das Schuldenberatungsangebot in Österreich ist geprägt durch eine enge Anbindung an den Arbeitsmarktservice der Arbeitsämter und der Beteiligung am Privatkonkursverfahren. In allen Bundesländern sind eigenständige Schuldenberatungsstellen tätig, die zusammen eine bundesweit tätige Abwicklungsstelle der Treuhandschaften des Privatkonkurses tragen. Entsprechend ergibt sich in den Bundesländern ein flächendeckendes, aber föderal geprägtes Netz an Beratungsangeboten, mit entsprechender professioneller Fachverbandsstruktur auf Bundesebene. Die Überwachung von Qualitätsstandards der Schuldenberatung wird über den Fachverband der Schuldenberatung bundesweit geleistet. Die spezialisierten Stellen bieten sowohl Schuldenberatung als auch Budgetberatung an.

Österreich hat im Jahr 1995 sehr früh ein Privatkonkurs- und Restschuldbefreiungsverfahren eingeführt, knüpft dieses aber an vergleichsweise strenge Bedingungen und an eine überdurchschnittlich lange Verfahrensdauer. Die aktuellen sozialpolitischen Themen beziehen sich insbesondere auf den Schuldner*innen- und Konsument*innenschutz und die Reglementierung der Inkassowirtschaft.

1.4.3 Schweiz

Mit Ausnahme zweier öffentlich getragener Beratungsstellen wird das Angebot der Schuldenberatung in der Schweiz durch private gemeinnützige Vereine oder Hilfswerke angeboten. In den 26 Kantonen der Schweiz existieren 38 als spezialisierte Schuldenberatungsstellen ausgewiesene Angebote. Das Angebotsspektrum weist viele kantonale Besonderheiten auf, insbesondere zu den Anforderungen, Ausschlusskriterien und den finanziellen Beteiligungen der Ratsuchenden an den Kosten der Beratung. Die Angebote der privaten Hilfswerke sind teilweise durch Spenden und Stiftungsmittel finanziert, wie zum Beispiel das Online-Beratungsangebote der Caritas Schweiz.

Auch wenn historisch bedingt die Schuldenberatung in der Schweiz immer noch stark auf einkommensstabile und für eine Schuldentilgung leistungsfähige Zielgruppen ausgerichtet ist, ist eine sozialpolitische Verortung des Hilfeangebots in der Sozialhilfe zu finden. Die Schweizer Konferenz für Sozialhilfe (SKOS) sieht in ihren Sozialhilferichtlinien die Finanzierung von Schuldenberatung als Kategorie Praxishilfe zur Vermeidung oder Bewältigung von Sozialhilfebedürftigkeit vor und legt dadurch die Grundlage zur öffentlichen Finanzierung der Schuldenberatung durch die Kantone, Städte und Gemeinden.

Die Haushalte in der Schweiz sind vor allem im Zusammenhang nicht bezahlter Einkommenssteuern und Krankenversicherungsprämien verschuldet, die eigenverantwortlich an die Steuerverwaltung und die Versicherungsunternehmen bezahlt werden müssen. Mehrfach vom Gesetzgeber und der Rechtsprechung abgelehnt, trotzdem aber in der sozialpolitischen Diskussion ist die Einführung einer Rechtsgrundlage für einen freiwilligen Direktabzug der Steuern und Krankenversicherungsprämien vom Lohn. Seit einigen Jahren diskutiert wird zudem die Einführung eines Privatkonkurs- und Restschuldbefreiungsverfahrens. Das bestehende Konkursrecht sieht zwar die Möglichkeit der Antragstellung und Konkurseröffnung für natürliche Personen vor, die Konkursforderungen bleiben jedoch bestehen.

Budgetberatung als eigenständiges Hilfeangebot und Schuldenprävention, vor allem an Schulen und in der außerschulischen Bildung, spielen in der Schweiz eine bedeutende Rolle. Die Budgetberatung verfügt über einen eigenen Fachverband. Innerhalb der Sprachregionen der Schweiz existieren eigene Vernetzungsstrukturen der Schuldenpräventionsangebote.

1.5 Schuldenberatung auf europäischer und internationaler Ebene

Auf europäischer Ebene haben sich Fachverbände der Schuldenberatung und Wissenschaftler*innen zum European Consumer Debt Network (ECDN)[1] zusammengeschlossen. Da in den letzten Jahren die sozialpolitischen Impulse zur Förderung des Konsument*innenschutzes, vor allem aber die Verbesserung und Vereinfachung von Verbraucher*inneninsolvenz- und Restschuldbefreiungsverfahren von der Europäischen Kommission ausgegangen sind, ist eine Vernetzung der Schuldenberatung innerhalb Europas von zentraler Bedeutung. Die Vorgaben der Europäischen Kommission werden von den EU-Mitgliedsstaaten umgesetzt. Deshalb erfolgt die zentrale sozialpolitische Arbeit der Schuldenberatung weiterhin durch die Verbände und Organisationen in den einzelnen Mitgliedsstaaten.

Auf internationaler Ebene relevant erscheint auch die Arbeit der OECD. Sie konzentriert sich auf Fragen der finanziellen Bildung und deren Relevanz für die Lebenssituation der Menschen in ihren Mitgliedsstaaten (Seeber/Retzmann 2017). Im Fachdiskurs zur Schuldenprävention tritt der von der OECD geprägte Begriff der »Financial Literacy« vor allem in der Schuldenprävention immer wieder in Erscheinung. Hier fordert die OECD, finanzielle Bildung nicht auf Finanzwissen zu beschränken, sondern definiert »Financial Literacy« als Kompetenz, Wissen zu Geld und Finanzen im sozialen Kontext im Alltag anwenden zu können (vgl. Reifner 2011: 9, vgl. Swiecka et al. 2019: 4).

---

1 Link: www.ecdn.eu.

1 Einleitung

Tab. 1: Länderprofile im Vergleich[2]

	Deutschland	Österreich	Schweiz
Anzahl Einwohner 2019	83.02 Mio.	8.86 Mio.	8.57 Mio.
Anzahl der 2019 beratenen Personen	582.129[3]	60.469[4]	ca. 6.000[5]
Sozialrechtliche Verortung der Schuldnerberatung	Rechtsgrundlage zur Finanzierung von Schuldnerberatung durch Kommunen und Landkreise sind die Sozialgesetzbücher SGB II sowie SGB XII[6]. Der Rechtsanspruch arbeitsloser Personen auf Finanzierung nach § 16a Nr. 2 SGB II von Schuldnerberatung setzt die Hilfebedürftigkeit nach § 9 SGB II voraus. Für präventive Schuldnerberatung zur Verhinderung drohender Arbeitslosigkeit besteht kein Rechtsanspruch. Bei drohender oder eingetretener Sozialhilfebedürftigkeit besteht	Finanzierung und sozialrechtliche Verortung der Schuldnerberatung in den Landesgesetzen. Dachorganisation als Treuhänder im Privatkonkurs ist über das nationale Insolvenzrecht geregelt. Finanzierung über die Ressorts Justiz und Soziales des Bundes. Mitwirkung bei der Anerkennung von geeigneten Schuldnerberatungsstellen im Rahmen der Insolvenzordnung und Beschwerdestelle (§ 267 IO).	Empfehlung der Schweizer Konferenz für Sozialhilfe (SKOS) Schuldenberatung zu finanzieren, insbesondere zur Vermeidung der Bedürftigkeit nach Leistungen der materiellen Grundsicherung und zur Arbeitsintegration und Ablösung von der Sozialhilfe (Persönliche Hilfen B. 3. c)[7] Finanzierung über die kantonalen und örtlichen Sozialhilfebudgets und über Beratungshonorare der Ratsuchenden.

---

2 Die Verwendung der Begriffe Schuldenberatung und Schuldnerberatung erfolgt in dieser Tabelle entsprechend dem derzeit landesüblichen Sprachgebrauch.
3 Statistisches Bundesamt Destatis 2020, Fachserie 15, Reihe 5, Jahr 2019.
4 ASB Schuldnerberatungen GmbH 2020, Schuldenreport 2020.
5 Die letzte vom Dachverband Schuldenberatung Schweiz veröffentlichte Statistik bezieht sich auf das Jahr 2016. Bei diesem Wert handelt es sich lediglich um eine Schätzung. Diese erfolgte auf der Grundlage langfristig konstanten Beratungszahlen in den Jahren 2016.
6 Deutscher Bundestag, WD 7-3000-218/18.
7 Schweizer Konferenz für Sozialhilfe 2021, Sozialhilferichtlinien, Allgemeiner Teil.

1.5 Schuldenberatung auf europäischer und internationaler Ebene

Tab. 1: Länderprofile im Vergleich – Fortsetzung

	Deutschland	Österreich	Schweiz
Nationale Besonderheiten der Schuldnerberatung	Rechtsanspruch auf Budgetberatung nach § 11 Abs. 2 Satz 4 SGB XII. Bescheinigende Stelle für Anträge wie: Insolvenz- und Restschuldbefreiungsverfahren, Einrichtung eines Pfändungsschutzkontos, starke Anbindung an die Arbeitsintegration bzw. Jobcenter und Arbeitsagenturen.	Schuldnerberatung ist als Treuhänder im Restschuldbefreiungsverfahren tätig. Abwicklung über die bundesweit tätige GmbH der ASB-Dachorganisation, enge Anbindung der Schuldnerberatung an die Arbeitsintegration bzw. den Arbeitsmarktservice.	Starke Ausrichtung der Schuldenberatung auf außergerichtliche Entschuldungen, teilweiser Ausschluss verschuldungsbetroffener Haushalte ohne pfändbares Einkommen aus dem Beratungsangebot.
Bezeichnung des Beratungsangebots	Schuldnerberatungsstellen, regional teilweise »Schuldner- und Insolvenzberatung«. Der Begriffe »Soziale Schuldnerberatung« ist insbesondere im Einflussbereich der Wohlfahrtsverbände gebräuchlich.	Keine einheitliche Sprachregelung: auf Bundesebene Schuldnerberatung, in den Bundesländern wird vereinzelt von Schuldenberatung gesprochen.	Schuldenberatung, eigenständige Beratungsangebot zu »Budgetberatung«.
Aktuelle sozialpolitische Diskussionen	Verkürzung des Insolvenz- und Restschuldbefreiungsverfahrens entsprechend den Vorgaben der EU auf drei Jahre, Reglementierung der Inkassobranche und der Inkassokosten durch ein eigenes Inkassogesetz, Verfahrensvereinfachung beim Pfändungsschutzkonto für ver-	Anhebung der Pfändungsfreigrenze bis zur Armutsgefährdungsgrenze Abwicklung von Lohnpfändungen nicht über den Arbeitgeber des*der Schuldners* Schuldnerin, Pfändungsschutz unpfändbarer Beträge auf dem Bankkonto des*der Schuldners* Schuldnerin, Deckelung des Verzugsschadens einer For-	Einführung eines Restschuldbefreiungsverfahrens, Berücksichtigung der Einkommensteuern bei der Berechnung des betreibungsrechtlichen Existenzminimums, Direktabzug der Steuern und Krankenversicherungsprämien vom Lohn,

1 Einleitung

Tab. 1: Länderprofile im Vergleich – Fortsetzung

	Deutschland	Österreich	Schweiz
	schuldete Personen und Haushalte[8].	derung: maximal Verdoppelung der Forderung durch Zinsen und Kosten, Standards- und Ausführungsregeln sowie Überwachung der Inkassounternehmen[9].	Anpassung der Existenzminima bei Pfändungen und Betreibungen und dem Sozialhilfegrundbetrag, Verbesserung der Beratungsangebote für armutsbetroffene verschuldete Haushalte[10].
Träger der Schuldenberatungsstellen	Öffentliche Träger (Kommunen und Landkreise), Wohlfahrtsverbände, regional vereinzelt auch durch Verbraucherzentralen.	Zehn staatlich anerkannte Schuldenberatungsstellen: Diese sind Gesellschafter der ASB Schuldnerberatungen GmbH, die die Abwicklung der Treuhandschaft in den Restschuldbefreiungsverfahren für ganz Österreich abwickeln.	Erstberatungen durch die örtlichen Sozialdienste oder im Rahmen der Jugend-, Sucht- oder Familienberatung, spezialisierte Schuldnerberatung durch private gemeinnützige Vereine, vor allem bei Entschuldungen und Privatkonkursverfahren, Angebot für Betroffene teilweise kostenpflichtig.
Fachverbände	Bundesarbeitsgemeinschaft Schuldnerberatung BAG-SB www.bag-sb.de, Arbeitsgemeinschaft Schuldnerberatung der Verbände AG SBV www.agsbv.de, Präventionsnetzwerk Finanzkompetenz www.pnfk.de.	Arbeitsgemeinschaft der spezialisierten Schuldnerberatungsstellen Österreich ASB www.schuldnerberatung.at, ASB Schuldnerberatungen GmbH für die Abwicklung der Treuhandschaften im Privatkonkurs, Budgetberatung der ASB Schuldnerberatung GmbH www.budgetberatung.at.	Dachverband Schuldenberatung Schweiz www.schulden.ch, Budgetberatung Schweiz www.budgetberatung.ch, Netzwerk Finanzkompetenz.

---

8 Bundesarbeitsgemeinschaft Schuldnerberatung e. V. o. J., Positionen.
9 ASB Schuldnerberatungen GmbH 2019, Wege aus der Schuldenfalle. Rechts- und sozialpolitische Forderungen der Schuldnerberatung.
10 Siehe Handlungsempfehlungen des Forschungsberichts im Rahmen des Nationalen Armutsbekämpfungsprogramms des Bundesamts für Sozialversicherungen (Mattes/Fabian 2018), Forschungsbericht 7/17.

2 Eine erste Standortbestimmung zur Schuldenberatung

Wenn private Haushalte auf Hilfe zur Bewältigung ihrer Schulden angewiesen sind, liegt der Schluss nahe, dass Beratungspersonen mit umfangreichem Fachwissen zu Geld, Haushaltsbudgets und mit viel juristischem Sachverstand gefragt sind. Auf den ersten Blick ist dies verständlich, denn sowohl verschuldungsbetroffene Personen wie auch deren Gläubiger*innen sehen die Ursachen dieses Problems weitgehend in persönlichen Defiziten, in einem unangemessenen Umgang mit Geld oder unachtsam geschlossener Verträge. Und nicht selten ist in der Fachöffentlichkeit anderer Professionen und Disziplinen als die der Sozialen Arbeit die Meinung anzutreffen, Schuldenberatung sei vermittelnde Akteurin zwischen Schuldner*in und Gläubiger*in, der das Ziel verfolgt, den Weg in die Schuldenfreiheit für die Betroffenen zu bahnen. Doch wenn wir Schuldenberatung als Hilfeangebot der Sozialen Arbeit verstehen, das verschuldete Personen und Haushalte auf der Grundlage ihrer eigenen Ressourcen[11] zur Eigenverantwortung und Autonomie befähigen will, dann offenbart sich ein anders Verständnis: Anstatt von Fehlern und Defiziten verschuldeter Menschen auszugehen, werden in der Beratung die Ressourcen und Stärken thematisiert, die zur Erarbeitung einer Lösungs- und Bewältigungsstrategie im Umgang mit Schulden dienlich sind.

Um aber verstehen zu können, was dieses Verständnis zur Schuldenberatung legitimiert und die Vorstellungen zu Professionalisierung aus Sicht der Disziplin, also aus dem wissenschaftlichen Fachdiskurs zur Sozialen Arbeit heraus prägt, sind die Funktionalitäten dieses Hilfeangebots vorab zu beleuchten. Auf was antwortet dieses Hilfeangebot, das in seinen theoretischen Bezügen nur schwer in der Soziale Arbeit verortet werden kann, in der Praxis aber als institutionalisierte Antwort auf Schulden und finanzielle Problemalgen steht?

> Dieses Kapitel führt in die Referenzpunkte der Schuldenberatung als Soziale Arbeit ein. Was führte und prägt auch heute noch die Genese des Hilfeangebots? Dabei wird zunächst auf die Etablierung der arbeitsteiligen Gesellschaft (▶ Kap. 2.1) und anschließend auf die gesellschaftlichen Fortschritte und Weiterentwicklungsmöglichkeiten eingegangen, die Verschuldung mit sich brachten (▶ Kap. 2.2). Darauf aufbauend wird eingeführt, wie sich die Schuldenberatung in die Rahmung des Hilfesystem der Sozialen Arbeit, hier insbe-

---

11 Definition Ressourcen ▶ Kap. 7.2.2.

> sondere der spezialisierten Hilfen, eingeordnet hat (▶ Kap 2.3). Daraus ergibt sich die Notwendigkeit, Schuldenberatung in die wohlfahrtsgesellschaftliche Logik des Konsument*innenschutzes einzuordnen (▶ Kap. 2.4), sie aber auch im Lichte dessen, dass Verschuldung und Zahlungsstörungen ein attraktiver Markt gewerblicher Akteure der Finanzwirtschaft darstellt, zu beleuchten (▶ Kap. 2.5). Abschließend wird auf volkswirtschaftliche Aspekte der privaten Verschuldung eingegangen (▶ Kap. 2.6).

2.1 Schuldenberatung als Antwort auf gesellschaftliche Veränderungsprozesse

Dass die Soziale Arbeit Hilfen bei Verschuldung anbietet, ist nicht nur dem sich langfristig abzeichnenden Trend der immer weiter ansteigenden Verschuldung privater Personen und Haushalte als Normalzustand geschuldet. Es ist in den Umbrüchen und Veränderungsprozessen der Industrialisierung begründet, die nicht nur neue Formen der Erwerbsarbeit etablierte, sondern in den neu entstandenen Formen des Zusammenlebens der Menschen zugleich auch neue Probleme und Unterstützungsbedarfe mit sich brachte. Ein von Beginn der Industrialisierung an spürbares Problem war das der Verschuldung der Arbeiter und deren Familien. (vgl. Schwarze 2019: 62). Nicht ohne Grund boten »Armenfürsorger*innen« in Wirtshäusern von Arbeitersiedlungen die erste Schuldenberatung an. Mit Hilfe von Haushaltsplänen und Haushaltsbüchern wurden die monatlichen Einnahmen und Ausgaben vor allem mit den Frauen aus den Arbeiterfamilien geplant. Grund war, dass der wöchentlich ausbezahlte Lohn nicht in den Familien der Arbeiter ankam, sondern vielfach zur Bezahlung der offenen Zechen in den Trinkstuben verwendet wurde (Sachße/Tennstedt 1986). Auch wenn dieses Bild der Konsument*innenverschuldung längst nicht mehr dem heutigen entspricht und die Lebenslage verschuldungsbetroffener Haushalte von modernen und komplexen Finanzdienstleistungen, juristischen Grundlagen der Rechtsverfolgung bis hin zu digitalen Bewertungsverfahren der Zahlungsfähigkeit (Scoring) geprägt ist, darf nicht außer Acht gelassen werden, dass die im Alltag der Privathaushalte auftretenden Schulden immer aktuelle gesellschaftliche Umbrüche abbilden und die Beratung von Menschen in Notsituationen stetig vor neue Herausforderungen stellt.

So führte der Übergang von der Vorratswirtschaft hin zur Dienstleistungsgesellschaft dazu, dass den Menschen nicht nur eine Vielzahl neuer Produkte und Dienstleistungen zur Konsumtion angeboten wurden. Es entstanden auch Finanzierungsmodelle und Verschuldungsmöglichkeiten, die aus diesem oft als Massenkonsum bezeichneten Phänomen der Arbeitsteilung erst das machte, was der Name eigentlich besagt. Die breite Masse der Gesellschaft, unabhängig von der aktuellen wirtschaftlichen Situation, findet Zugang zu diesen Konsummöglichkeiten. Der Konsum in einer Dienstleistungsgesellschaft stiftet nicht nur objektiven Nutzen, sondern vermittelt vielmehr auch Modernität und das Gefühl von Freiheit und Fortschritt.

Ein weiterer Unterschied zwischen der Vorratswirtschaft und einer Dienstleistungsgesellschaft ist der, dass Dienstleistungen situativ sind. Sie stiften nur gegenwärtig den gewünschten Nutzen und können nicht aufgespart werden. Waren die Menschen über Jahrhunderte hinweg gewohnt, durch gegenwärtigen Konsumverzicht und Sparverhalten zu einem späteren Zeitpunkt eine Belohnung zu bekommen, wurden plötzlich Konsumgüter und Dienstleistungen angeboten, die ihr Optimum an Nutzen dann stiften, wenn sie sofort verzehrt oder beansprucht werden. Aus dem tradierten Konsumverzicht und Belohnungsaufschub, mit dem Menschen versuchten Jahreszeiten, Naturkatastrophen oder Erkrankungen zu bewältigen, wurde ein höchst inflationäres und Krisenanfälliges Konstrukt der Konsum- und Dienstleistungsgesellschaft.

Schuldenberatung ist daher nicht nur ein Hilfeangebot für den Einzelfall. Sie ist Akteurin und Teil der Antwort auf diese gesellschaftlichen Veränderungsprozesse, indem sie im öffentlichen Auftrag die negativen Folgen der privaten Verschuldung bekämpft. Aus der Perspektive der Theorien sozialer Probleme heraus bedeutet dies, dass ein gesellschaftlicher Konsens besteht, dass überhöhte Verschuldungssituationen verhindert werden sollen (Groenemeyer 2010). Dies beruht auf der Annahme, dass es durch die objektiven finanziellen und subjektiv im Alltag anzutreffenden psychischen Belastungen durch Schulden zu weiteren Beeinträchtigungen der Betroffenen kommt. Schuldenberatung ist somit ein Bekenntnis einer Konsum- und Finanzdienstleistungsgesellschaft, dass individualisierte Risiken und Folgeprobleme von Verschuldung abgemildert und im sozialstaatlichen Verständnis bearbeitet werden müssen.

Schuldenberatung ist zugleich aber auch Akteurin in der sozialpolitischen Diskussion darüber, Verschuldung als soziales Problem zu thematisieren und fachlich zu rahmen, den jeweiligen Veränderungsbedarf zu definieren und Überzeugungsarbeit im Zusammenhang von politischen Entscheidungen zu leisten. Im Rahmen ihrer Fachverbände versteht sie sich als sozialpolitische Akteurin, zugleich aber auch als Anbieterin von Lösungen, um dem Problem der privaten Verschuldung entgegenzuwirken (vgl. Ebli 2003: 127).

2.2 Schuldenberatung als Fortschrittskonzept

Ein Blick in die Entstehung der Schuldenberatung zeigt, dass in den Anfängen dieses Hilfeangebotes Unklarheit bestand, ob nun das Phänomen Konsument*innenverschuldung, das seit den 50er Jahren des 20. Jahrhunderts zunehmend in Erscheinung trat, bekämpft werden soll, auch mit dem aus heutiger Sicht unrealistischen Ziel, diese wieder beseitigen zu können. Oder ob es um die Bewältigung ausweglose Verschuldungssituationen geht, zu der externe Unterstützung durch eine Beratungsstelle oder spezialisiertes Expert*innenwissen erforderlich ist, die sozusagen als soziale Dienstleistung für eine normal gewordene Notlage agiert.

Da sich seit den 1970er Jahren inzwischen eine auf Finanzdienstleistungen beruhende Konsumgesellschaft unstrittig durchgesetzt hat, Verschuldung als gesellschaftliche Realität akzeptiert wurde, diese in das Rechtssystem integriert und ein auf private Konsumnachfrage beruhendes Gesellschaftsmodell etabliert werden konnte, geht es längst nicht mehr um die Bewältigung einer gesellschaftlichen Fehlentwicklung. Schuldenberatung bearbeitet ein gesellschaftlich integriertes Problem und wendet Verfahren und Gesetze an, die aus der Überzeugung der Schutzbedürftigkeit der verschuldungsbetroffenen Haushalte durch den Gesetzgeber eingeführt wurden. Zudem begleitet sie den gesellschaftlichen Fortschritt durch flankierende Maßnahmen und ihr sozialpolitisches Engagement, die gesellschaftlichen Transformationsprozesse so zu gestalten, dass auch für verschuldete oder zahlungsunfähige Menschen Teilhabe möglich ist.

> Schuldenberatung ist somit Teil eines gesellschaftlichen Fortschrittskonzeptes, das parteilich die Anliegen und Bedürfnisse verschuldungsbetroffener Menschen politisch verwertet, durch eigenes berufliches Handeln negative Auswirkungen von Verschuldung bekämpft und mit der Haltung den Betroffenen gegenüber tätig ist, dass verhaltens- und verhältnispräventiv eine Bekämpfung des Problems möglich ist (vgl. Mattes 2010: 214).

2.3 Schuldenberatung als Spezialisierung und Arbeitsteilung

Die Entstehung spezialisierter Schuldenberatungsstellen ist einerseits den expansiven Sozialstaatsvorstellungen geschuldet, die lange Zeit spezialisierte Hilfen priorisierten und Professionalität mit spezialisierten Angeboten gleichsetzten. Insbesondere in den 1980er Jahren, unter dem Druck stetig steigender Arbeitslosigkeit und Entstehung von Armut als gesellschaftlicher Realität, bildeten sich eine Vielzahl spezialisierter Hilfeangebote in der Sozialen Arbeit aus, die sich schnell der Kritik ausgesetzt sahen, zu sehr auf ein bestimmtes Problem fokussiert und zu wenig vernetzt mit anderen Hilfeangeboten zu arbeiten. Dass ein möglichst ausdifferenziertes und spezialisiertes Hilfesystem nicht zwangsläufig mit der Qualität und Wirksamkeit von Hilfen gleichzusetzen ist, wurde erst viel später erkannt. Im Zusammenhang erforderlicher Kostenersparnisse und dem zunehmenden Druck auf soziale Institutionen, bestimmte Qualitätsstandards einzuhalten und die Erreichbarkeit ihrer sozialpolitisch definierten Ziele nachzuweisen, trübte sich das Bild der spezialisierten Hilfen spürbar ein. Die Wiederentdeckung der Qualität von Hilfen aus einer Hand oder von Hilfen unter einem Dach stellte die vorangegangene Spezialisierung der Sozialen Arbeit grundlegend in Frage, verlangte wieder mehr Kooperation, Fallführung und Vernetzung (Grunwald/Thiersch/Ansen 2016).

Doch gab und gibt es weiterhin gute Gründe, weshalb sich gerade zum Problem der privaten Verschuldung ein hoch spezialisiertes Angebot entwickelte und sich als Anbieter von Lösungen weiterhin hält. Kein anderes Beratungsangebot der Sozialen Arbeit ist genuin so stark technokratisch geprägt, wie das von Schuldenberatungsstellen zur Verfügung gestellte Expert*innenwissen und die Verfahrensroutinen im Umgang mit Gläubiger*innen.

Zwar wirft die Relevanz dieses exponierten Expert*innenwissens immer wieder die Frage nach dem professionellen Selbstverständnis von Beratung bei Verschuldung auf. Doch erbringt die Schuldenberatung zugleich auch eine wichtige Dienstleistung für viele andere Bereiche der Sozialen Arbeit. Sie ist Wissensträgerin und Multiplikatorin zu verschuldungsrelevanten Fragen innerhalb des Hilfesystems. Damit gemeint ist, dass nicht nur durch Schuldenberatungsstellen Betroffene beraten werden. Auch in anderen Arbeitsfeldern treffen Sozialarbeitende auf Menschen mit Geld- oder Schuldenproblemen. Innerhalb dieser nicht spezialisierten Beratung greifen sie auf Wissen zurück, das von der Schuldenberatung bereitgestellt und durch Weiterbildungen und Fachberatungen vermittelt wird oder nehmen deren kollegiale Fallberatung in Anspruch. Das heißt, die nicht spezialisierte Schuldenberatung ist auf die Vernetzung und den fachlichen Austausch mit spezialisierten Stellen angewiesen, um das Thema Schulden integriert in ihr eigentliches Beratungsangebot für die jeweilige Zielgruppe anbieten zu können.

2.4 Schuldenberatung als Akteurin im Rechtssystem des Konsument*innenschutzes

Aus sozialpolitischer Sicht sind die bisherigen großen Erfolge der Schuldenberatung im Zusammenhang des Konsument*innenschutzes und der Neuregelung gerichtlicher Verfahren und Abläufe zu finden. So waren es in den Anfängen vor allem herbeigeführte gerichtliche Grundsatzurteile zu überhöhten Zinsen, Kostentransparenz oder Formulierungen in allgemeinen Geschäftsbedingungen und Kreditverträgen, die dem Konsument*innenschutz und der Schuldenberatung zugleich Ruhm und Ansehen bescherten. Dies war insbesondere in den 1950er bis 1970er Jahren sehr bedeutend, als die Konsum- und Kreditwirtschaft den Markt der Privatpersonen und Privathaushalte für sich entdeckte und eroberte. In diese Zeit vollzog sich unter anderem auch die Einführung und Durchsetzung des Lohn- und Gehaltskontos für private Haushalte. Die Einführung dieser neuen Bankdienstleistung war aber auch mit einer schmerzhaften Zäsur durch die Kreditwirtschaft verbunden. Nachdem die Barauszahlung der Löhne durch die Arbeitgeber*innen nicht mehr praktiziert wurde, die Dienstleistung der Bankkonten und des bargeldlosen Zahlungsverkehrs für Privathaushalte auf dem Markt durchgesetzt war, wurden fortan nicht mehr allen Personen Bankkonten zur Verfügung gestellt. Ausgeschlossen waren ab dann Personen und Haushalte mit überhöhter Verschuldung, wegen Zahlungsrückstände gekündigter Kredite und bestimmter gerichtlicher Zwangsvollstreckungsmaßnahmen.

Die Kreditwirtschaft bereitete in dieser Zeit auch den Weg der Bevölkerung zur Teilhabe an der Konsumgesellschaft, ließ sich diesen sozialintegrativen Service aber durch hohe Zinsen und Kosten von ihren Kund*innen bezahlen. Dies wurde von Seite der Kreditwirtschaft durch rechtlich fragwürdige Vertragsvereinbarungen und Geschäftsbedingungen mit den Kund*innen vereinbart, was zu zahlreichen höchstrichterlichen Grundsatzurteilen führte. In den Anfängen der Schuldenberatung gab es daher eine inhaltliche Nähe zu den Organisationen des Konsument*innenschutzes. Durch ihr Engagement zu rechtlichen Fragen des Konsument*innenschutzes war die Soziale Arbeit wesentliche Akteurin und ein dringend notwendiges Korrektiv der auf Konsum und Finanzdienstleistungen beruhenden arbeitsteiligen Gesellschaft. In ihr musste das Verhältnis von Konsument*innen und den Akteur*innen der Finanzdienstleistungen neu verhandelt und teilweise auch durch höchstrichterliche Urteile zum Konsument*innenschutz erstritten werden (vgl. Buschkamp 2019: 148ff).

Doch hierzu ist das Feld inzwischen weitgehend abgesteckt und Themen wie sittenwidrig überhöhte Zinsen, einseitig benachteiligende Geschäftsbedingungen oder Gültigkeit überraschender Vertragsklauseln bei der Sicherung von Ratenkreditverträgen durch Gesetze oder durch entsprechende Rechtsprechung weitgehend geregelt. Folglich sind solche Fragen nicht mehr in dem Maße Bestandteil der täglichen Arbeit der Beratungsstellen oder deren Fachverbänden. Dies bedeutet aber nicht, dass gänzlich auf das Engagement der Sozialen Arbeit oder des Konsument*innenschutzes verzichtet werden kann. Der gesellschaftliche Wandel, hier aktuell die Folgen der Digitalisierung, erfordern immer wieder die politische Einflussnahme der Sozialen Arbeit, um veränderte Rahmenbedingungen der Konsum- und Kreditwirtschaft der Menschen in prekären Einkommenssituationen oder benachteiligten Lebenslagen anzupassen.

Ausbauen konnte die Schuldenberatung schließlich ihre Position beim Privatkonkurs- und Restschuldbefreiungsverfahren und hier insbesondere ihr Mitwirken bei gerichtlichen Verfahrensabläufen (vgl. Elbers 2019: 260ff). Hier gelang es der Schuldenberatung insbesondere im Rahmen der Einführung von gerichtlichen Restschuldbefreiungsverfahren in Deutschland und Österreich eine zentrale Position bis hin zur Zugangsschwelle zu diesen Verfahren zu besetzen. Schuldenberatungsstellen übernehmen in solchen Verfahren umfassende administrative Aufgaben, nicht zuletzt zur Entlastung der Justiz, und sind Träger wesentlicher Teile dieser komplexen gerichtlichen Abläufe. Selbst in der Schweiz, in der zwar ein Privatkonkurs möglich ist, der aber nicht zu einer Restschuldbefreiung führt, fand die Schuldenberatung ihren Platz als zentrale Akteurin bei der Antragstellung dieses Verfahrens und hat Zugriff auf Rechtszüge wie die vorübergehende

Einstellung von Zwangsvollstreckungsmaßnahmen, die eine Entschuldung erleichtert.

2.5 Schuldenberatung als Hilfe im Markt der Zahlungsstörungen

Die Soziale Arbeit und die Schuldenberatung versuchen die Betroffenen vor den Folgen der Verschuldung zu bewahren, die vom Gesellschaftssystem so vorgesehen, beabsichtigt oder sogar gewollt sind. Die Rechtsnormen lassen nicht nur die Verschuldung und deren wirtschaftliche Nachteile durch Ratenzahlungen, Zinsen und Kosten zu. Das Feld der Zahlungsstörungen und Zahlungsunfähigkeit wirtschaftlich bzw. gewinnbringend zu nutzen, ist in den nationalen Rechtssystemen ebenfalls erlaubt und gewollt. Vieles von dem, was die Situation der Verschuldungsbetroffenen zusätzlich erschwert, ist rechtlich explizit vorgesehen oder geduldet. So prägen vor allem die gewerblichen Akteur*innen der Inkassobranche, die aus der wirtschaftlichen Überforderung von Privathaushalte gewerblich und gewinnmaximierend profitieren, den Begriff der Zahlungsstörung – ein ästhetischer Versuch darzustellen, dass nicht die leichtfertige Vergabe von Schuldverpflichtungen, sondern nur einzelne individuelle Störungen der Rückzahlung von Schuldverpflichtungen problematisch sind. Insgesamt handelt es sich hier aber um ein wirtschaftliches Kalkül, die Konsumnachfrage, die Verschuldungsbereitschaft der Bevölkerung und deren Schulden nach ökonomischen Gesichtspunkten zu bewirtschaften. Als Korrektiv hierzu tritt Schuldenberatung in Erscheinung.

2.6 Schuldenberatung in einer verschuldungsgeleiteten Volkswirtschaft

Zuletzt sei die Funktionsweise der Verschuldung von Privatpersonen und Privathaushalten auch auf der Ebene der Volkswirtschaft analysiert. Aus volkswirtschaftlicher Sicht ist der Geldkreislauf zwischen Privathaushalten, Unternehmen und Staat ausgeglichen. Dabei tauschen Privathaushalte mit den Unternehmen Arbeitskraft gegen Geld und Geld gegen Güter und Dienstleistungen. Der Staat greift durch Besteuerung der Einkommen, Subventionen und Sozialleistungen ein, um den Geldkreislauf ausgeglichen zu halten (Blümle 1999).

In diesem Modell enthalten ist aber auch das Element Schulden, das die Akteur*innen des volkswirtschaftlichen Geldkreislaufes aufeinander abstimmt und aufrechterhält. Inwiefern Schulden im Verhältnis von Privathaushalten und Unternehmen reguliert sind oder dem freien Markt überlassen bleiben, liegt in der Verantwortung des Staates. Er entscheidet, welches Ausmaß und welche Formen der Verschuldung erlaubt und möglich sind, ob und wie überhöhter Verschuldung entgegengewirkt wird und inwiefern der Staat selbst mit dem Instrument Verschuldung auf Angebot und Nachfrage einer Volkswirtschaft Einfluss nehmen soll. So kam es in Deutschland, Österreich und der Schweiz in der zweiten Hälfte des vorangegangenen Jahrhunderts immer wieder zur Einflussnahme der Politik auf die Konsumnachfrage der privaten Haushalte. Hierbei ging es nicht nur um eine Steigerung des Lebensstandards durch Konsumgüter, es ging vielfach um die Schaffung von Arbeitsplätzen mit dem Ziel der Vollbeschäftigung. Diese Einflussnahme auf die Konsumnachfrage der privaten Haushalte erfolgte unter anderem durch eine Deregulierung des Konsumkreditbereichs der Kreditwirtschaft und vereinfachte Refinanzierungsmöglichkeiten bei den Zentralbanken. Drohte eine konjunkturelle Überhitzung und eine überhöhte Binnennachfrage der privaten Haushalte, wurde über die Steuerungsinstrumente der nationalen Zentralbanken und später auch durch die Europäische Zentralbank den negativen Trends entgegengewirkt (vgl. Mattes 2007: 131).

> Mit anderen Worten: Verschuldung ist in einer arbeitsteiligen Gesellschaft ein zentrales Steuerungsinstrument des Staates, um Angebot und Nachfrage an Gütern und Dienstleistungen zu beeinflussen, volkswirtschaftliches Wachstum zu fördern und um konjunkturellen Schwankungen und Risiken entgegenzuwirken. Dazu gehört auch, dass der Staat selbst als Gläubiger*in auftritt, indem er Teile seiner Intervention und Steuerung über die Verschuldung der Haushalte und Unternehmen vornimmt, Folgen des Zahlungsverzugs gesetzlich reguliert oder deregulier. Schulden wirken sich aber nicht nur auf abstrakte volkswirtschaftliche Geldkreisläufe aus. Sie treten in den Lebenslagen der Menschen in Erscheinung, die in der jeweiligen Gesellschaft ihren Alltag bewältigen, mit Benachteiligung konfrontiert oder im biographischen Verlauf Kritischen Lebensereignisse ausgesetzt sind. Letztlich verbleibt den privaten Haushalten ein individualisiertes Risiko, wie sie mit ihren Schulden umzugehen haben, nachdem der volkswirtschaftliche Effekt der gesteigerten Konsumnachfrage verpufft, das Geld ausgegeben und in Zeiten der Rezession und Arbeitslosigkeit die angehäuften Schulden noch weiter bestehen.

Schuldenberatung nimmt sich der Menschen an, die sich zwar volkswirtschaftlich korrekt als Konsument*innen und Kreditnehmer*innen verhalten, sozusagen der Kreditwirtschaft die Möglichkeit geben in ihre wirtschaftliche Leistungsfähigkeit der Lohnarbeit zu investieren und das Arbeitseinkommen verzinslich vorzufinanzieren, im Einzelfall dadurch in Schwierigkeiten geraten. Bei Eintreten von Zahlungsstörungen benötigen die Betroffenen Hilfe und Unterstützung, um möglichst schnell wieder den Bedingungen der Volkswirtschaft zu entsprechen und Teil ökonomischer Geldkreisläufe sein zu können.

2.7 Fazit: Verschuldung und Ungleichheit als Herausforderung

Dass Personen und Haushalte Beratung zu Verschuldung benötigen und in Anspruch nehmen, ist eine Folge unterschiedlichster gesellschaftlicher, ökonomischer, technischer und kultureller Veränderungsprozesse der vergangenen Jahrzehnte. Die Veränderungen, die Verschuldung möglich gemacht haben, sie zu einem elementaren Bestandteil der arbeitsteiligen Gesellschaft und des Wirtschaftswachstums werden ließen, sind nicht zwingend problematisch. Ganz im Gegenteil: Verschuldung stiftet einen weitreichenden gesellschaftlichen Nutzen, führt zu Wohlstand und Lebensqualität der Gesellschaftsmitglieder.

Im Zusammenhang sozialer Ungleichheit und Benachteiligung kann sich Verschuldung zu einer zusätzlichen Beeinträchtigung verfestigen. Hier wird die inzwischen eingetretene Normalität der Verschuldung privater Haushalte dann zu einem sozialen Problem, sofern die beeinträchtigenden und benachteiligenden Wirkungen die ursprünglich integrierenden Wirkungen von Verschuldung dauerhaft übersteigen und sowohl individuelle also auch gesellschaftliche Beeinträchtigungen mit sich bringen.

> Somit ist Schuldenberatung nicht ein Instrument der Bekämpfung von Verschuldung an sich. Es ist ein Hilfeangebot, das die negativen Auswirkungen von Verschuldung in Kombination anderweitiger sozialer Ungleichheit zu beseitigen versucht und eine möglichst schnelle Rückkehr der Betroffenen in die Konsum- und Geldkreisläufe anstrebt und unterstützt.

3 Theoretische Grundlagen zu Verschuldung

Die Verschuldung der privaten Haushalte, die die Akteur*innen und Hilfeangebote der Sozialen Arbeit zu bekämpfen versuchen oder mit den Betroffenen einen Weg suchen, diese zu bewältigen, ist historisch betrachte kein neues Phänomen. Die Wurzeln der Verschuldung reichen weit in die Geschichte der Menschheit zurück. Dabei fällt auf, dass immer schon ein negatives Bild davon gezeichnet wird, warum Menschen Schuldverpflichtungen eingehen, wie diese Menschen mit Geld umgehen und inwiefern Verschuldete Schutz der Allgemeinheit vor ihren Gläubiger*innen brauchen. Es gibt aber auch die Verschuldung von Privathaushalten, die gewollt und erwünscht ist und in der jüngeren Geschichte so lange von Seiten des Gesetzgebers vereinfacht und erleichtert wurde, bis die Haushalte darauf eingestiegen sind. Dies macht es nicht einfach, das Problemgehalt von Verschuldung eindeutig zu bestimmen, ohne dabei ein normatives Postulat der Schuldenfreiheit aufzustellen. Ist nur das schuldenfreie Leben ein gutes Leben, obwohl um uns herum ständig für Verschuldung geworben wird? Inwiefern nimmt sich die Soziale Arbeit zum Beispiel den »bürgerlichen Idealen« der Schweiz an, pflichtbewusst die Steuern an das Steueramt und Krankenversicherungsprämien an die Krankenkasse zu bezahlen, wie es über Jahrzehnte hinweg tradiert ist, bei Nichteinhaltung zwar häufig keine unmittelbare Konsequenz, aber Missbilligung mit sich bringt? Oder ist es an der Zeit, vor allem in der Soziale Arbeit eine verschuldungsakzeptierende Haltung zu entwickeln, die auch den Schwachen und Ausgegrenzten Verschuldung zugesteht, auch oder gerade deshalb, weil sie Konsum und Teilhabe ermöglicht?

Vor diesem Hintergrund werden in diesem Kapitel unterschiedliche Zugänge und Phasen der Geschichte dargestellt, die uns helfen können, die Verschuldung privater Haushalte, wie wir sie heute haben, besser einordnen zu können.

> In diesem Kapitel wird in die theoretischen Grundlagen der Schuldenberatung eingeführt. Diese sind zunächst Überlegungen zu den Begriffen der Ver- und Überschuldung (▶ Kap. 3.1). Darauf aufbauend wird in die Entstehungsgeschichte von Verschuldung und Schuldenberatung eingeführt (▶ Kap. 3.2). Im dritten Teil wird das Verhältnis von Schuldenberatung zu Budgetberatung skizziert (▶ Kap. 3.3). Abschließend wird dargelegt, was wir heute unter Schuldenberatung verstehen können (▶ Kap. 3.4) und wie dies allgemeingültig definiert werden kann (▶ Kap. 3.5).

3.1 Definition Verschuldung und Überschuldung

Ausgehend vom Erkenntnisinteresse, die zentralen Anliegen von Schuldenberatung in der Sozialen Arbeit zu bestimmen, wird nachfolgend die Bedeutung der Begriffe »Verschuldung« und »Überschuldung« skizziert. Diese waren in der Entstehungsgeschichte dieses Handlungsfeldes der Sozialen Arbeit zentrale Kriterien für die Festlegung, welchen Personengruppen bei der Bewältigung von Verschuldung geholfen werden soll und welchen nicht. Die Konstitution von Verschuldung als soziales Problem, also der sozialpolitische Prozess, der Verschuldung zu einem zu bekämpfenden Sachverhalt machte (Groenemeyer 2010), erforderte eine messbare Größe dieses Problems. Bis heute ist die Diskussion um die Verschuldung der Privathaushalte, die Notwendigkeit von Pfändungsschutzmaßnahmen und der Umfang der erforderlichen Schuldenberatung dadurch geprägt, wie sich die ›messbare‹ Verschuldung jeweils entwickelt, inwiefern sie zu- oder abnimmt und welche Personengruppen besonders davon betroffen sind. Diese Diskussionen bestechen mit vermeintlich eindeutigen Zahlen zum Umfang des Problems, also auch zu der Frage, wie viele Haushalte überschuldet sind. Umso erstaunlicher ist jedoch, dass bei genauer Betrachtung festgestellt werden muss, dass die zentralen Begriffe wie »Verschuldung« und »Überschuldung« nicht eindeutig bestimmt werden können. Sie sind disziplinär sehr stark geprägt, fokussieren im juristischen, sozialwissenschaftlichen und sozialarbeiterischen Diskurs auf unterschiedliche Bedeutungszusammenhänge, auch wenn vordergründig von einheitlichen Verständnissen ausgegangen oder zumindest deren Existenz vermutet wird.

3.1.1 Grundannahmen und Unschärfen

Die vorhandenen Definitionen zu Ver- und Überschuldung sind weitgehend normativ geprägt, indem Konzepte eines guten, kulturell und wirtschaftlich vertretbaren Konsumverhaltens als Grundlage dafür verwendet werden, bis zu welchem Umfang Schuldverpflichtungen noch als gut und gerechtfertigt oder ab wann als problematisch und überhöht zu bewerten sind (vgl. Mattes 2007: 196). Es ist bei der Suche nach einer für das beruflich professionelle Handeln verwertbaren Definition erforderlich, normative Bilder einer guten oder schlechten Verschuldung abzulegen. Somit kann unter Verschuldung allgemein verstanden werden, dass sich eine natürliche oder juristische Person von einer anderen Person Geld geliehen hat und Einigkeit darüber besteht, dass dies zurückbezahlt werden muss.

Die Bestimmung der für die Verschuldung von Privatpersonen relevanten Begriffe ist geprägt von der Unschärfe des Übergangs von einer nützlichen bzw. als unproblematisch geltenden Verschuldung hin zu einer als überhöht oder unwirtschaftlich geltenden Verschuldung. Dabei bleibt weitgehend außer Acht, dass Privathaushalte im Rahmen ihrer alltäglichen Handlungen Schuldverpflichtungen eingehen, diese anschließend begleichen oder über die vereinbarte Fälligkeit hinaus nicht begleichen, ohne dass dabei das Bewusstsein besteht oder geweckt wird, dass es sich um einen Vorgang des Verschuldens und der Schuldentilgung handelt. Dies ist Bestandteil des alltäglichen Wirtschaftens, was erst dann problematisch erscheint, wenn Zahlungsverpflichtungen unerfüllt oder offen bleiben. Doch ist nicht jeder Haushalt, der offene Zahlungsverpflichtungen hat oder mit der Bezahlung einer Forderung im Verzug ist, zugleich auch überschuldet. Forderungen können aus unterschiedlichen Gründen nicht oder verspätet bezahlt werden: weil sie wie die Wohnungsmiete oder Versicherungsbeiträge in regelmäßigen Abständen zu zahlen sind und daher immer wieder neu entstehen, nachdem die vorangegangene Zahlung beglichen wurde. Möglicherweise steckt aber auch ein wirtschaftliches Kalkül hinter nicht bezahlten Forderungen. So zum Beispiel, um anderweitig Schuldzinsen auf dem Bankkonto zu sparen oder bis zu einem gewissen Zeitpunkt Guthabenzinsen zu erzielen, anstatt eine nicht verzinsliche Forderung vorzeitig oder pünktlich zu begleichen. Eine Forderung nicht zu bezahlen kann aber auch Ausdruck des Widerspruchs oder des Protests sein, weil die verschuldete Person mit der versprochenen Gegenleistung nicht einverstanden ist oder diese nicht erbracht wurde.

Inwiefern eingegangene Schulden als unabdingbare Verpflichtung gesehen werden, hängt vom individuellen Reziprozitätskonzept ab: Setzt die subjektiv wahrgenommene Verbindlichkeit einer Schuld beispielsweise einen Vertrag, eine Frist, Mahnungen oder gar gerichtliche Schritte voraus, um die verschuldete Person zur Erfüllung ihres Rückzahlungsversprechens zu bewegen? Oder geht es um zukünftige Erwartungen an die Beziehung zum*r Gläubiger*in: Ist er*sie Teil der Alltagsbewältigung und soll er*sie auch zukünftig noch zur Lösung von Alltagsproblemen zur Verfügung stehen? Wird die Schuld als einseitige Verpflichtung wahrgenommen, deren Erfüllung subjektiv für die verschuldeten Personen und Haushalte keinen Nutzen mehr stiftet, wie dies bei schon länger bestehenden Forderungen von Inkassobüros oft der Fall ist, oder ist im alltäglichen Kalkül des Wirtschaftens der verschuldungsbetroffenen Person weiterhin die Notwendigkeit bewusst, die offenen Zahlungsverpflichtungen vereinbarungsgemäß zu bedienen? Die von den Betroffenen prognostizierte Relevanz der einzelnen Gläubiger*innen für den eigenen gelingenden Alltag lässt diese in Primär- und Sekundärschulden unterscheiden. Primärschulden und deren Gläubiger*innen sind insbesondere Vermieter*innen, Energieversorger, Versandhandelsunternehmen, Privatgläubiger*innen innerhalb der Familie oder des sozialen Umfeldes, die auch weiterhin für die Gestaltung des täglichen Lebens zur Verfügung stehen sollen. Dem gegenüber stehen Sekundärgläubiger*innen, die im Kalkül der Alltagsbewältigung der Betroffenen nicht mehr in Erscheinung treten und außer einer rechtlichen Zahlungsverpflichtung für die Privatpersonen- und Haushalte keine weitere Relevanz im Umgang mit ihren Schulden mehr haben. Die Unterscheidung zwischen Primär- und Sekundärgläubiger*innen zielt darauf ab, wie dringlich diese zur Existenzsicherung der Betroffenen bedient werden müssen, um der Beeinträchtigung der Lebenssituation der Betroffenen durch deren Schulden entgegenzuwirken.

Zu beachten gilt es auch, dass Verschuldung entweder eine Folge eines aktiven Verhaltens des*der Schuldners*in ist, indem er*sie einen Kaufvertrag abschließt oder etwa eine Dienstleistung in Anspruch nimmt, aus der eine Zahlungsverpflichtung erwächst. Es gibt aber auch Zahlungsverpflichtungen, die ohne aktives Zutun der Verschuldungsbetroffenen entstehen können, so zum Beispiel durch Rückforderungen von Sozialleistungen oder durch zu zahlende Steuern, Müll- und Rundfunkgebühren oder Krankenversicherungsbeiträge. Gerade die Bedeutung öffentlich-rechtlicher Ansprüche ist national sehr unterschiedlich und hängt davon ob, wie die Zahlungsverpflichtungen zwischen den Gesellschaftsmitgliedern und dem jeweiligen Sozialstaat geregelt sind: Beruhen sie auf einem fürsorglichen Modell, bei dem die relevanten Sozialversicherungsbeiträge und Steuern über den*die Arbeitgeber*in oder die leistende Sozialversicherungskasse geregelt ist, oder überwiegt die Eigenverantwortung des*der Einzelnen, die öffentlich-rechtlichen Zahlungsverpflichtungen selber abzuwickeln (vgl. Knöpfel/Mattes 2014: 27)? Diese Unterschiede in der Ausgestaltung des Sozialstaats haben direkte Auswirkungen auf die zu bewältigenden Herausforderungen der privaten Haushalte, wie sie ihre Finanzen planen müssen, welche Verantwortung bei der Abwicklung von Zahlungen sie haben, inwiefern sie Rücklagen für zu erwartende Zahlungsverpflichtungen bilden und wie sie finanzielle Knappheit bewältigen müssen.

Eine weitere Unschärfe bestehender Begriffsverständnisse zur Verschuldung von Privatpersonen und Privathaushalten besteht darin, dass hier grundlegend von einer konsumierenden Person ausgegangen wird, die entsprechend Konsumschulden begründet und diese unter Umständen nicht mehr zurückbezahlen kann. So definierten Suter und Wagner Verschuldung wie folgt: »Beschaffung von Konsumgütern und Inanspruchnahme von Dienstleistungen führen zu vertraglichen Verbindlichkeiten, für deren Erfüllung gehaftet wird« (Suter/Wagner 1986: 6). Verschuldung kann aber auch durch eine Existenzgründung und berufliche Selbständigkeit, durch Kosten der Berufsausbildung, durch eine Erbschaft oder durch eine Immobilienfinanzierung entstehen.

> Es tragen nicht nur die Vorstellungen zur guten und schlechten Verschuldung, sondern auch die Unterscheidung zwischen gesellschaftlich erwünschter und unerwünschter Verschuldung dazu bei, den Problemgehalt von Verschuldung unterschiedlich zu bestimmen oder zu bewerten (vgl. Schnorr/Caviezel/Mattes 2020: 96f).

3.1.2 Ver- und Überschuldung aus sozialwissenschaftlicher Sicht

Die Bestimmung des Begriffs der Verschuldung aus sozialwissenschaftlicher Sicht nimmt Korczak[12] wie folgt vor:

---

[12] Für eine Aufstellung relevanter Definitionen zu Ver- und Überschuldung siehe Forschungsbericht zur Literaturrecherche für das Bundesministerium für Familien, Senioren, Frauen und Jugend (Korczak 2003).

> »Unter Verschuldung verstehen wir jede Form des Eingehens von Zahlungsverpflichtungen, die ökonomisch und juristisch geregelt ist und von Gläubigern wie Schuldnern rollenkonformes Verhalten erwarten lässt« (Korczak 2001: 23).

Dieses Begriffsverständnis fokussiert insbesondere auf die juristischen Aspekte von Verschuldung, ohne diese im Zusammenhang mit der begrenzten Realisierbarkeit gegenseitiger Rechte und Pflichten von Schuldner*in und Gläubiger*in oder im Kontext der haushaltsökonomischen Situationen der Beteiligten zu sehen.

Verschuldung als soziales Problem lässt sich gegenwärtig somit nicht allein mit einem klaren Verschuldungsbegriff beschreiben, sondern erfordert, den Aspekt und die Bewältigung finanzieller Knappheit in das Problemverständnis mit einzubeziehen. Dies leisten die Definitionen zur Überschuldung. Demnach gilt Verschuldung dann als problematisch, wenn ihr kein Vermögen gegenübersteht bzw. wenn die Schulden das Vermögen eines*r Schuldners*in übersteigen. Der Begriff des Vermögens ist für die Frage der Überschuldung von Privatpersonen aber nur eingeschränkt relevant, denn die wirtschaftliche Leistungsfähigkeit von Privatpersonen hängt nicht nur von Vermögen ab, das veräußert werden kann oder anderweitig zu Liquidität verhelfen kann. Das vielmehr entscheidende Kriterium für die Einschätzung der Verschuldungssituation von Privatpersonen ist das Einkommen, das zur Finanzierung des Lebensunterhalts zur Verfügung steht. Ein Haushalt ist demnach dann überschuldet, wenn der Teil des Einkommens, der nach der Deckung des Existenzminimums verbleibt, nicht ausreicht, um die übrigen Zahlungsverpflichtungen in absehbarer Zeit zu befriedigen (vgl. Berner Schuldenfachstelle 2013: 7).

Im sozialwissenschaftlichen Diskurs wird der Begriff Überschuldung im Zusammenhang mit Armut unter dem Gesichtspunkt der möglichen Bedürfnisbefriedigung der Betroffenen definiert. So schreibt Reis:

> »Überschuldung (...) ist dann gegeben, wenn ein Haushalt seinen Zahlungsverpflichtungen nicht nachkommen kann, ohne seinen Lebensstandard so weit einzuschränken, dass ein menschenwürdiges Leben nach Kriterien der Sozialhilfe nicht mehr möglich ist« (Reis 1992: 89).

Nach Korczak und Pfefferkorn ist Überschuldung dagegen die Nichterfüllung von Zahlungsverpflichtungen, die zu einer ökonomischen und psychosozialen Destabilisierung der Schuldner*in führt (vgl. Korczak/Pfefferkorn 1992: XX1).

Aufschlussreich hierzu ist auch die Definition der Europäischen Union. Im Rahmen einer Studie der Generaldirektion für Gesundheit und Verbraucher*innenschutz der Europäischen Kommission beschreibt sie Überschuldung allgemeiner und erstaunlicherweise unabhängig von rechtlichen Normen und Zusammenhängen zwischen Gläubiger*in und Schuldner*in:

> »Schulden sind ein normales Instrument, das über verschiedene Perioden der Existenz von Einzelpersonen oder Familien hinweg zur Aufrechterhaltung eines gleichbleibenden und den während des gesamten Lebenszyklus zu erwartenden Einkünften entsprechenden Konsumniveaus eingesetzt wird. Schulden zu zahlen – bei offiziellen Kreditgebern oder inoffiziell bei Familienmitgliedern –, stellt ein normales, in vielen Haushalten unvermeidbares Verbraucherverhalten dar, und zwar besonders in der Anfangszeit ihres Lebenszyklus« (Betti 2001: 4).

3.1.3 Ver- und Überschuldung aus Gläubiger*innensicht

Aus Gläubiger*innensicht bestehen ebenfalls Vorstellungen darüber, unter welchen Bedingungen aus Verschuldung Überschulden wird. In erster Linie stellen Gläubiger*innen eine vertraglich vereinbarte maximale Verschuldung bereit, indem Bankkonten überzogen werden dürfen oder Kredite bewilligt werden. Ist die Kontoüberziehung höher als vereinbart oder führen monatliche Ratenzahlungen auf bewilligte Kredite zu einem immer weiter überzogenen Bankkonto, könnte bereits von Überschuldung gesprochen werden, da eine Tilgung nicht mehr möglich ist.

Ausschlaggebend sind aber auch vorhandene oder nicht mehr vorhandene Kreditsicherheiten wie eine vertragliche Verpfändung des Lohns, übereignete Fahrzeuge oder erforderliches Eigenkapital für Hypothekenfinanzierungen. Sind solche Sicherheiten nicht mehr vorhanden oder haben sie an Wert verloren, kann aus Gläubiger*innensicht ebenfalls von Überschuldung gesprochen werden.

Zuletzt sind es auch gerichtliche Maßnahmen, die die Gläubiger*innen dazu veranlassen, von Überschuldung auszugehen. Erfolglose Pfändungen, an Eides statt abgelegte Vermögensverzeichnisse oder Konkurseröffnungen gelten als Hinweis auf eine verschlechterte wirtschaftlichen Situation oder auf Zahlungsunfähigkeit.

3.1.4 Ver- und Überschuldung aus der Perspektive der Sozialen Arbeit

Der im Zusammenhang mit Schuldenberatung als Konzept und Methode der Sozialen Arbeit geführte Diskurs behandelt Überschuldung weniger in Bezug auf die wirtschaftliche Situation eines einzelnen Individuums, sondern thematisiert diesen im Kontext der jeweiligen Haushaltsgemeinschaft, in der eine verschuldete Person lebt, mit deren Haushaltsangehörigen gemeinsam finanziell gewirtschaftet wird und in der in der Regel auch finanzielle Knappheit bewältigt werden muss. So hat sich gleich zu Beginn der Konzeptualisierung der Schuldenberatung als Soziale Arbeit das Verständnis durchgesetzt, dass eine Person oder ein Haushalt dann als überschuldet gilt, wenn nach Abzug der monatlichen Ausgaben wie Miete, Energie und Versicherungen und der Kosten für den Lebensunterhalt die verbleibenden finanziellen Ressourcen nicht mehr ausreichen, die bestehenden Ratenverpflichtungen zu erfüllen (vgl. Groth 1984: 10).

Ver- und Überschuldung ist aber nicht nur als Momentaufnahme, sondern vielmehr als Ergebnis mehrerer Einzelentscheidungen zur Alltagsbewältigung anzusehen. Im Verständnis von Überschuldung nach Mattes spielen die individuell fortlaufend zu bewältigenden Probleme und auszuhandelnden Lösungen des Alltags bei der Analyse von Verschuldung eine zentrale Rolle. Zur Bewältigung ihres Alltags antizipieren Menschen ihre zukünftige wirtschaftliche Leistungsfähigkeit. Dies geschieht zunächst auf der Ebene einer subjektiven Einschätzung der ökonomischen Situation, wobei die Gefahren und Risiken einer möglichen Einkommensverschlechterung mit einbezogen werden. Überschuldung ist erreicht oder gegeben, wenn die eigene wirtschaftliche Leistungsfähigkeit durch das Eingehen von Schuldverpflichtungen soweit vorweggenommen wurde, dass die Schuldverpflichtungen nicht mehr in angemessener Zeit oder nicht mehr im Rahmen kalkulierbarer Risiken des Alltags und deren damit verbundenen Einkommensverschlechterung getilgt werden können (vgl. Mattes 2007: 26).

Auch wenn wissenschaftliche Lebenslagenanalysen Daten zu den Einkommens- und Lebensbedingungen von Haushalten liefern, wissen wir nicht, inwiefern Privatpersonen und Haushalte in der Lage sind, zu erwartende Einkommensverschlechterungen, zum Beispiel durch Krankheit oder Arbeitslosigkeit, zu bewerten und in ihr Verschuldungsverhalten einfließen zu lassen. Das ist jedoch für die individuelle Bewältigung von Armut und Verschuldung von besonderer Bedeutung. Armut wird auf der Ebene Haushalt nicht nur über Einkommen und Sozialleistungen bewältigt. Armutsbewältigung auf Einzelfallebene bedeutet auch, die unmittelbar Betroffenen zur innerfamiliären Aushandlung von Lösungs- und Bewältigungsstrategien zu befähigen. Dabei können Referenzbudgets hilfreich sein, die eine angemessene bzw. idealtypische Verwendung des monatlichen Budgets aufzeigen und Impulse für Einsparungen bieten. Im Verständnis professioneller Sozialer Arbeit geht es dabei aber nicht primär darum, die monatlichen Einnahmen und Ausgaben den Vorgaben von Referenzbudgets[13] anzupassen. Es geht um die Auseinandersetzung mit den Abweichungen individueller Ausgaben mit den Referenzbudgets und der Frage, wie diese innerfamiliär oder im Haushalt entstehen, verändert werden oder beibehalten bleiben sollen. Dies verbunden mit dem Anliegen, ratsuchende Personen und Haushalte zu einer eigenständigen Auseinandersetzung mit solchen Fragen und zu einem Leben mit Schulden zu befähigen (vgl. Schnorr et al. 2020: 96f).

3.1.5 Überschuldung als soziales Problem und sozialpolitische Referenzgröße

In sozialpolitischen Zusammenhängen war es in der Vergangenheit von enormer Wichtigkeit, Verschuldung als Massenphänomen und als ein immer größer werdendes Problem darstellen zu können. Erstaunlich dabei ist, dass bei der Problematisierung von Verschuldung als soziales Problem nicht nur die Akteur*innen der Sozialen Arbeit beteiligt waren, die auf ein zunehmendes Ausmaß privater Verschuldung hinweisen. Es waren anfänglich auch Frauenvereinigungen, Verbraucherverbände, Gewerkschaften und Organisationen der Konsumkredit- und Teilzahlungswirtschaft, die auf die zunehmende Häufigkeit von Lohnpfändungen bei Arbeiter*innen und Angestellten und auf die steigende Anzahl von Kredit- und Kontokündigungen wegen Zahlungsrückständen hinwiesen. Ohne den Begriff der Überschuldung damals näher bestimmen zu können, diente dieser ab

---

13 Die wissenschaftlichen Grundlagen für Referenzbudgets werden im deutschsprachigen Raum insbesondere von den in der Deutschen Gesellschaft für Hauswirtschaft e. V. zusammengeschlossenen Expert*innen erstellt und fortlaufend publiziert.

Ende der 1950er Jahre dazu, unterschiedlichste politische Interessen durchzusetzen: Verbesserungen der rechtlichen Grundlagen des Konsument*innenschutz, Lohnforderungen und Vereinfachungen in der gerichtlichen Durchsetzung von Forderungen aus dem Konsument*innenkreditbereichs. Alle argumentierten sie mit dem Begriff der Überschuldung und verfolgten damit unterschiedlichste und sich widersprechende Interessen (vgl. Mattes 2007: 149).

So war es bei der Durchsetzung der Rechtsgrundlagen von Schuldenberatung ebenfalls dienlich, von einer immer weiter ansteigenden Anzahl überschuldeter Haushalte zu sprechen und die Beeinträchtigungen von Ver- und Überschuldung auf die Lebenslage der Betroffenen zu problematisieren. Dies ist offensichtlich durch die Aufnahme von Schuldenberatung in das Bundessozialhilfegesetz gelungen (vgl. Groth 1984: 20), auch wenn der Begriff der Überschuldung damals wie heute wissenschaftlich nicht eindeutig und vor allem operationalisierbar bestimmt werden kann. Dabei dürften Ergebnisse der Studie zur Praxis des Konsument*innenkredits entscheidend gewesen sein, die aber ausschließlich auf Auswertungen von Kredit- und Zwangsvollstreckungsdaten, nicht aber auf einer umfassenden Analyse der Lebenssituation der Betroffenen beruht (Holzscheck/Hörmann/Daviter 1982).

Bei aller Unklarheit zur Begrifflichkeit der Überschuldung ist es erstaunlicherweise die Europäische Union, die aus unterschiedlichsten nationalen Rechtsnormen und Definitionen ein einheitliches Verständnis formulieren konnte:

> »Wie hoch die Schulden sein müssen, damit ein Haushalt als überschuldet gelten kann, hängt von vielen Faktoren ab: vom Umfang und Struktur der Schulden, von deren Rückzahlungsbedingungen, von den Vermögenswerten des Haushalts, von anderen persönlichen und wirtschaftlichen Merkmalen des Haushalts sowie von externen Faktoren wie der Wirtschaftslage. Die kritische Schuldenhöhe ist also von Haushalt zu Haushalt unterschiedlich« (vgl. Betti 2001: 5).

Bei dieser Definition ist bemerkenswert, dass der Begriff der Überschuldung überhaupt nicht mehr verwendet wird, sondern von kritischer Verschuldung gesprochen wird. Hier verfolgt die Europäische Union einmal mehr ihre Strategie, die europäische Ebene als Instanz des Konsument*innenschutzes zu profilieren. Eine Strategie, die auch im Zusammenhang der Einführung des Pfändungsschutzkontos in Deutschland und der Verkürzung der Laufzeiten nationaler Restschuldbefreiungsverfahren zum Ausdruck kommt.

Nicht nur die vorgenannten Überlegungen machen die Verwendung des Begriffs der Überschuldung problematisch. Im Hinblick auf strafrechtliche Aspekte hoher Schulden birgt seine Verwendung sogar gewisse Risiken mit sich. Die verschuldeten Zielgruppen der Sozialen Arbeit dürften zu einem bedeutenden Teil auch von Armut betroffen oder von Armut gefährdet sein. Doch inwiefern werden Schulden dann mit bereits vorhandener, offensichtlicher und den Beteiligten bewusster Zahlungsunfähigkeit begründet? Sind Personen und Haushalte, die finanzielle Grundsicherung vom Staat erhalten, zugleich auch zahlungsunfähig, sobald sie Schuldverpflichtungen eingehen, und ab wann liegt dann der Tatbestand des Betrugs vor? Verschuldungsbetroffene als überschuldet darzustellen kann im Einzelfall zwar das Mahnverhalten von Gläubiger*innen beeinflussen und auch unterbrechen und den dadurch verursachten Druck auf die Betroffenen abmildern. Überschuldung ist zugleich aber auch ein kriminalisierender Begriff, weshalb er im professionellen Kontext der Sozialen Arbeit nicht oder sehr zurückhaltend verwendet werden sollte.

Bleibt noch zu klären, ob der Übergang von Verschuldung, also das Vorhandensein von angemessener und im Einzelfall leistbarer Schuldverpflichtungen, hin zur Überschuldung im Sinne von kritischer schuldenbedingter Überforderung ausschlaggebend für die Zuständigkeit der Schuldenberatung ist. Nun gibt es derzeit in keinem der deutschsprachigen Länder eine verbindliche Regelung darüber, ab wann die Soziale Arbeit mit ihrem Hilfeangebot für die Beratung verschuldungsbetroffener Menschen zuständig ist. Anknüpfungspunkte bieten hierzu am ehesten die nationalen Insolvenz- bzw. Privatkonkursregelungen, die als Voraussetzung zur Eröffnung solcher Verfahren Zahlungsunfähigkeit und somit Überschuldung vorsehen. Da die Schuldenberatung in Deutschland und Österreich wesentliche Akteurin in diesen gerichtlichen Verfahren sind, ist der Begriff der Überschuldung bei der Mitwirkung in diesen Verfahren relevant.

> Die Suche nach einer inhaltlichen Präzisierung endet jedoch beim Ergebnis, dass, von juristischen Zusammenhängen abgesehen, der Begriff der Überschuldung mehr laientheoretische Relevanz besitzt, als er der professionellen Beratung dienlich ist.

3.2 Zur Entstehung von Verschuldung und Schuldenberatung

Um die Entstehung der Schuldenberatung als Hilfeangebot der Sozialen Arbeit beschreiben und verstehen zu können, ist nicht nur die tatsächliche Entstehung der Beratungsstellen in den Blick zu nehmen. Vielmehr geht es darum aufzuzeigen, wie sich die gesellschaftliche Relevanz von Verschuldung, das Verständnis von Schuldenregulierung und Entschuldung und die Antworten der Sozialen Arbeit darauf verändert haben. Dabei reichen die historischen Wurzeln weit in die Vergangenheit zurück, wie nachfolgend dargelegt. Sie zeigen auf, warum wir heute das Phänomen Verschuldung und die angebotene Lösung der Schuldenberatung in gegenwärtiger Form als ausgleichendes Element von Kulturgeschichte, Konsum- und Verschuldungsalltag sowie Sozialpolitik vorfinden.

3.2.1 Babylonische und alttestamentliche Bezüge zur privaten Verschuldung

Inwiefern Verschuldung immer schon die sozialen Beziehungen der Menschen untereinander prägte und Menschen über Regierungen und deren erlassenen Gesetze das Phänomen Schulden regulierten oder dem Markt und anderen Machtstrukturen überlassen haben, wurde in den vergangenen Jahren, insbesondere bei der Aufarbeitung der internationalen Finanz- und Bankenkrise ab dem Jahr 2008, umfassend aufgearbeitet und ausführlich beschrieben (Graeber et al. 2014). Hierfür interessant ist, vor allem wegen einer gewissen Ähnlichkeit zur heutigen Ausgestaltung der Rechtsnormen, die altorientalische Schuldknechtschaft des Babylonischen Reichs, geregelt im Codes Hammurabi, und die alttestamentlichen Regelungen zu Schulderlass (vgl. Mattes 1998: 80).

Der Codes Hammurabi, ein Gesetzeswerk das in den Jahren 1728 bis 1686 vor Christus entstand, regelt den auch heute noch im Sprachgebrauch häufig verwendeten Begriff der Schuldknechtschaft. Dieser bedeutete Folgendes:

> »Wenn ein Mann eine Schuldverpflichtung gefasst hat, (und er deshalb) seine Frau, seinen Sohn und seine Tochter für Geld verkauft oder in Schuldknechtschaft gegeben hat, (so werden diese) drei Jahre lang im Haus ihres Käufers oder ihres Schuldherrn arbeiten. Im vierten Jahr wird ihre Freilassung bewirkt werden« (Trinkner 1996: 196).

Ebenso schützte der Codes Hammurabi Schuldner*innen vor Sittenwidrigkeit, also vor unangemessener Beeinträchtigung aufgrund bestehender Schulden. So erklärt der Codes das Übereignen der Ernte zur Bezahlung von Zinsen für ungültig.

Im Alten Testament sind ebenfalls Regelungen zum Umgang mit Schulden und Schulderlass zu finden. So wird hier die Knechtschaft eines Schuldners auf sechs Jahre begrenzt und im siebten Jahr steht ihm die Freiheit zu. Allerdings muss er seine Ehefrau und seine Kinder, sofern er in der Zeit der Schuldknechtschaft geheiratet hat und Kinder geboren wurden, der Gläubiger*in zurücklassen (Exodus 21: 1–5). Eine weitere alttestamentliche Regelung, die vom damaligen gesellschaftlichen Umgang mit Verschuldung zeugt, ist das alle 50 Jahre stattfindende Jobeljahr, in dem der Besitz an die ursprünglichen Eigentümer zurückkehren musste. Damit verbunden war auch ein vorzeitiges Ende einer Schuldknechtschaft, sofern eine verschuldete Person sich wegen seiner Schulden an die Gläubiger*in verkaufen musste. Ihm musste im Jobeljahr die vorzeitige Rückkehr zu seiner Familie gewährt werden (Lev. 25,13) (vgl. Boecker 1976: 77).

3.2.2 Professionelle Armenfürsorge in der Frühmoderne

Das Problem der privaten Verschuldung hat weitere historische Anknüpfungspunkte in der Geschichte der Armenfürsorge, die von der Industrialisierung und der Entstehung und Entwicklung der arbeitsteiligen Gesellschaft wesentlich geprägt wurden. Inwiefern Verschuldung bereits seit dem Mittelalter Bestandteil der Alltagskultur von Bauern und Landarbeitern darstellte, wurde inzwischen von Schwarze aufgearbeitet und systematisiert dargestellt (vgl. Schwarze 2019: 17ff). Auch wenn in seinem Untersuchungszeitraum anfänglich noch keine professionelle Soziale Arbeit gekannt wurde, war der Zusammenhang von Verschuldung, wirtschaftlicher Überforderung und Armut auch damals bereits gegeben. Die berufliche Soziale Arbeit begann sich dann ab dem Ende des 19. Jahrhunderts als außerfamiliäre soziale Dienstleistung in Städten und industriell geprägten Regionen auszubilden. Die sich im Rahmen der Industrialisierung und der sich einstellenden gesellschaftlichen und politischen Krisen immer deutlicher abzeichnende Notwendigkeit von Armenfürsorge und sozialer Dienstleistungen, verlangte nach Strukturierung und Professionalisierung dieser sozialen Aufgabe. Die federführend aus dem Lager der bürgerlichen Frauenbewegung stammende Vorstellung der Mütterlichkeit von sozialer Hilfe konnte bereits damals als Kultur- und Gesellschaftskritik verstanden werden. Die Bedeutung der Großfamilie und anderer sozialer Strukturen lösten sich zugunsten neuer Strukturen auf, die sich aber ausschließlich an der sachlichen und technischen Rationalität des Kapitals orientierten, nicht aber an den Notwendigkeiten familiärer Reproduktion. In der bürgerlichen Frauenbewegung ging es neben dem Protest gegen diese patriarchale Machtstruktur aber auch um die Schaffung eines außerhäuslichen und öffentlichen Wirkungsbereichs für bürgerliche Frauen, wodurch Fürsorge unter dem Stichwort der ›Mütterlichkeit‹ zur Kulturaufgabe wurde (Sachße 2001, vgl. Mattes 2007: 46f).

Das gesamtgesellschaftliche Interesse einer professionellen Armenfürsorge lag aber auch bereits im entstehenden Bewusstsein des Bürgertums, den Menschen Hilfe zukommen zu lassen, die Opfer der damaligen Verhältnisse wurden, von denen das Bürgertum selbst aber profitierte (vgl. Hering/Münchmeier 2015: 47). So ist das Phänomen von Mietschulden der Arbeiterfamilien in den Arbeitersiedlungen nicht nur als schichtspezifisches Problem zu sehen. Sie waren eine Folge der neu entstandenen Lebensform in den Mietskasernen Großindustrieller Unternehmen, die auf den Zuzug von Arbeitern und deren Familien vom Land in die Stadt angewiesen waren. Der Prozess der Professionalisierung der Fürsorge war nicht frei von Kritik. So prägte Klumker damals bereits den Begriff der Flickschusterei:

»Ist diese Fürsorge nicht Sisyphusarbeit? Wäre es nicht zweckmäßiger, jene Verhältnisse, aus denen die Hilfsbedürftigen hervorgehen, unter denen sie leiden, zum Angriffsgegenstand zu wählen und das Übel an der Wurzel selbst zu bekämpfen?« (Klumker 1918: 6).

3.2.3 Schuldenberatung als Sozialdisziplinierung

Vor allem die Armenfürsorge des 19. Jahrhunderts steht bis heute in der Kritik, mehr disziplinierend als helfend oder befähigend gearbeitet zu haben. »Was nottut ist also eine exakte Haushaltsberechnung. Diese erfordert einen klaren Einblick in das Maß des Erwerbs und das Maß des Verbrauchs. Ohne ihn ist eine umsichtige Armenpflege nicht möglich«, so eine Anweisung der Inneren Mission in Berlin von 1852 (zitiert in Schwarze 1998: 44). Hier wird insbesondere die Praxis des Armenbesuchs kritisiert, bei dem in der Wohnung Armutsbetroffener nicht nur die wirtschaftliche Situation beurteilt, sondern auch Ordnung, Reinlichkeit und das Bestreben nach Erwerbseinkommen bewertet wurde. Diese Kritik orientiert sich am Konzept der Sozialdisziplinierung von Oestreich, das für die Gewährung von Hilfen das Erfüllen von Vorgaben für ein normgerechtes Leben vorsieht (vgl. Breuer 1986: 52).

Die Kritik, die Schuldenberatung in den Anfängen der Armenfürsorge verfolgte neben dem Ziel, die Arbeiterschaft mit ihren Familien zu stabilisieren, vor allem auch das Anliegen, die innergesellschaftlich wichtige Zahlungsmoral der Bevölkerung zu steigern, ist nicht ganz von der Hand zu weisen. Wenn wir die Praxis der Schuldenberatung von ihren Anfängen bis heute hinsichtlich ihrer disziplinierenden Arbeitsweise betrachten, so gilt es einerseits zu reflektieren, welchen Stellenwert die Erziehung zur Zuverlässigkeit, die eigenen Zahlungsverpflichtungen einzuhalten, hat. Ein zentraler Aspekt dabei ist sicherlich die Sicherung der Existenz, vor allem der Wohn- und Versorgungssituation der Privathaushalte. Andererseits dürfte es nicht unberechtigt sein nachzufragen, wie das Problem der Verschuldung privater Haushalte gedeutet und mit welcher Haltung den Betroffenen gegenüber gehandelt wird. Geht es um eine differenzierte Analyse der Lebenslage der Betroffenen oder um eine Orientierung an und Bekämpfung von persönlichen Defiziten?

Hier kam Schwarze bereits 1998 in seinem Beitrag »Schuldnerberatung – Profession zwischen Armenfürsorge und Insolvenzmanagement« zur Erkenntnis, dass es hinsichtlich eines professionellen Selbstverständnisses der Schuldenberatung daran mangelt, dieses Angebot als ganzheitliches, das heißt an den Ressourcen und Bedürfnissen der Betroffenen ausgerichtetes Hilfeangebot anzubieten. Nach seiner Analyse stehen sehr wohl disziplinierende Mechanismen im Vordergrund, die es aus der Perspektive einer kritischen Sozialen Arbeit zu hinterfragen gilt (vgl. Schwarze 1998: 32–52).

3.2.4 Vorratswirtschaft, Freiheitssymbole und Machtstrukturen[14]

Weitere Bedingungsfaktoren dafür, dass Schuldenberatung in der Form entstanden ist, wie wir sie heute kennen, ist die Entstehung von Konsum als Alltagsphänomen in Verbindung mit Verschuldung als Faktor der Alltagsbewältigung. So wurde Konsum in der frühen Neuzeit nur dann als legitim betrachtet, wenn er zur Befriedigung notwendigster Bedürfnisse erforderlich war. Um nicht nur innerhalb des vertrauten Umfelds der Großfamilie Waren tauschen zu können, wurde die Geldwirtschaft eingeführt. Sie ermöglichte das Umrechnen von unterschiedlichen Gütern und den Tausch außerhalb bestehender sozialer Bezüge. Die sodann entstandene Berufsgruppe der Händler*innen und Anbieter*innen von Dienstleistungen wie zum Beispiel der Müller wurden lange Zeit kritisch beobachtet. Schließlich versuchten sie, ihren Lebensunterhalt ohne den Besitz eigenen Ackerlandes und ohne den Beistand Gottes bei der landwirtschaftlichen Tätigkeit zu erwirtschaften. Entsprechend wurde der Kontakt zu diesen beiden Berufsgruppen gemieden und auf das Notwendigste beschränkt (vgl. Bourdieu 2000: 10).

---

14 Die wissenschaftliche Aufarbeitung der kulturhistorischen und konsumgeschichtlichen Zusammenhänge sind bislang überwiegend auf Deutschland beschränkt. Daher ist eine auf alle drei deutschsprachigen Länder bezogene Abhandlung dazu nicht möglich.

Nicht mehr nur das verbrauchen zu können, was selbst hergestellt oder getauscht werden kann, und dies auch nicht mehr nur zur Sicherung der notwendigsten Existenz zu verstehen, verhalf dem Zusammenleben der Menschen zu einer neuen Dynamik. Der Konsum wurde vor allem in Europa zum Symbol von Freiheit und trug zur Bewältigung des Leids der beiden Weltkriege des letzten Jahrhunderts bei. Allerdings zeigen sich aus heutiger Sicht zwei grundlegend unterschiedliche Botschaften, die mittels Konsums an die notleidende Bevölkerung gesendet wurde: Konsum als Versorgung von Grundbedürfnissen nach dem ersten Weltkrieg oder als Symbolträger von Freiheit und Demokratie ab dem Ende des Nationalsozialismus.

> »Damals haben, wie Sie wissen, Hilfsorganisationen großzügig Nahrungsmittel an das hungernde Europa, vor allem aber in Deutschland, verteilt. Es wurde Nahrung für den Magen, nicht aber für die entwurzelten und ausgehungerten Seelen gespendet. Die Hilfsorganisationen predigten da, wo klare Erklärungen erwartet wurden, weil sie nicht wussten, dass die deutsche Mentalität, die damals für alles amerikanische aufgeschlossen war, nach Erklärungen dürstete. (...) So wurde nach dem ersten Weltkrieg zwar gefüttert, der Gedanke an Demokratie aber nicht mit Nahrungsmittelsendungen verpackt« (Schindelbeck 2003: 17).

Die Situation nach 1945 wird von Siegrist wie folgt beschrieben:

> »Die Jahre zwischen 1945 und 1950 waren ein Tiefpunkt, gleichzeitig aber bildeten sie auch ein günstiges Ausgangsgefüge für einen radikalen Aufschwung der Konsumgesellschaft und Konsumkultur, da viele althergebrachten Werte und Gesellschaftsvisionen jetzt diskreditiert waren: Rassismus, Nationalsozialismus und Faschismus spielten als Sinn- und Orientierungssysteme keine wesentliche Rolle mehr. Die zentrale Integrationsideologie des langen 19. Jahrhunderts, der Nationalismus, war als Staatsgrundlage zweifelhaft geworden. Die Religionen konnten nur noch einem Teil der Gesellschaft Wertorientierung geben. Die bürgerliche Welt und ihre Ästhetik hatten an Glaubwürdigkeit und Legitimation eingebüßt. Sozialistische Vorstellungen mochten vorübergehend eine breite Faszination entfalten, waren aber ebenfalls sehr umstritten. Die großen Ideen waren fragmentiert, und die Erfahrung von Zerstörung und Vertreibung, von Hunger und Not verstärkten den Wunsch nach materiellen Gütern« (Siegrist 1997: 29).

Das Konsumverhalten in Westdeutschland war in den ersten Jahren nach der Währungsreform zurückhaltend. Es konzentrierte sich verhalten und im Rahmen der für die Bevölkerung verfügbaren Mittel auf den durch Krieg und Armut entstandenen Nachholbedarf an Grundnahrungsmitteln. Die Währungsreform von 1948 füllte zwar über Nacht wieder die leeren Regale in den Geschäften, der sich aber bald abzeichnende Konflikt zwischen den USA und der Sowjetunion und die daraus resultierende Angst vor einem dritten Weltkrieg weckte ein Misstrauen in den neu entstehenden Wohlstand.

Erst als 1951 klar wurde, dass sich die Auseinandersetzungen der beiden Weltmächte auf das Territorium von Korea beschränken werden, standen für die Umsetzung des Marshallplans in Westdeutschland umfassende Gelder aus den USA zur Verfügung, die in den Aufbau der westdeutschen Konsumgüterindustrie fließen sollten. Da den Vereinigten Staaten daran gelegen war, als antikommunistisches Bollwerk ein wirtschaftlich starkes Westdeutschland aufzubauen, verwandelte sich die Korea-Krise zu einem förmlichen Korea-Boom: Die Bewältigung des konsumtiven Nachholbedarfs des Zweiten Weltkriegs, verbunden mit stetig steigenden Konsumansprüchen der Bevölkerung, zeigte sich bis weit in die 1950er Jahre hinein wellenförmig. Ausgehend von der Fresswelle folgten die Bekleidungswelle, danach die Möbelwelle, die Motorisierungswelle und schließlich die Reisewelle.

Die Transformation der Vorrats- und Tauschwirtschaft hin zur Konsumgesellschaft verlieh dem Konsum das Symbol von Freiheit und Demokratie, vermittelte innen- und außenpolitische Stärke, wurde aber ab den 1980er Jahren im Zuge der Ökologiebewegung zu einem der Kritikpunkt der kapitalistischen Weltordnung. Die schillernde Symbolik des Konsums erlebte im Zuge der Wiedervereinigung der beiden deutschen Staaten eine gewisse Renaissance, da die Menschen in Ostdeutschland insbesondere wegen den Konsummöglichkeiten in Westdeutschland und den damit verbundenen Symbolen der Freiheit, des Wohlstands und der Gerechtigkeit auf eine schnelle Wiedervereinigung drängten (vgl. Schindelbeck 2003: 97).

Die sich seit den 1990er Jahren vollziehende Digitalisierung der Lebensbereiche der Privathaushalte wirkte sich unweigerlich auch auf die Bedeutung von Konsum aus. Zum einen schaffen digitale Medien eine bislang nicht gekannte Markttransparenz im Konsumbereich, indem nicht nur Preise verglichen werden können, sondern auch für den Konsum relevante Informationen wie Produkthinweise einfacher zugänglich sind. Zugleich lassen die neuen Medien die Konsument*innen auch zu Akteur*innen der Konsumwirtschaft werden, indem sie selbst Waren und Dienstleistungen anbieten oder durch Bewertungen Einfluss auf die Marktchancen von im Internet präsenten Unternehmen nehmen können.

> Konsum steht nicht nur für Teilhabe. Er schafft trotz aller integrativer Funktionen Machtstrukturen, in dem die konsumierenden Personen in Abhängigkeit zur Konsumwirtschaft geraten. Konsumstile, ästhetische Ideale und die Notwendigkeit von Konsumgütern werden von der Konsumwirtschaft inzwischen vordefiniert, deren Erfüllung durch die Individuen über Zugehörigkeit oder Ausgrenzung entscheiden. Bis dahin, dass auch der Protestkonsum, zum Beispiel auf umweltschädliche Produkte zu verzichten, ebenfalls weitgehend von der Konsumwirtschaft bedient und bestimmt wird. So eint Konsum in gewisser Weise die Bevölkerung, indem materiellen Stigma nur noch schwer oder nicht mehr zu erkennen sind und sich dadurch äußerlich immer weiter angleichen. Gleichzeitig teilt sie die Gesellschaft in eine Gruppe von Menschen, die sich die Konsumsymbolik finanziell leisten können, und in eine Gruppe von Menschen, die hierzu wirtschaftlich nicht in der Lage sind und sich durch Konsumausgaben verschulden (vgl. Mattes 2007: 122).

3.2.5 Verschuldung und Konsumgesellschaft

Die Entstehung der Verbraucher*innenverschuldung ist, da sie wesentlich zur Steigerung der Konsummöglichkeit der Individuen initiiert wurde, in weiten

Teilen von Parallelitäten mit der Entstehung des Massenkonsums zu deuten und zu verstehen.

»Geld wird gerade in seiner Abstraktheit, sich alle Waren überstülpen zu können, zum universellen Symbol sozialen Rangs. Der Kredit öffnet dieses Universum auch den ärmsten Schichten, so dass die Aneignung des Universums symbolischer Güter sich als ›Chance‹ zur Gestaltung sozialer Distinktion über die gesamte Gesellschaft auszubreiten vermag – was die Distinktionskämpfe erneut ›anheizt‹« (Reis 1992: 171).

Die Ursprünge des heutigen Konsument*innenkredits, organisiert durch institutionelle Kreditgeber, sind um das Jahr 1800 in Frankreich zu finden. Der Einzelhandel ging dazu über, Waren an Privatpersonen gegen eine Anzahlung und darauffolgende Ratenzahlungen zu verkaufen. Dieses Modell der Absatzförderung breitete sich in der ersten Hälfte des 19. Jahrhunderts innerhalb Europas schnell aus und führte 1849 zur Eröffnung des ersten Warenkredithauses in Hamburg, das sich auf den Verkauf von Waren in Verbindung mit Warenkrediten konzentrierte. In den USA entstand die Teilzahlungswirtschaft erst um 1850 durch den Versuch der Firma Singer, Nähmaschinen kreditfinanziert zu verkaufen (vgl. Koch 1956: 11). Gesetzliche Regelungen zur haftungsrechtlichen Absicherung von Krediten, insbesondere dem Eigentumsvorbehalt und der Sicherungsübereignung von Waren, wurden mit dem ersten Abzahlungsgesetz im Jahr 1894 und mit dem Bürgerlichen Gesetzbuch ab 1900 im damaligen Deutschland geschaffen. Gleichzeitig entstanden die ersten außergerichtlichen Inkassobüros und die Anfänge der in auffallender Häufigkeit auftretenden Zahlungsklagen bei den Gerichten (vgl. Reifner/Weitz/Uesseler 1978: 70).

Die beiden Weltkriege hemmten die Weiterentwicklung des Konsument*innenkreditgeschäfts deutlich. Zwar wurde im Jahr 1929 ein erstes Modell des Warenhauskredits eingeführt, das weitereichende Haftung nicht nur für den*die Schuldner*in, sondern auch für den*die Einzelhändler*in vorsah, der die Kredite am Ladentisch vermittelte. Ab 1949 boten öffentlich-rechtliche Banken Konsumkredite an, für deren Genehmigung aber angesparte Beträge von 50 bis 70 % der beabsichtigten Kaufsumme erforderlich waren. Bis in die 1970er Jahre wurden immer wieder neue Verschuldungsmodelle entwickelt und auf dem wachsenden Markt der Konsument*innenverschuldung eingeführt. Die neuen Verschuldungsformen zeichneten sich durch immer geringere Haftungsverpflichtungen der Einzelhändler*innen, immer flexiblere Verwendung der Kredite, immer höhere Schuldsummen und immer längere Kreditlaufzeiten aus. Das Haftungsrisiko bei einem Forderungsausfall wurde bei diesen neuen Kreditprodukten zwischen Konsument*innenkreditbank und Einzelhändler*innen hin und her verschoben, ähnlich einer heißen Kartoffel (vgl. Mattes 2007: 134).

Dies änderte sich, als sich der Wirtschaftsboom des Wiederaufbaus Westdeutschlands abschwächte. Die technischen Neuerungen, der Nachholbedarf an Konsum der Nachkriegsjahre und der Aufbau der öffentlichen Infrastruktur im kriegszerstörten Europa führte in der aus heutiger Sicht als Fordismus bezeichneten Phase der Vollbeschäftigung zur Überzeugung, durch stetiges Wirtschaftswachstum nachhaltig Wohlstand für alle Gesellschaftsmitglieder zu schaffen. Als im Postfordismus, also Ende der 1960er und Anfang der 1970er Jahre, dann doch wieder steigende Arbeitslosenzahlen und ein wirtschaftlicher Abschwung zu verzeichnen waren, wurde der private Haushalt als Absatzpotential entdeckt. Die zurückhaltende Geschäftsstrategie der Konsument*innenkreditbank, die weiterhin nur unter strengen Auflagen, dafür aber für hohe Zinsen aus volkswirtschaftlicher Sicht nur unbefriedigend die Privathaushalte zur Konsumnachfrage stimulierte, wurden Refinanzierungsmöglichkeiten für Konsument*innenkreditbank stetig vereinfacht, diese mit billigem Zentralbankgeld versorgt und die rechtlichen Vorgaben der Konsumkreditbranche Schritt für Schritt gelockert. Durch die Liberalisierung des Konsument*innenkreditbereichs wurde aber nicht nur Konsumnachfrage geschaffen. Zu Beginn der 1950er wurde eine ansteigende Zahl von Lohn- und Gehaltsabtretungen bzw. Lohnpfändungen bei Grubenarbeitern im Bergbau festgestellt. Ab dem Jahr 1959 wurde in der Zeitschrift »Teilzahlungswirtschaft«, der Fachzeitschrift der Konsument*innenkreditbank in Deutschland, die Geschäftätigkeit von gewerblichen Schuldenregulierern beklagt, die die damaligen mit Konsumkrediten überforderten Privathaushalte als Geschäftsfeld entdeckten (vgl. ebd.: 137).

3.2.6 Vom Konsument*innenschutz zur Schuldenberatung

Im Zusammenhang der sich etablierenden Verbraucher*innenverschuldung ist auch die Neugründung der Konsument*innenschutzorganisationen ab den 1950er Jahren zu sehen. Die Wurzeln der neu gegründeten Verbraucher*innenverbände lagen in dem auslaufenden Modell oder in den sich nach den Regeln des freien Marktes orientierenden Konsumgenossenschaften einerseits und den Frauen- und Hausfrauenverbänden der 1950er Jahre andererseits, auf deren Grundlage eine Neuformierung des Verbraucher*innenschutzes möglich war. Der*die Verbraucher*in sollte dazu erzogen werden, mit seinem*ihrem Einkommen auszukommen, nicht über seine*ihre Verhältnisse zu leben und möglichst Preisvergleiche im stetig größer werdenden Warenangebot anzustellen. Den Verbraucherorganisationen wurde der Auftrag erteilt, die Privathaushalte durch die Fähigkeit zur Orientierung an den Regeln der Marktwirtschaft in den Markt des Warenangebots einzugliedern und zu preisbewussten Konsument*innen zu erziehen (vgl. Biervert/Monse/Rock 1984: 33).

Die politische Ausrichtung der Verbrauchererziehung der 1960er Jahre orientierte sich an einem fundamentalen Bekenntnis zur Marktwirtschaft, mit dem entscheidenden Vorzeichen des Wettbewerbs, der preisgünstigen Versorgung des*der Verbrauchers*in mit Konsumgütern und auf Massenkonsum aufbauenden wirtschaftlichen Wachstums mit zunehmendem gesellschaftlichem Wohlstand. Der Staat hatte die Aufgabe, einen wettbewerbsfördernden Rahmen für ökonomische Aktivitäten zu schaffen, in dem der*die Verbraucher*in vor Marktmissbrauch geschützt war. Bis in die 70er Jahre sah man in der Förderung der Markttransparenz, umgesetzt in unterschiedlichsten Angeboten der Verbraucher*innenberatung, die Hoffnung, eine Gesellschaft mündiger Konsument*innen zu schaffen, die in der Lage ist, ohne zusätzliche staatliche Eingriffe der Freiheit des Markts, insbesondere die der Vertragsfreiheit, selbstverantwortlich gerecht zu werden. So orientierten sich die Verbraucherorganisationen ebenfalls am keynesianischen Wachstumsmodell der Nachkriegsgeschichte und konnten ihre wirtschafts- und sozialpolitische Rollen trotz massiver Proteste der Industrie fest verankern und ihre gesellschaftliche Stellung festigen. Als gegen Ende der 1970er Jahre die ersten Grundsatzurteile zugunsten verschuldeter Verbraucher*innen durch den Bundesgerichtshof ergingen, nutzten die Verbraucherverbände ihre gefestigte Position, um auf gesetzliche Interventionen durch den Staat hinzuwirken. Die Folge waren eine ganze Reihe gesetzlicher Neuregelungen zum Schutz des Verbrauchers, die insbesondere durch die massiv eingeleiteten außergerichtlichen Kampagnen und gerichtlichen Musterprozesse der sehr gut etablierten Verbraucherverbände politisch durchgesetzt werden konnten (vgl. Ebli 2003: 63)[15].

Durch das Engagement der Verbraucherverbände im Bereich Verschuldung der 1950er bis 1970er Jahre war zunächst davon auszugehen, dass sich die Soziale Arbeit mit ihren Fachverbänden und die Wohlfahrtspflege nicht im besonderen Maße in diesem Themenfeld engagieren würden. Dies änderte sich jedoch mit den gravierenden Einsparungen der Finanzierung der Verbraucherverbände ab Ende der 1970er Jahre. Die Förderung des*der mündigen Konsument*in, wie es die Verbraucherbildung der vergangenen beiden Jahrzehnte vorsah, wurde in der Form politisch nicht mehr getragen und die Finanzierung der Verbraucherzentralen in den Folgejahren immer weiter reduziert. In der Folge entdeckte die Soziale Arbeit das Thema Verschuldung privater Haushalte ab Mitte der 1980er Jahre neu. Auch wenn weiterhin Widerstände von Seiten der rechtsberatenden Berufe, die mit Verweis auf das Rechtsberatungsgesetz die Zuständigkeit der Beratung bei Verschuldung eigentlich bei den Rechtsanwält*innen sahen, schaffte es die Soziale Arbeit in der Schuldenberatung dieses Arbeitsfeld ab den 1980er Jahren für sich zu gewinnen. Die entscheidenden Faktoren, die diese Entwicklung begünstigen, war die immer weitere Schwächung des Konsument*innenschutzes durch die Bundespolitik, aber auch die Erkenntnis der rechtsberatenden Berufe, dass die Beratung verschuldeter und zahlungsunfähiger Personen wirtschaftlich nicht attraktiv gestaltet werden konnte (vgl. ebd.: 77).

3.2.7 Entstehung der spezialisierten Schuldenberatung

Wie die historische Herleitung gezeigt hat, sind Hilfen bei Verschuldung alles andere als neu. Immer da, wo Schulden zu einem im gesellschaftlichen Interesse zu bearbeitendem Problem wurden, setzten sich Verfahren und Hilfeangebote durch, um diese für die Betroffenen unüberwindbar scheinende Situation bewältigen zu können. In den Fachbeiträgen zur Entstehung von Schuldenberatung wird die Eröffnung der ersten spezialisierten Schuldenberatungsstelle im Jahr 1977 bei der Stadtverwaltung Ludwigshafen als Ursprung dieses Handlungsfeldes

---

15 Die Konstitution von Verschuldung als gesellschaftliches Problem und deren Einfluss auf die Entstehung der Schuldnerberatung ist bislang nur in Deutschland, nicht aber für Österreich und die Schweiz wissenschaftlich aufgearbeitet. Deshalb sind diese Zusammenhänge nur auf Deutschland bezogen darstellbar.

genannt (vgl. Proksch 2001: 1528). Diese Aussage ist richtig, wenn wir sie im Zusammenhang der in diesen Jahren entstandenen neuen Armut, der auftretenden Massenarbeitslosigkeit und dem endgültigen Ende der fordistischen Überzeugung, durch stetiges und teilweise kreditfinanziertes Wachstum der öffentlichen und privaten Haushalte Wohlstand für alle Gesellschaftsmitglieder zu erreichen, sehen (vgl. Herzog 2015: 17). Die Eröffnung spezialisierter Schuldenberatungsstellen ab Ende der 1970er Jahre ist aus Sicht der Sozialen Arbeit jedoch vor allem mit dem damaligen Zeitgeist zu deuten, dass insbesondere hoch spezialisierte Angebote als professionelle und wirksame Hilfen gesehen wurden (▶ Kap. 4.2).

In der Fachliteratur als Professionalisierung der Schuldenberatung beschrieben wird vielfach auch der Prozess der Einbindung der Schuldenberatung in gerichtliche Verfahren, hier insbesondere der Verbraucher*inneninsolvenz- und Restschuldbefreiungsverfahren. Die politische Auseinandersetzung dauerte in Deutschland von 1978 bis 1994, um ein solches, bis dahin im deutschsprachigen Raum nicht gekanntes Verfahren der Schuldbefreiung per Gesetz am 01.01.1999 einzuführen (Mattes 1998).

In Österreich vollzog sich die Gesetzgebung zu einem Restschuldbefreiungsverfahren deutlich schneller, was eine Einführung nach deutlich kürzerer politischer Debatte, dafür aber in Anlehnung an zentrale Eckpunkte des in Deutschland erarbeiteten Verfahrens im Jahr 1995 ermöglichte. In beiden Ländern tragen die spezialisierten Schuldenberatungsstellen einen Teil dieser Verfahren. Als Verfahrensakteurin in diese außergerichtlichen und gerichtlichen Abläufe eingebunden zu sein, förderte die Institutionalisierung von Schuldenberatung entscheidend und verbesserte die Finanzierung der beteiligten Stellen, wenn auch nicht immer zur Zufriedenheit der Beratungsstellen und deren Fachverbände.

Dafür führte die Einführung dieser Verfahren zu einer starken Verrechtlichung und Entfremdung der Schuldenberatung als Soziale Arbeit. Die Schwierigkeiten der Einführung und der Verfahrenspraxis der ersten Jahre absorbierte jegliche thematische Auseinandersetzung und ließ ihren Fachdiskurs zum juristischen Experimentierfeld eines vom Gesetzgeber grundlegend neu geregelten Rechtsgebiets werden (vgl. Buschkamp 2019: 220f). Aus heutiger Sicht ist bei allen positiven Effekten der Institutionalisierung der Schuldenberatung durch die Mitwirkung an Insolvenz- und Restschuldbefreiungsverfahren von einem Sündenfall der Entprofessionalisierung zu sprechen. Wie von Buschkamp (ebd.) und Elbers (Elbers 2019) aufgearbeitet, folgten weitere verfahrensrechtliche Bezüge zu gerichtlichen Abläufen anderer Rechtsgebiete, vor allem bei der Einführung des Pfändungsschutzkontos, wo wiederum Verwaltungsabläufe vom Gericht auf Beratungsstellen verlagert wurden (Binner/Richter 2014). Die erforderliche Rückbesinnung auf originäre Aufgaben und auf ein professionelles Selbstverständnis der Schuldenberatung als Soziale Arbeit ließ lange Zeit auf sich warten (Mattes 2020).

3.3 Zum Verhältnis von Budgetberatung und Schuldenberatung

Die Geschichte und Entstehung der Schuldenberatung ist von einem weiteren Aspekt geprägt, der im Fachdiskurs oft unzureichend beleuchtet wird. Es hat sich, beginnend mit den Nachkriegsjahren und der anhaltenden Armut nach dem Zweiten Weltkrieg, noch ein weiteres Beratungsangebot entwickelt, was nicht außer Acht gelassen werden darf: die Budgetberatung. Sie ist, wenn auch nur in bescheidenem Umfang, schon länger durch Abschlussarbeiten an Hochschulen systematischer dargestellt als die Schuldenberatung. So wurde bereits im Jahr 1953 von Wiesendanger die erste Abschlussarbeit zum Thema Budgetberatung an der Schule für Soziale Arbeit Zürich (Wiesendanger 1953) und 1967 von Stalder an der Schule für Sozialarbeit Bern (Stalder 1967) vorgelegt. In Deutschland wurde 1969 die erste wissenschaftliche Untersuchung als Dissertationsschrift von Lemelsen mit dem Titel »Budgetberatung als Mittel der Konsumentenpolitik« veröffentlicht (Lemelsen 1969). Sie stellt einen Bezug zur Konsument*innenberatung, nicht aber zur Sozialen Arbeit her, beschreibt aber eingehend die Rolle der Beratungsperson bei Budgetberatungsgesprächen.

Bis heute existieren in Deutschland und in der Schweiz eigene Fachverbände für Budgetberatung, die jeweils eigene Referenzbudgets und Kennzahlen für Budgetberatungen generieren und Forschungsprojekte zu haushaltswissenschaftlichen Fragestellungen fördern und durchführen. In Österreich deckt die Schuldenberatung und ihr Zusammenschluss der staatlich anerkannten Schuldenberatungen den Bereich Budgetberatung mit ab, bewirtschaften diesen aber nur sehr zurückhaltend.

Die Schuldenberatung verwendet für sich ebenfalls den Begriff der Budgetberatung. Als Element der Existenzsicherung werden durch Haushaltspläne die regelmäßigen Einnahmen und Ausgaben erfasst, beobachtet und mit den Ratsuchenden reflektiert. Somit könnte davon ausgegangen werden, dass es sich hier um die gleichen Beratungsinhalte handelt. Eine Unterscheidung gibt es jedoch bei den Zielgruppen des Angebots und die Dauer der Beratung. Durch Budgetberatung wird ein breiteres Publikum angesprochen, das nicht zwangsläufig Schuldverpflichtungen aufweisen muss, um zur Beratung aufgenommen zu werden. Entsprechend kürzer sind die Beratungsangebote, bis hin zu einmaligen Sitzungen.

> Die Budgetberatung hat präventive Funktion. Sie versucht frühzeitig Hilfen zur Planung des monatlichen Budgets anzubieten mit dem Ziel, dass die ratsuchenden Haushalte nicht in die Situation kommen sich verschulden zu müssen. Dort aber, wo die monatlichen Ausgaben längerfristig nicht durch Einnahmen gedeckt sind, das monatliche Budget nicht ausgeglichen werden kann und dies zu Verschuldung führt, beginnt die Zuständigkeit der Schuldenberatung.

3.4 Was verstehen wir heute unter Schuldenberatung

Die Diskussion darüber, was Schuldenberatung ist und was sie sein soll ist oft mit der Frage verbunden, wieviel Expert*innenwissen zu Geld, Haushalt und Recht zur Beratung von verschuldeten Personen und Haushalten erforderlich ist, oder ob nicht doch die Reflexion der eigenen Situation und die Erarbeitung von Lösungen gemeinsam mit den Betroffenen im Mittelpunkt steht. Beachtlich dabei ist, dass bei allen gesellschaftlichen Transformationsprozessen und Professionalitätsdiskussionen in der Sozialen Arbeit der letzten Jahre und Jahrzehnte bereits ab Beginn des Fachdiskurses zur Schuldenberatung ein solches Verständnis vermittelt wurde. So zeigte Groth, der als erster Autor ein Fachbuch zur Schuldenberatung im deutschsprachigen Raum veröffentlichte, was aus damaliger Sicht unter sozialarbeiterischer Schuldenberatung zu verstehen war. Zwar war es ihm noch nicht möglich, eine theoriegeleitete oder wissenschaftliche Definition von Verschuldung anzubieten, er beschrieb den Gegenstandsbereich der Schuldenberatung in seinem Modell der »Vier Säulen der Schuldnerberatung«, die bis heute oft zur Beschreibung des Gegenstandsbereichs der Schuldenberatung verwendet werden, wie folgt:

- **Finanziell-rechtliche Beratung**
  Die Schuldverpflichtungen der ratsuchenden Menschen werden gesichtet, die Richtigkeit der Ansprüche geprüft, den überhöhten Zinsen und Kosten bestehender Schuldverpflichtungen widersprochen und nachteilige Rechtsgeschäfte wie zum Beispiel langfristig oder übertcucr abgeschlossene Versicherungsverträge gekündigt.
- **Hauswirtschaftliche Beratung**
  Die monatlichen Einnahmen und Ausgaben werden ermittelt, Einsparmöglichkeiten gesucht und der Umgang mit Geld und Finanzdienstleistungen eingeübt.
- **Psychosoziale Beratung**
  Geleitet von der Grundannahme, dass die Verschuldung einer Person oder eines Haushalts monokausal nicht zu erklären ist, sondern auch auf sozialen oder psychischen Problemen beruhen kann, werden die Ratsuchenden dahingehend beraten, persönliche Defizite eigenverantwortlich zu lösen und zur Alltagsbewältigung ohne neue Schuldverpflichtungen befähigt.
- **Pädagogische Prävention**
  Verstanden als Verhaltens- und Verhältnisprävention soll der Zunahme des Verschuldungsausmaßes in der Bevölkerung entgegengewirkt werden (vgl. Groth 1984: 15).

Das von Groth geprägte Verständnis von ganzheitlicher Schuldenberatung zielte bereits auf einen systemischen Beratungsansatz, insbesondere bei der Beratung von Familien, wie hier die durch Schulden verursachten Sorgen und Nöte aufgefangen und gelindert werden können. Eher technokratisch definiert wenige Jahre später Münder Schuldenberatung zwar weiterhin als Angebot für Familien, Ziel sei jedoch die Lösung der Überschuldung und Beseitigung der Folgeprobleme, die durch Überschuldung entstanden sind (vgl. Münder 1987: 2). Zu nennen ist schließlich noch die Definition von Sanio et al. die vor allem Freiwilligkeit und Eigenverantwortung der Schuldenberatung unterstreicht:

> »Schuldnerberatung in der Sozialen Arbeit zeichnet sich demnach dadurch aus, dass sie auf der Freiwilligkeit der verschuldeten Menschen aufbaut und diese mit dem Ziel der Hilfe zur Selbsthilfe in ihrer Eigenverantwortlichkeit stärken möchte« (Sanio/Groth/Schulz-Rackoll 2006: 229).

Was keine der bisherigen Definitionen beleuchtet, ist, dass Schuldenberatung in der Auseinandersetzung mit bestehenden Schuldverpflichtungen immer auch einen nicht unerheblichen Dienstleistungsanteil mit sich bringt. Sei es bei der Hilfe und Unterstützung, Gläubiger*innenunterlagen zu sichten und zu ordnen, Zwangsvollstreckungsmaßnahmen abzuwenden, Ratenvereinbarungen zu treffen oder ein Privatkonkursverfahren einzuleiten, ist neben der eigentlichen Beratung oft auch ein administrativer oder verfahrensrechtlicher Anteil durch die Beratungsstellen zu leisten, die je nach Organisation der Stellen nicht von den Beratungskräften direkt zu leisten sind, von den Betroffenen selbst aber durchaus als Teil von Schuldenberatung gesehen wird. Diese Dienstleistung ist geprägt von einem differenzierten Fachwissen zu Geld und Schulden und zeichnet die Schuldenberatung ebenso aus, wie die Beratungskompetenz, einen auf Reflexion beruhenden Prozess anzuleiten (vgl. Mattes 2014: 33).

3.5 Fazit: Begriffsverständnisse von Überschuldung und Schuldenberatung

 Für die Schärfung des Selbstverständnisses von Schuldenberatung scheint es hilfreich zu sein, die beiden Begriffe »Überschuldung« und »Schuldenberatung« auf dem Hintergrund der Profession der Sozialen Arbeit zu definieren. Beide Begriffe sind historisch und kulturell geprägt und werden von unterschiedlichen Professionen unterschiedlich geprägt und verwendet. Aus Sicht der Sozialen Arbeit können sie wie folgt verstanden werden.

Überschuldung

Überschuldung ist dann erreicht oder gegeben, wenn die eigene wirtschaftliche Leistungsfähigkeit durch das Eingehen von Schuldverpflichtungen soweit vorweggenommen wurde, dass die Schuldverpflichtungen nicht mehr in angemessener Zeit oder nicht mehr im Rahmen kalkulierbarer Risiken des Alltags und deren damit verbundenen Einkommensverschlechterung getilgt werden können.

3.5 Fazit: Begriffsverständnisse von Überschuldung und Schuldenberatung

Schuldenberatung

Schuldenberatung ist ein auf die Bewältigung von Verschuldung ausgerichtetes Hilfeangebot der Sozialen Arbeit, das auf der Grundlage der Lebenslage und den Ressourcen der Betroffenen ausgerichtete Beratungsansätze neben der Erarbeitung von Lösungen auch Schuldenpräventionsangebote, Expert*innenberatung und Dienstleistungen zur Entschuldung anbietet.

4 Professionalisierung der Schuldenberatung als Soziale Arbeit

Der Begriff der Professionalisierung spielt sowohl im Fachdiskurs der Sozialen Arbeit als auch innerhalb der Schuldenberatung seit geraumer Zeit eine zentrale Rolle. Dabei geht es um die Schärfung und Anerkennung der Sozialen Arbeit als eigenständige Profession sowie als Disziplin innerhalb der Wissenschaftsgemeinde. Welche Prozesse durchlaufen werden müssen, um als professionelles Angebot der Sozialen Arbeit firmieren zu können, ist gerade anhand der Schuldenberatung sehr gut darstellbar. Dies einerseits, weil deren Professionalisierung im Zusammenhang gesellschaftspolitischer Veränderungsprozesse verortet werden kann, andererseits weil sie lange Zeit in der Abgrenzung zu anderen Berufsgruppen gefordert war, sich entsprechend fachlich zu profilieren. Aus heutiger Sicht war dies zwar ein interessanter, aber auch alles andere als ein geradliniger Weg, der nicht nur wegen der Konkurrenz anderer Berufsgruppen erforderlich wurde. Vielmehr war es die Unschärfe innerhalb der eigenen Reihen, die bis heute nicht alle der Sozialen Arbeit angehören oder sich dieser verpflichtet oder zugewandt fühlen. In der Schuldenberatung tätig sind bis heute auch Personen mit kaufmännischen Berufsausbildungen bzw. juristischen, haushaltswissenschaftlichen, psychologischen oder verwaltungswissenschaftlichen Hochschulabschlüssen. Diese Berufsgruppen stehen für grundlegend unterschiedliche Beratungshaltungen und Beratungszugänge und verfestigen die oft diskutierte Frage, ob es sich bei Schuldenberatung um ein überwiegend von Expert*innenwissen geprägtes Beratungsangebot handelt oder ob sozialarbeiterische Beratung im Vordergrund steht, die in den Diskussionen um das Selbstverständnis der Schuldenberatung oft mit »ganzheitlicher Beratung« beschrieben wird.

Um darstellen zu können, inwiefern sich die Professionalisierung von Schuldenberatung in den letzten Jahren vollzogen hat und sich aus heutiger Sicht zeigt, ist zunächst eine Definition von Professionalisierung als Bezugspunkt weiterer Abhandlungen erforderlich und hilfreich:

> »Professionalisierung bezeichnet den Prozess, in dem sich eine Tätigkeit hinsichtlich ihrer Verfasstheit den sogenannten ›klassischen‹ Professionen (Mediziner_innen, Jurist_innen, Geistliche) angleicht, wobei es zur Abweichung und Sonderentwicklungen kommen kann, die als berufsspezifische Professionalisierungsmerkmale angesehen werden« (Müller-Herrmann/Becker-Lenz 2018: 688).

Das bedeutet, dass zur Professionalisierung von Schuldenberatung eigene wissenschaftliche Grundlagen, standardisierte Verfahren, Handlungsmaximen bis hin zu ethisch reflektierten Haltungen von Schuldenberatung als professionelle Soziale Arbeit erforderlich waren.

4.1 Die Professionalisierung der Schuldenberatung als Entwicklungsprozess

In diesem Kapitel wird aufgezeigt, wie aus heutiger Sicht die Professionalisierung der Schuldenberatung als Soziale Arbeit beschrieben werden kann. Anzumerken ist, dass im Fachdiskurs zur Schuldenberatung der Stand der Professionalisierung schon immer sehr unterschiedlich eingeschätzt wurde. So zeigten bereits Groth (Groth 1984) wie auch Schruth et al. (Schruth et al. 2011) auf der Grundlage erster methodischer Beschreibungen konkrete Bestandteile professioneller Schuldenberatung auf. Verbunden mit der Forderung, dass nicht nur die finanziellen Probleme, sondern auch angrenzende oder bei Verschuldungssituationen häufig auftretende persönliche Schwierigkeiten in der Alltagsbewältigung bearbeitet werden müssen, wuchs in der Fachöffentlichkeit schnell das Vertrauen in eine nicht näher bestimmte professionelle Schuldenberatung (vgl. Meilwes 1996: 59). So wurde durch Ebli vor allem auf der Grundlage seiner Analyse der Problemdurchsetzung von Verschuldung als sozialem Problem und der erlangten Zuständigkeit der Sozialen Arbeit, im öffentlichen Auftrag für die Problemlösung mitverantwortlich zu sein, postuliert, dass es sich bei diesen Hilfeangebot um Soziale Arbeit handelt (vgl. Ebli 2015: 53f). Zugleich sind aber auch Veröffentlichungen zu finden, die Schuldenberatung reduziert auf technokratische Fragen der Insolvenzabwicklung und des Forderungsmanagements für ratsuchende Menschen verstehen (Berner Schuldenfachstelle 2013, Bretz 2019, Gastiger 2012, Roncoroni 2011, Lackmann/Binner 2017).

> Nachfolgend wird die Professionalisierung zunächst als Entwicklung und Bewältigung ihrer Entwicklungsherausforderungen vorgestellt (▶ Kap. 4.1), um darauf aufbauend die Professionalität der Schuldenberatung mit Zugängen der Professionalität der Sozialen Arbeit in Zusammenhang zu bringen (▶ Kap. 4.2). Anschließend sind Bezüge zum Berufscodex des Berufsverbands der Sozialen Arbeit in der Schweiz dargestellt (▶ Kap. 4.3) und abschließend im Fazit dieses Kapitels die Professionalität der Schuldenberatung als Soziale Arbeit zusammengefasst (▶ Kap. 4.4).

4.1 Die Professionalisierung der Schuldenberatung als Entwicklungsprozess

Der Professionalisierungsprozess in der Praxis Schuldenberatung war in ihrer Entstehungsgeschichte und in der Phase der Institutionalisierung als Akteurin von Insolvenz- und Restschuldbefreiungsverfahren weitgehend von den Erwartungen der Träger und den Vorstellungen der Mitarbeitenden der Beratungsstellen geprägt, wie das Hilfeangebot ausgestaltet werden soll. Aus heutiger Sicht kann in der Professionalisierungsgeschichte nicht immer nur von einem sukzessiven Fortschritt oder einer sich vollziehenden Präzisierung dessen, was professionelle Schuldenberatung sein soll, gesprochen werden. Gerade die Einführung der Privatinsolvenz- und Restschuldbefreiungsverfahren löste aus Sicht der Sozialen Arbeit eine Entprofessionalisierung aus, weil plötzlich die verfahrensrechtlichen Details des Insolvenzrechts die Anliegen und Bedürfnisse der ratsuchenden Personen maßgeblich prägten, dafür aber professionelle Anliegen der Sozialen Arbeit in den Hintergrund gerieten (vgl. Mattes 2020: 25). Entsprechend kann die Professionalisierung der Schuldenberatung heute in folgende Abschnitte gegliedert werden, wie sich das Beratungsverständnis als Angebot der Sozialen Arbeit entwickelte und präzisierte.

4.1.1 Standardisierung der Beratungsverläufe der Schuldenberatung

Ein erster Versuch, nach der richtungsweisenden Einführung des Verbraucher*inneninsolvenz- und Restschuldbefreiungsverfahren in Deutschland (1999) und Österreich (1995) die Schuldenberatung als professionelles Beratungsangebot zu skizzieren, erfolgt durch eine Tagungsdokumentation der Arbeitsgemeinschaft Schuldnerberatung der Verbände (AG SBV), dem Zusammenschluss der wohlfahrtsverbandlich getragenen Schuldenberatung in Deutschland (AG SBV 2000). Die Verrechtlichung der Schuldenberatung hatte deutliche Spuren im Selbstverständnis der Beratungspraxis hinterlassen, aus dem nahezu keine Anknüpfungspunkte zum Professionalisierungsdiskurs in der Sozialen Arbeit abzuleiten waren. Erste zaghafte Versuche, das, was vor der Verrechtlichung der Schuldenberatung durch die Insolvenz- und Restschuldbefreiungsverfahren als »Ganzheitlichkeit in der Schuldenberatung« diskutiert wurde, wieder zurück auf die fachliche Agenda zu bringen, bestand in der Formulierung standardisierter Beratungsverläufe. Sie versuchten, einerseits der Maxime einer ganzheitlichen Schuldenberatung, zugleich aber auch den neuen Herausforderungen außergerichtlicher und gerichtlicher Verfahrensabläufe gerecht zu werden, die die Schuldenberatung anfänglich mit Stolz und einem Gefühl neuer Fachlichkeit erfüllte. Eine der ersten namhaften Veröffentlichungen war der vom Bundesverband der Verbraucherzentralen vorgelegte Schuldenreport (Verbraucherzentrale Bundesverband e. V. et al. 2006). In ihm wurde formuliert, dass Schuldenberatung das Ziel verfolgt, die Verschuldung der Ratsuchenden kontrollierbar zu machen, zu reduzieren oder im besten Fall sogar lösen zu können. Zugleich stellte die Reduzierung der sozialen Folgeprobleme von Verschuldung eine zweite zentrale Zielsetzung dar. Als Schwerpunkte beschrieben wurden, offensichtlich in Anlehnung an das Verständnis von Schuldenberatung von Groth (Groth 1984), Finanz- und Budgetberatung, Ökonomische Krisenintervention, sozialarbeiterische Beratung und Verbraucher*innenschutz. Ebenso skizziert wurden die zentralen Arbeitsprinzipien Freiwilligkeit, Eigenverantwortung, Verschwiegenheit und Vertraulichkeit, Nachvollziehbarkeit und Ganzheitlichkeit von Schuldenberatung. Dies stellte in keiner Weise eine fachliche Innovation, sondern vielmehr eine durch die entstandene Nähe der Schuldenberatung zur Justiz eingetretene Orientierungslosigkeit dar, die durch eine Wiederentdeckung alter Prinzipien zu lösen versucht wurde. Die neue Professionalität bestand in der Kombination vordefinierter Abläufe von Entschuldungsverfahren mit bislang tradierten Kernanliegen der Armutsbekämpfung.

> **Einzelfallbezogene Beratungsinhalte bei Entschuldung**
>
> - Anamnese, Vereinbarung der Beratungsziele und Aufklärung über mögliche Verfahrensalternativen der Entschuldung
> - Existenzsicherung: Hilfe zur Sicherstellung des notwendigen Lebensunterhalts
> - Schuldner*innenschutz: rechtliche Überprüfung der Gläubiger*innenansprüche
> - Soziale Stabilisierung: Vermittlung von Handlungskompetenzen zur selbständigen Bewältigung des Alltags
> - Rationale Haushaltsführung: Einübung von Techniken der Budgetplanung und wirtschaftlichen Haushaltsführung
> - Schuldenregulierung: Außergerichtliche Schuldenregulierung oder Einleitung eines gerichtlichen Verbraucher*inneninsolvenzverfahrens (vgl. Sanio et al. 2006: 229ff).

Das Modell versuchte, Anliegen der Sozialen Arbeit als integrativen Bestandteil der Schuldenberatung zu sehen, wenngleich eine genuine Ausrichtung von Schuldenberatung auf die Schuldenfreiheit ihrer Zielgruppe deutlich zu erkennen war. Dies scheint jedoch dem Zeitgeist einer gerade erst durch die Rolle im Verbraucher*inneninsolvenzverfahren gestärkten Beratungspraxis gerecht zu werden. Zugleich zeigt sich aber auch eine Abgrenzung gegenüber gewerblichen Schuldenregulierungsangeboten und Rechtsanwält*innen, die gerade in den ersten Jahren der Verbraucher*inneninsolvenzverfahren und mit Hilfe des Internets massiv Sanierungs- und Insolvenzdienstleistungen anboten und dies bis heute tun.

Schuldenberatung ebenfalls als idealtypischen Verlauf darzustellen, dabei aber eine Abgrenzung eines auf Existenzsicherung und Entschuldung ausgerichteten Beratungsverständnisses hin zu einem Verständnis von Schuldenberatung als Beratungsmethode in der Sozialen Arbeit zu verstehen, nimmt wenige Jahre später Mattes (vgl. Mattes 2009: 184f) vor. Dabei ging es nicht nur um die Relevanz und Gewichtung schuldenspezifischer Themen in der Beratung. Das Modell spricht sich auch dagegen aus, Schulden ausschließlich in spezialisierten Schuldenberatungsstellen zu bearbeiten. Die Kernaussage war, dass nur die Personen und Haushalte durch eine spezialisierte Stelle begleitet werden sollen, deren Alltag in besonderer Weise durch Verschuldung geprägt ist. Der Großteil der Schuldenberatung mit alltagsnahen Anliegen zum Thema Geld und Schulden soll im Rahmen integrierter Beratungsangebote wie allgemeinen Sozialberatungsstellen oder Fachdiensten wie der Wohnungslosen-, Sucht- oder Straffälligenhilfe erfolgen (▶ Tab. 2).

Tab. 2: Beratungsinhalte und Beratungsablauf bei Verschuldung

	Teilziele	Schuldenberatung als Existenzsicherungs- und Entschuldungsverfahren	Schuldenberatung als Methode der Sozialen Arbeit
Allgemeine Sozialberatung, Angebote für Geflüchtete, Sucht-, Straffälligen-, Wohnungslosenhilfe	Anamnese	• Sichtung der Verschuldungssituation • Ausarbeitung des monatlichen Budgets • Bedarfsklärung erforderlicher Existenzsicherungsmaßnahmen	• Information zu den Arbeitsprinzipien der Schuldenberatung • Psychosoziale Anamnese • Rollen- und Aufgabenklärung
	Existenzsicherung	• Sicherstellung des Lebensunterhalts • Einstellung von Ratenzahlungen • Prüfung sozialrechtlicher Ansprüche • Regulierung von Miet- und Energieschulden • Einrichtung eines Guthabenkontos bzw. Pfändungsschutzkontos	• Befähigung zur eigenverantwortlichen Alltagsbewältigung bei knappen Finanzen • Erarbeitung und Reflexion vorhandener Ressourcen • Reflexion subjektiver Bedeutungen von Konsum und Verschuldung • Steigerung der Selbstwirksamkeitserwartung bei der Lösung finanzieller Schwierigkeiten
Spezialisierte Schuldenberatungsstellen	Schuldner*innenschutz	• Kündigung von Verträgen • Sicherstellung unpfändbarer Einkommensanteile und Sozialleistungen für den Lebensunterhalt	• Förderung der Alltagskompetenzen im Umgang mit nicht lösbarer Verschuldung
	Bildung	• Finanzielle Allgemeinbildung • Haushaltsführung • Grundzüge des Verbraucher*innenschutzes	
	Bewältigung der Verschuldung	• Forderungsüberprüfungen • Entschuldung anhand eines Rückzahlungsplanes • Einleitung eines Verbraucher*inneninsolvenzverfahrens	

4.1.2 Dienstleistungsorientierung der Schuldenberatung

Eine weitere Phase der Professionalisierung der Schuldenberatung war eine Dienstleistungsorientierung, genauer gesagt das Bestreben, Teilaspekte von Schuldenberatung in modularer Form darzustellen. Hierbei ging es sowohl um einzelne Dienstleistungsangebote wie Haushalts- und Budgetberatung, rechtliche Forderungsüberprüfungen oder Schuldenprävention als auch um eine grundlegende Unterscheidung zwischen Schuldenberatung und Insolvenzberatung. Erforderlich wurde eine solche Ausdifferenzierung durch die Besonderheiten der Finanzierung der Aufgaben der Schuldenberatung. Für Erfolge von Beratungsstellen im Rahmen der außergerichtlichen Einigung, die ein gerichtliches Verfahren erübrigen, wurden in einzelnen Bundesländern finanzielle Anreize geschaffen, dagegen wurde der bürokratische Aufwand der Einleitung gerichtlicher Insolvenz- und Restschuldbefreiungsverfahren mit deutlich geringeren finanziellen Entschädigungen von den Kostenträgern nahezu sanktioniert. Die Finanzierung von Schuldenberatung an Kriterien wie Anzahl der Gläubiger*innen, Möglichkeiten einer außergerichtlichen Entschuldung oder den Aufwand der Insolvenzantragstellung zu koppeln, führte zu einer Modularisierung der Schuldenberatung als Dienstleistung, die den Kostenträgern angeboten wurde. Hierzu wurden von einzelnen Wohlfahrtsverbänden unterschiedliche Rahmenkonzepte zu Schuldenberatung vorgelegt, die im Wesentlichen von identischen Beratungsprinzipien und Beratungszielen ausgehen, bei der Beschreibung der konkreten Beratungsleistung aber dazu übergegangen sind, nicht den Beratungsprozess in den Mittelpunkt zu stellen, sondern einzelne Teilschritte und Dienstleistungen (AWO Bundesverband 2016)[16].

4.1.3 Typologisierung professioneller Beratungsverständnisse

Auf der Grundlage einer qualitativen Untersuchung bildete Monika Thomson (Thomsen 2008) eine Typologie zum professionellen Selbstverständnis von Schuldenberatung ab. Im Rahmen ihrer Studie befragte sie Beratungsfachkräfte öffentlicher, wohlfahrtsverbandlicher und nicht verbandlich organisierter Beratungsstellen, die alle im öffentlichen Auftrag Schuldenberatung anbieten.

In ihrem Sample deckte sie aber auch unterschiedliche Berufsgruppen der als Schuldenberater*innen tätige Personen mit kaufmännischer Qualifikation, einem Studium der Sozialpädagogik oder Sozialen Arbeit, einem juristischen Studium oder eine Kombination davon ab. Zudem wird in der Zusammenstellung der befragten Personen auch die Berufserfahrung bzw. Beschäftigungsdauer in der Schuldenberatung ausgewiesen. Es wurden sowohl Fachpersonen aus der Gründerzeit, der Aufbauphase und der Phase als Insolvenzberatung seit 1999 der Schuldenberatung untersucht.

---

16 Vollständiges Konzept siehe AWO Bundesverband: https://www.awo.org/sites/default/files/2017-01/Rahmenkonzeption_SIB_neu_Stand_9.12.16.pdf.

Bei der Auswertung der Interviews bildet Thomson die befragten Beratungskräfte in zwei Hauptkategorien ab: zum einen hinsichtlich der Parteilichkeit, unterteilt in Parteilichkeit für den Schuldner*innen, Unparteilichkeit/Allparteilichkeit und der Parteilichkeit für den Gläubiger*innen; zum anderen in der Kategorie Beratungsinhalte: finanzorientiert, fallorientiert oder rechtsorientiert. Schließlich stellt sie diesen beiden Dimensionen noch die emotionale Haltung gegenüber und unterscheidet dabei in »emotional verwickelt« und »emotional distanziert« (ebd.: 97). Diese Unterteilung führt schließlich zur Bildung von sechs Typen des professionellen Selbstverständnisses der Schuldenberatung.

Der*die Vermittler*in

Schuldner*innen und Gläubiger*innen haben beide Rechte, die die Schuldenberatung im Rahmen ihres öffentlichen Auftrags angemessen zu berücksichtigen hat. Da die verschuldeten Menschen die Beratung aufsuchen, stehen auch deren Bedürfnisse weitgehend im Mittelpunkt der Beratung. Grundsätzlich ist eine Schuldenregulierung und Entschuldung nicht alleiniges Ziel einer Schuldenberatung. Psychische Stabilisierung, Kompetenzerwerb oder Verhaltensänderungen stehen ebenso im Fokus der Beratung. Hierzu wird zwischen den verschuldeten Ratsuchenden und der Beratungsperson ein auf Vertrauensbasis beruhendes Arbeitsbündnis entwickelt. Aus der Perspektive der Beratungsperson ist die Arbeitsbeziehung durch Expert*innenwissen der Beratungsstelle geprägt und wird ihrerseits federführend strukturiert. Das Beratungsverständnis der Beratungsperson wird einerseits als ausgleichend zwischen Schuldner*in und Gläubiger*in verstanden. Andererseits handelt es sich zwischen Beratungsperson und ratsuchender Person um eine von Expert*innenwissen geprägte asymmetrische Beziehung (vgl. ebd.: 100f).

Die Persönlichen

Das Beratungsverständnis ist nicht von den Bedürfnissen der ratsuchenden Menschen oder der Gläubiger*innen geprägt, vielmehr aber von den Werten und Normen der Beratungsperson. Dabei werden die Werte und Normen nicht offiziell formuliert und den Betroffenen mitgeteilt, sie zeigen sich vielmehr durch das Verhalten der Beratungsfachkraft. Dabei spielen ihre eigenen emotionalen Bedürfnisse eine wesentliche Rolle, was gegenüber den Ratsuchenden zu Kommunikationsproblemen führen kann. Der »persönliche Beratungstyp« ist emotional in den Beratungsprozess verwickelt (vgl. ebd.: 123f).

Die kühlen Rechner*innen

Die kühlen Rechner*innen lassen sich von den ökonomischen Aspekten der Verschuldungssituation leiten, und zwar sowohl im Umgang mit den Schuldner*innen, als auch mit den Gläubiger*innen. Sie verstehen sich als Expert*innen ausschließlich für finanzielle Angelegenheiten. Die Regulierung der finanziellen Angelegenheiten wird von Seiten der Beratungsperson als Ziel formuliert und festgelegt. Der »kühle Rechner« zeigt eine emotionale Distanz zu seinen Ratsuchenden und kann deren Gefühle wie auch seine nicht in den Beratungskontext integrieren (vgl. ebd.: 127f).

Die Mütter und Väter

Das Beratungsverständnis der »Mütter und Väter« ist von einer diffusen emotionalen Haltung der Interaktionspartner*innen gegenüber geprägt. Die fachliche Identität wird durch eine insgeheime Parteilichkeit für die Verschuldungsbetroffenen zum Ausdruck gebracht, das vor allem durch unwirtschaftliche Verhandlungen der Beratungspersonen mit Gläubiger*innen oder anderen Beteiligten zum Ausdruck kommt. Von Seiten der Ratsuchenden nimmt der Beratungstyp »Mutter oder Vater« vor allem deren Hilflosigkeit wahr. Sie empfinden diese Hilflosigkeit als Aufforderung an ihre Rolle als Schuldenberatung und nehmen die Gefahr der Überforderung in Kauf (vgl. ebd.: 139f).

Robin Hood

Die Beratungspersonen des Typs »Robin Hood« sehen Gläubiger*innen generell im Unrecht und Schuldner*innen generell im Recht, jedoch nicht in der Lage, ihre Rechte selbständig durchzusetzen. Die erlebte Hilflosigkeit der Schuldner*innen spricht sie als Person an. Dies ist insbesondere dann der Fall, wenn sich die Beratungspersonen dieses Beratungstyps in den Ratsuchenden selber erkennen. Daher pflegen sie eine kämpferische Arbeitshaltung und Arbeitseinstellung, für die sie aber von den Ratsuchenden entsprechende Anerkennung einfordern (vgl. ebd.: 155f).

Die Finanzdienstleister*innen

Der »Finanzdienstleister« sieht sich ebenso wie der »kühle Rechner« als Experte, seine Zuständigkeit aber ausschließlich als Anbieter schuldenrelevanter Dienstleistungen. Somit spielen seine Emotionen ebenso wenig wie die der Betroffenen eine Rolle bei der Ausgestaltung der Beratungsbeziehung (vgl. ebd.: 168f).

> Die verschiedenen Beratungstypen zeigen auf, wie relevant der technokratische Umgang mit den Schulden für das Verhältnis zwischen der Beratungsperson und den Ratsuchenden ist bzw. welchen Stellenwert er im Beratungssetting bekommt. Zugleich spielen aber auch Projektionen, Übertragungen und Gegenübertragungen eine entscheidende Rolle, wie sich das Beratungsverständnis einzelner Beratungsfachkräfte herausbildet und inwiefern Parteilichkeit und Emotionalität der Beteiligten für Schuldenberatungsprozesse relevant sind.

4.1.4 Die »Soziale Schuldnerberatung« als Teil der Wohlfahrtspflege

Ein zentraler Schritt im Professionalisierungsprozess der Schuldenberatung gelang durch die Ausarbeitung des Konzepts der »Sozialen Schuldnerberatung«, dass die Arbeitsgemeinschaft Schuldnerberatung der Verbände (AG SBV) erarbeitete und 2018 veröffentlichte. Die Veröffentlichung dieses Konzepts markiert einen Meilenstein der Professionalisierung der Schuldenberatung durch die Wohlfahrtsverbände in Deutschland. Sie hatten in den Jahren 2002 und 2003 als fachliche Bewältigung der Einführung der gerichtlichen Restschuldbefreiung in Deutschland versucht, durch ein Berufsbild und eine Aus- und Weiterbildungsordnung die Schuldenberatung aufzuwerten, was jedoch am Widerstand in den eigenen Mitgliedsverbänden scheiterte (vgl. Buschkamp 2019: 221).

Wie schwer es ist, nach den vielen Jahren konzeptueller Orientierungslosigkeit der Schuldenberatung diesen gemeinsamen Nenner zu formulieren, wird im Konzept »Soziale Schuldnerberatung« wie folgt dargelegt:

> »(I)m Rahmen der Hilfen für Überschuldung haben sich im Laufe der Jahre (…) Beratungsangebote für spezielle Überschuldungsformen und für einzelne Überschuldungsgruppen etabliert. Diese vielfältigen Angebote beschränken sich auf die Bearbeitung eingegrenzter Aufgaben, auf bestimmte Zielgruppen oder auf die Durchführung von Standardverfahrens. Der allgemeine Begriff ›Schuldnerberatung‹ ist heute eine Sammelbezeichnung für tatsächliche oder angebliche Hilfen für Ver- und Überschuldung unterschiedlicher Art. Ein Teil heutiger Beratungsangebote hat mit dem traditionellen Anliegen einer ausdrücklichen ›Sozialen Schuldnerberatung‹ im Verständnis persönlicher Hilfen nur noch wenig gemein. Während Schuldenberatung in der Phase ihrer Entstehung als personenbezogen, ganzheitlich und sozial galt, ist dieses fachliche Verständnis nicht mehr überall gegeben. In Abgrenzung zur heutigen Vielfalt der Beratungs- und Unterstützungsangebote hat sich für diese frühe und an fachlichen Kriterien orientierte Form des Hilfeangebots der Begriff ›Soziale Schuldnerberatung‹ durchgesetzt, die in entsprechenden Einrichtungen der Wohlfahrtspflege, der Kommunen und Verbraucherzentralen praktiziert wird« (AG SBV 2018: 8).

Auch wenn die genannte Durchsetzung und allgemeingültige Verwendung des Begriffs der »Sozialen Schuldnerberatung« kritisch gesehen werden kann, war es doch der Begriff der »ganzheitlichen Schuldnerberatung« (Groth 1984), der dieses Handlungsfeld lange Zeit und nahezu unangetastet prägte und wesentliche fachliche Grundlage dieses neuen Konzeptes darstellt. Es fasst die Position der Arbeitsgemeinschaft Schuldnerberatung, den Diskurs zur Prägung einer nicht kommerziellen, bedingungslos zugänglichen und an den Bedürfnissen der Betroffenen ausgerichteten Schuldenberatung treffend zusammen. Dass die Autoren des Konzepts der »Sozialen Schuldnerberatung« trotz ihrem Bekenntnis zum wohlfahrtsstaatlichen System der Hilfen bei Verschuldung nicht die Profession der Sozialen Arbeit in den Vordergrund stellen und stattdessen den schwer zu konkretisierenden ursprünglichen Begriff der »Ganzheitlichkeit« der Schuldenberatung mit »sozialer« Schuldenberatung ersetzen, ist professionsspezifisch bedauerlich. Auf der fachlichen und operationalen Ebene führt das Konzept der »Sozialen Schuldnerberatung« jedoch zu einer vielschichtigen Klärung dieses Arbeitsfeldes (Ansen 2018).

4.1 Die Professionalisierung der Schuldenberatung als Entwicklungsprozess

Nachfolgend sind die zentralen Aussagen und Passagen des Konzeptes der »Sozialen Schuldnerberatung« aufgeführt: Grundsätzen, Beratungsprozesse und Methoden (vgl. AG SBV 2018: 9–11).[17]

Konzept Soziale Schuldnerberatung – Grundsätze

Soziale Schuldenberatung ist einem mehrdimensionalen Beratungsansatz verpflichtet und gestaltet sich nach folgenden Prinzipien als persönliche Hilfe:

- **Freiwilligkeit**
  Ratsuchende entscheiden freiwillig, ob sie die Angebote der Schuldenberatung nutzen.
- **Autonomie**
  Ratsuchende entscheiden eigenverantwortlich über Wege und Ziele möglicher Veränderung innerhalb des Unterstützungsprozesses. Die Berater*innen achten die Autonomie der Ratsuchenden und gestalten den Beratungsprozess ergebnisoffen.
- **Partizipation**
  Die Ratsuchenden werden im Beratungsprozess bei allen Schritten aktiv beteiligt.
- **Hilfe zur Selbsthilfe**
  Die Ratsuchenden werden unterstützt, die vorhandenen Ressourcen und ihre Fähigkeiten zu erkennen und zu nutzen. Dadurch können sie ihr Selbstwertgefühl steigern, ihre Selbsthilfepotenziale entwickeln, Kompetenzen aufbauen und Lebensperspektiven entwickeln. Des weiteren soll die Selbstorganisation der Betroffenen angeregt werden.
- **Verschwiegenheit**
  Die Hilfeleistung erfolgt vertraulich, um die zu einem erfolgreichen Beratungsprozess erforderlichen Bedingungen von Offenheit, Transparenz und Vertrauen zu schaffen.
- **Nachvollziehbarkeit**
  Das Vorgehen der Berater*innen ist für die Ratsuchenden jederzeit transparent und nachvollziehbar.
- **Fachlichkeit**
  Die Beratung erfolgt auf dem Stand der aktuellen wissenschaftlichen Erkenntnisse zur Ver- und Überschuldung und zu Beratungsmethoden.
- **Ganzheitlichkeit**
  Die Berater*innen berücksichtigen bei der Deutung und Bearbeitung der Überschuldungssituation alle problemrelevanten Ebenen. Insbesondere sind das pädagogische, sozialräumliche, psychosoziale, ökonomische und juristische Aspekte.

---

17 Vollständiges Konzept »Soziale Schuldnerberatung« siehe www.agsbv.de.

- **Orientierung an den Nutzer*innen**
  Ratsuchende erhalten niedrigschwellig und nicht- diskriminierend Zugang zum Beratungsangebot.

Konzept Soziale Schuldnerberatung – Beratungsprozess

Der Beratungsprozess und die Methoden der Sozialen Schuldenberatung sind angesichts der breiten Aufgabenstellung, in der die Unterstützung bei der Bewältigung und Überwindung der finanziellen, sozialen und persönlichen Implikationen der Ver- und Überschuldung im Mittelpunkt stehen, hochgradig differenziert. Der Beratungsprozess ist dynamisch und zirkulär; er beginnt mit dem Erstkontakt und erstreckt sich

- über das Erstgespräche, in dem über eine mögliche Zusammenarbeit entschieden wird,
- über die Erfassung und Analyse der Ausgangssituation unter besonderer Würdigung von Problemen und Ressourcen,
- über die Entwicklung von Arbeitshypothesen und der Vereinbarung von Zielen,
- und über die darauf bezogenen Interventionen, für die geeignete Methoden ausgewählt und implementiert werden,
- bis zum Abschluss der Kooperation einschließlich der begleitenden und abschließenden Evaluation des Unterstützungsverlaufs.
- ...

Die Phasen des Beratungsprozesses folgen der Chronologie methodischen Handelns. Nur selten werden diese allerdings in der angegeben Reihenfolge im Alltag der Sozialen Schuldenberatung durchschritten. Je nach Beratungsverlauf, in dem neue Sachverhalte auftreten, eingeleitete Maßnahmen nicht tragen, übersehene Inhalte und Zusammenhänge erkannt werden und Ratsuchende sowie ihr Umfeld sich verändern, erfolgt im Beratungsprozess eine Rückkehr in früheren Phasen (= zirkulärer Prozess).

Konzept Soziale Schuldnerberatung – Methoden

- Für den Aufbau und die Gestaltung einer Arbeitsbeziehung ist Kompetenz in Kooperativer Gesprächsführung wichtig.
- Erstgespräche, in denen neben der Klärung formaler Beratungsaspekte die Erfassung und die Analyse der Ausgangssituation eine wichtige Rolle spielen, erfordern Fähigkeiten der Explorativen Gesprächsführung und der systematischen Reflexion.

4.1 Die Professionalisierung der Schuldenberatung als Entwicklungsprozess

- Ein gelingender Beratungsprozess setzt Fähigkeiten der Zielentwicklung und der Zielformulierung ebenso voraus wie Ansätze der Motivierenden Gesprächsführung, denn längst nicht alle Ratsuchenden sind auf Anhieb bereit oder in der Lage, den langen Weg einer Entschuldung mitzugehen und diesen durchzuhalten.
- Für die Auswahl und den Einsatz von Beratungsinterventionen sind Kenntnisse der systematischen Informationsvermittlung, der Ressourcenaktivierung und der Krisenbewältigung nötig.
- Um das soziale Umfeld der Ratsuchenden in die Problembewältigung einzubeziehen, spielt die Soziale Netzwerkarbeit eine wesentliche Rolle.
- Für Verhandlungen mit Ratsuchenden und vor allem mit Gläubiger*innen sind Methoden der Konfliktdeeskalation und Verhandlungsstrategien ausschlaggebend.

4.1.5 Kriterien guter Schuldenberatung

Als weiteren und derzeit aktuellen Meilenstein im Fachdiskurs zur Professionalisierung von Schuldenberatung sind die Kriterien guter Schuldenberatung der Bundesarbeitsgemeinschaft Schuldnerberatung in Deutschland (BAG-SB) zu nennen. Auf der Grundlage des Konzepts »Soziale Schuldnerberatung« und Veröffentlichungen der BAG-SB zur Fachlichkeit und Professionalität von Schuldnerberatung wurden 2019 durch Fachpersonen der Beratungspraxis und der Wissenschaft Kriterien erarbeitet, was aus der Perspektive der ratsuchenden Menschen »gute Schuldnerberatung« ist. Die Grundsätze bilden nicht primär das professionelle Selbstverständnis der Schuldenberatung ab. Sie versuchen vielmehr die Punkte aufzuzeigen, anhand derer Menschen, die auf der Suche nach einer Schuldenberatungsstelle sind, erkennen können, ob es sich um eine fachlich gute Beratungsstelle handelt. Einmal mehr geht es hier um die Abgrenzung zu gewerblichen Schuldenregulierungsanbietern und zu Angeboten, die rein auf Rechtsberatung ausgerichtet sind (vgl. Bundesarbeitsgemeinschaft Schuldnerberatung e. V. 2020).

Grundsätze guter Schuldnerberatung

Gute Schuldnerberatung ...
... ist für alle da.
Egal, wie Ihre persönliche Situation gerade ist oder mit welcher Frage Sie sich melden: Eine gute Schuldnerberatungskraft berät Sie, wie Sie sind; unabhängig von Vorgeschichte, Nationalität oder Einkommensart.
... weiß, was wichtig ist.
Wenn ihr Konto gepfändet wird, der Stromanbieter den Strom abstellen will oder bei Mietschulden die Kündigung droht: Ihre Existenz zu sichern ist immer das erste Ziel in der Beratung.

> **... hat Respekt.**
> Eine gute Beratungskraft hört Ihnen zu, verurteilt Sie nicht und nimmt Sie ernst.
> **... ist Teamarbeit.**
> Die Beratungskraft arbeitet mit Ihnen gemeinsam an einer für Sie guten Lösung. Sie unterstützt Sie dabei, selbst zu handeln, eigene Möglichkeiten zu entwickeln und auszuschöpfen.
> **... erklärt Ihnen die Abläufe.**
> Sie wissen stets, was die nächsten Schritte in der Beratung sind. Sie können nachvollziehen, warum die Dinge so ablaufen, wie sie ablaufen.
> **... ist für Sie erreichbar.**
> Wenn Sie in einer Notlage sind oder eine Frage haben, können Sie sich auch kurzfristig mit einer Beratungskraft austauschen, zum Beispiel in einer offenen Sprechstunde.
> **... zeigt Wege auf.**
> Jede Schuldensituation ist individuell. Auch jeder Weg aus den Schulden ist anders. Eine gute Beratungskraft wägt mit Ihnen zusammen ab, welcher Weg für Sie der passende ist.
> **... setzt sich für Sie ein.**
> Sie haben Rechte. Gute Schuldenberatung informiert Sie darüber und hilft Ihnen bei der Durchsetzung.
> **... nimmt sich ausreichend Zeit.**
> Schulden entstehen manchmal ganz schnell. Schulden wieder loszuwerden dauert meist länger. Eine Beratung braucht Zeit: für Gespräche und für Verhandlungen und Veränderungen.
> **... behandelt vertraulich, was Sie sagen.**
> Keine Informationen werden ohne Ihre Zustimmung weitergegeben.
> **... muss nichts kosten.**
> Die Schuldenberatung bei staatlichen und gemeinnützigen Einrichtungen ist in der Regel kostenlos. Sollten doch Kosten erhoben werden, informiert Sie die Beratungsstelle über die Höhe und Verwendung zu Beginn der Beratung.
> Quelle: www.meine-schulden.de

4.2 Professionalität in der Schuldenberatung aus theoretischer Perspektive

Welche Ziele ein der Profession der Sozialen Arbeit verpflichtetes Beratungsangebot verfolgen soll, ist professionstheoretisch unschwer herzuleiten. Als ersten Gedanken dazu formulierte Meilwes (Meilwes 1996: 52ff) das Ziel, das Selbstverständnis der Schuldenberatung nicht aus einer Kombination zweier Bildungsabschlüsse der in diesem Arbeitsfeld tätigen Personen zu begründen, wie dies in der Praxis in Form von Doppelqualifikationen mit kaufmännisch-rechtlichen und pädagogischen Profilen häufig vorzukommen scheint. Er skizzierte ein Szenario, nach dem die Fachkräfte der Schuldenberatung durch eigenes, empirisch abgestütztes Wissen zu Verfahrensabläufen und Verfahrensroutinen wirksame Interventionen entwickeln und anwenden können (vgl. ebd.: 62).

Die Überlegungen dieses Kapitels beziehen sich auf die Habitustheorie von Becker-Lenz und Müller-Herrmann (vgl. Becker-Lenz/Müller-Hermann 2013: 195f), auf die in sozialarbeitswissenschaftlichen Theorien immer wieder diskutierten Fragen zum Arbeitsbündnis zwischen Beratungsperson und der hilfesuchenden Person (Oevermann 2001), auf das Konzept der Lebensweltorientierung von Thiersch (Grunwald et al. 2016) und die Überlegungen zur Sozialraumorientierung in der Sozialen Arbeit (Fürst/Hinte 2019).

Während die Habitustheorie und die Überlegungen zum Arbeitsbündnis den Blick auf das Verhältnis von Beratungsperson und Klient*innen in den Mittelpunkt rückt, sollen die Lebensweltorientierung vor allem die Organisation von Schuldenberatung als institutionalisiertes Hilfeangebot darlegen (Grunwald et al. 2016). Schließlich geht es bei der Frage der Sozialraumorientierung um die Forderung, für Betroffene Einflussmöglichkeiten auf die Organisation und Ausgestaltung der Schuldenberatung zu geben (AvenirSocial 2010, Fürst/Hinte 2019).

4.2.1 Professioneller Habitus in der Schuldenberatung

Die Habitustheorie professioneller Sozialer Arbeit (Becker-Lenz/Müller-Hermann 2013) beschäftigt sich mit der Frage: Wie kommen Akteur*innen der Sozialen Arbeit zu einem Fundus wirksamer und mit den Zielen der Sozialen Arbeit zu vereinbarenden Strategien, Verfahren oder Methoden, mit denen Hilfen angeboten werden? Das Ziel der Sozialen Arbeit ist nach Becker-Lenz und Müller-Herrmann die Sicherstellung von Integrität und Autonomie der Klient*innen.

Autonomie bedeutet die Fähigkeit von Klient*innen Entscheidungen eigenverantwortlich auf der Grundlage von Rationalität und Vernunft zu treffen. Diese Begrifflichkeit weist darauf hin, dass es nicht nur darum gehen kann, in der Schuldenberatung sich auf prekär verschuldete Menschen zu konzentrieren, sondern auch Beratungsangebote anzubieten, die zur Orientierung in einer ersten und noch überschaubaren Verschuldungsphase dienen.

Aus Sicht der Schuldenberatung sich der Autonomie der Hilfesuchenden anzunehmen erfordert, sich vom normativen Bild der »schlechten, unverhältnismäßigen oder unwirtschaftlichen Schulden« zu lösen und danach zu fragen, in welcher Eigenverantwortlichkeit sich Menschen verschulden und inwiefern diese Eigenverantwortlichkeit zielgruppenspezifisch gestärkt werden muss, um eine Verschuldung ›auf Augenhöhe‹ zwischen Gläubiger*in und Schuldner*in zu ermöglichen. Verschuldete stehen – ein gewisser fortgeschrittener Verlauf der Verschuldung vorausgesetzt – bei der Beanspruchung von neuen Krediten und Finanzdienstleistungen am Rande der Handlungsunfähigkeit. Sie müssen sozusagen das akzeptieren, was ihnen überhaupt noch und in der Regel überteuert angeboten wird. In solchen Situationen verschuldete Menschen zur gleichen Augenhöhe mit den Gläubiger*innen zu befähigen, ausgehend von der Würde des Menschen auch als eine möglicherweise zu hoch verschuldeter Person solche Machtstrukturen zu hinterfragen und daraus einen angemessenen Umgang mit Schulden zu entwickeln, ermöglicht Autonomie.

Das zweite professionstheoretische Ziel der Schuldenberatung stellt die Integrität der verschuldeten Menschen dar. Darunter sind die Fähigkeiten und Möglichkeiten der Menschen, ihre individuellen Ziele zu erreichen, zu verstehen. Dabei stellt sich jedoch die Frage, wie sehr in der Schuldenberatung die Bedürfnisse und Sehnsüchte der Menschen nach gesellschaftlicher Teilhabe überhaupt im Vordergrund stehen, oder ob es inzwischen viel wichtiger ist, verschuldete Menschen zur Schuldenfreiheit zu erziehen, sie in standardisierten Entschuldungsverfahren zu verwalten und zur Einhaltung deren Regeln zu disziplinieren. Der sich im Zuge der Einführung des Verbraucher*inneninsolvenzverfahrens vollzogene Prozess der Verrechtlichung scheint den professionellen sozialarbeiterischen Blick der Beratungspersonen auf das Individuum in einen semiprofessionellen juristischen Blick in die Gesetzbücher überführt zu haben. Auch wenn die Mitwirkung der Schuldenberatung in einem solchen gerichtlichen Verfahren vielfach als Beitrag zur Professionalisierung der Schuldenberatung gesehen wird, kann ideologiekritisch und aus Professionsgesichtspunkten durchaus von einer Entfremdung von der Profession der Sozialen Arbeit gesprochen werden (vgl. Mattes/Lang 2015: 70f).

Gegenstand einer sozialarbeiterischen Schuldenberatung ist es herauszufinden, wie die subjektiv wahrgenommenen gesellschaftlichen Ausgrenzungen verschuldeter Menschen behoben werden können, welche Vorstellungen der Teilhabe diese Menschen haben und wie diese aus der Sicht der Betroffenen angemessen erreicht werden können.

Dies erfordert eine Konkretisierung der Frage, was aus der Sicht der Schuldenberatung und den Beratungsfachkräften unter Teilhabe und Integrität zu verstehen ist. Geht es darum, die beeinträchtigenden Folgen von Schulden zu bekämpfen, um ein möglichst schuldenfreies Leben zu führen oder steht im Vordergrund, eben genau den hoch verschuldeten Personen und Haushalten trotzdem eine angemessene Teilhabe an den Konsum- und Dienstleistungsangeboten zu ermöglichen?

4.2.2 Arbeitsbündnis in der Schuldenberatung

Der von Oevermann (Oevermann 2001: 45f) federführend geprägte Begriff des Arbeitsbündnisses thematisiert die vielfältigen Interaktionen, Macht- und Abhängigkeitsverhältnisse in der Beziehung zwischen den sozialarbeiterisch tätigen Beratungsfachkräften und den hilfesuchenden Person. Es handelt sich hier um einen breit angelegten Diskurs von der Freiwilligkeit bis hin zum Zwangskontext im Beratungsalltag, der die in der Sozialen Arbeit geführte Diskussion um die Zusammenhänge von Hilfe und Kontrolle aufgreift. In diesem Diskurs sind zwei Aspekte für die Schuldenberatung von besonderer Bedeutung:

- Eine professionelle Schuldenberatung ist geprägt von der nüchternen Erkenntnis, dass es sich bei Verschuldung um eine Notlage handelt, die lediglich eine Zugangsvoraussetzung für das Beratungsangebot darstellt. Dies meint, dass Schuldenberatung werturteilsfrei der Zielgruppe begegnet und jenseits moralischer Bewertungen die Situation der betroffenen Person analysiert und sodann ein Hilfekonzept mit den Betroffenen erarbeitet. Die Begegnung mit hilfesuchenden Personen muss frei sein von normativen Bewertungen, wie es zur Verschuldung kam und mit welchen individuellen Defiziten die Situation erklärt werden kann.
- Professionstheoretisch ist das Arbeitsbündnis zwischen Schuldenberater*in und der verschuldeten Person auch von einem weiteren Aspekt geprägt. Sozialarbeiterische Beratung soll Beratung im herrschaftsfreien Raum sein oder zumindest in Teilbereichen diesen gewährleisten. Hier bewegen sich die Angebote der Schuldenberatung, die in enger Kooperation mit Behörden der finanziellen Grundsicherung angeboten und überwiegend zur Bearbeitung oder Linderung von Vermittlungshemmnissen dienen, in einem sehr widersprüchlichen Feld von Hilfe und Kontrolle. Dies vor allem dann, wenn Schuldenberatung als Teil der Integrationsvereinbarung arbeitsuchender Menschen zwingend festgelegt wird, die zu Sanktionen im Leistungsbezug führen können. Widersprüche ergeben sich auch dann, wenn die Träger von Schuldenberatung auch Gläubiger*in der ratsuchenden Personen sind. Der Zusammenhang von Schulden und Sozialstaat, der als helfender Staat Beratung zur persönlichen und wirtschaftlichen Stabilisierung finanziert, zugleich aber auch als Gläubiger*in Forderungen an verschuldete Menschen stellt, kann zumindest die institutionellen Erwartungen maßgeblich beeinflussen, was Schuldenberatung leisten soll und was nicht.

Ähnliche professionsspezifische Probleme ergeben sich bei der Frage, welche Qualitätskriterien an die Klient*innen gestellt werden. Wie lückenlos und vollständig müssen diese ihre Unterlagen sortieren oder die mehr oder weniger freiwillig getroffenen strengeren Vereinbarungen im Umgang mit Geld oder Schulden einhalten? Liegt die Entscheidung zu solchen Einsparungen letztendlich bei den Betroffenen oder sind sie Ausdruck einer bevormundenden Beratungshaltung ratsuchenden Personen gegenüber? Gesteht die Schuldenberatung zu, dass sich ihre Klient*innen gegen die Vorschläge und Hilfen der Beratungsperson entscheiden dürfen oder wird weitgehend Gehorsam erwartet, Ratschläge im Sinne des Expert*innenwissens der Beratungsstellen anzunehmen und umzusetzen?

4.2.3 Alltags- und Lebensweltorientierung der Schuldenberatung

Die von Thiersch begründete Lebensweltorientierung als theoretischer oder konzeptioneller Zugang der Sozialen Arbeit, nimmt zunächst den Alltag der Menschen und deren Selbstzuständigkeit bei die Suche nach Problemlösungen auf der Grundlage ihrer eigenen Fähigkeiten in den Blick. Die lebensweltorientierte Soziale Arbeit gibt aber auch Antworten darauf, wie Angebote der Alltagsbewältigung ausgestaltet sein müssen, um den Betroffenen zu einem gelingenden Alltag zu verhelfen. So versteht sich die Lebensweltorientierung als Kritik spezialisierter Hilfen (vgl. Schneider 2006: 249ff):

- Spezialisierte Hilfeangebote sind vielfach nicht am Alltag und der Lebenswelt der Betroffenen ausgerichtet. Sie fokussieren zu isoliert und statisch auf einzelne Sachprobleme, ohne diese im Zusammenhang der Lebenssituation der Betroffenen zu analysieren und in ihre Hilfeangeboten mit einzubeziehen.
- In einem aus Fachdiensten bestehendes Hilfesystem existieren oft keine oder zu wenige Hilfen, die aus einer Hand oder unter einem gemeinsamen Dach angeboten werden. In solchen Systemen müssen sich Betroffene ihre Hilfen an verschiedenen Orten, bei unterschiedlichen Trägern mit jeweils spezifischen Anforderungen und bei vielen unterschiedlichen Ansprechpartner*innen ›abholen‹. Es wird hier von sozialräumlich entkoppelten Angeboten gesprochen, die aufgrund ihrer Ferne zum Alltag den Bedürfnissen der Betroffenen nicht mehr gerecht werden können.
- Soziale Dienstleistungen sind in einem System spezialisierter Hilfen nicht oder unzureichend miteinander vernetzt. Hier wird von »versäulten« und voneinander »isoliert« angebotenen Hilfen gesprochen, die untereinander nicht koordiniert oder abgestimmt sind. Aus diesen Kritikpunkten heraus leitet sich die Forderung ab, dass Angebote der Sozialen Arbeit sozialräumlich ausgestaltet werden. Unterschiedliche Fachdienste sollen gebündelt und unter einem Dach oder von einer Ansprechperson koordiniert angeboten werden (Grunwald et al. 2016).

> Eine Lebensweltorientierte Schuldenberatung bedeutet, nahe am Alltag verschuldeter Menschen präsent zu sein. Also dort, wo sich die Betroffenen aufhalten und bereits in ihren Alltagszusammenhängen Kontakt zu anderen sozialen Dienstleistungen haben oder das Angebot in ihrem normalen Alltag aufsuchen können.

4.2.4 Sozialraumorientierung und Partizipation

Konzeptionell wurde in den vergangenen Jahren neben dem Begriff einer lebensweltorientierten Sozialen Arbeit auch der Begriff der Sozialraumorientierung konzeptionell vorangebracht, auch wenn der Begriff der Sozialraumorientierung weiterhin nicht abschließend und einheitlich bestimmt ist.

> Es geht bei der sozialraumorientierten Ausgestaltung von Hilfesystemen und Hilfeangeboten ebenfalls um ein am alltäglichen Lebensraum der Menschen ausgerichtetes Angebot der Sozialen Arbeit. Beim Konzept der Sozialraum-

> orientierung ist jedoch zu beachten, dass es nicht nur um territoriale, stadtteil- oder quartiersbezogene Ausgestaltung von Hilfen geht. Die Innovation besteht darin, dass die Mitwirkung der im Sozialraum lebenden Bevölkerung und somit auch der Betroffenen im Vordergrund steht (Fürst/Hinte 2019).

Dabei soll es nicht nur darum gehen, die Betroffenen bei der Gestaltung des eigenen Hilfeplans mit einzubeziehen. Über den Einbezug der Quartiersbevölkerung sollen auch Betroffene bei den gesamten Sozialplanungsprozessen eingebunden werden.

Der Einbezug Betroffener in Planungsprozesse, ist in vielen anderen Bereichen der Sozialen Arbeit längst üblich. Es ist längst gängige Praxis, Jugendliche bei der Ausgestaltung der außerschulischen Jugendbildung einzubeziehen, die Quartiersbevölkerung zur Übernahme von Verantwortung im Stadtteil zu bewegen oder innerhalb stationärer Einrichtungen bis hin zum Strafvollzug Gremien zur Interessensvertretung einzurichten. Im Bereich Armut und Verschuldung sind solche Elemente der Mitwirkung bislang nur sehr rudimentär zu finden (vgl. Mattes/Wyss 2012: 16). Hier ist Schuldenberatung vor allem darin gefordert, partizipative Präventionsangebote anzuregen, die immer auch niederschwellige Beratungsangebote beinhalten.

4.3 Bezüge zum Berufskodex Soziale Arbeit

Zum Abschluss dieses Kapitels lohnt sich ein Blick in den Berufskodex Soziale Arbeit des Schweizerischen Berufsverbandes AvenirSocial. Der Berufscodex versteht sich in erster Linie als ethische Richtlinie des beruflichen Handelns der Sozialen Arbeit. Er versucht einerseits, die Arbeit mit der Zielgruppe selbst ethisch zu reflektieren, geht andererseits aber auch auf die institutionelle Verortung und die damit verbundenen Widersprüche ein, mit der die Soziale Arbeit konfrontiert ist. Entsprechend formuliert er Handlungsmaximen, die als Zielgröße für den direkten Kontakt mit Klient*innen dienen. Zugleich formuliert der Berufscodex auch Leitlinien der ethischen Verantwortung zur Macht im Umgang mit Klient*innen, soziale Gerechtigkeit, verantwortungsvolle Verwendung öffentlicher Mittel bis hin zum sozialpolitischen Auftrag der Profession der Sozialen Arbeit (AvenirSocial 2010). Der Berufscodex definiert Soziale Arbeit wie folgt:

1. »Die Profession Soziale Arbeit fördert den sozialen Wandel, Problemlösungen in zwischenmenschlichen Beziehungen sowie die Ermächtigung und Befreiung von Menschen mit dem Ziel, das Wohlergehen der einzelnen Menschen anzuheben.
2. Indem sie sich sowohl auf Theorien menschlichen Verhaltens als auch auf Theorien sozialer Systeme stützt, vermittelt Soziale Arbeit an den Orten, wo Menschen und ihre sozialen Umfelder aufeinander einwirken.
3. Für die Soziale Arbeit sind die Prinzipien der Menschenrechte und der sozialen Gerechtigkeit fundamental« (ebd.: III 7.1–3).

Nach dem Berufscodex des Schweizerischen Berufsverbands für Soziale Arbeit haben alle Menschen Anrecht auf die Befriedigung ihrer existenziellen Bedürfnisse sowie auf Integrität und Integration in ein soziales Umfeld. Die Menschen sind aber auch verpflichtet, andere bei der Verwirklichung dieses Anrechts auf Integrität und Integration zu unterstützen (ebd.: II 4.1). Entsprechend ist die Soziale Arbeit verpflichtet, auf Anordnungen, Maßnahmen und Praktiken, die zur Unterdrückung von Menschen führen, ungerecht oder schädlich sind, auch öffentlich hinzuweisen (ebd.: III 9.7).

Die Soziale Arbeit klärt Menschen über die Ursachen und strukturellen Zusammenhänge auf, die zu den Umständen und Situationen des Ausschlusses führen. Sie motiviert und befähigt aber auch Menschen, von ihren Fähigkeiten und Ressourcen Gebrauch zu machen, um selbst Einfluss auf die eigenen Lebensbedingungen nehmen zu können (ebd.: IV 10.2).

Der Berufscodex formuliert die Ziele und Verpflichtungen der Profession. Soziale Arbeit hat Menschen zu begleiten, zu betreuen oder zu schätzen und ihre Entwicklung zu fördern, zu sichern oder zu stabilisieren. Dazu hat die Soziale Arbeit Veränderungen zu fördern, die die Menschen unabhängig werden lassen, auch von der Sozialen Arbeit selbst. Die Soziale Arbeit initiiert und unterstützt über ihre Netzwerke sozialpolitische Interventionen und beteiligt sich sozialräumlich an der Gestaltung der Lebensumfelder sowie an der Lösung struktureller Probleme, die sich im Zusammenhang mit der Einbindung der Individuen in soziale Systeme ergeben (ebd.: II 5.3–8).

> Der Berufscodex gibt der Schuldenberatung als Soziale Arbeit auf, neben der Parteilichkeit für benachteiligungsbedingte verschuldete Menschen sich deren Lebenssituation anzunehmen und Prozesse der Verbesserung und Stabilisierung der aktuellen und zukünftigen Situation zu fördern und zu begleiten. Es besteht aber auch der Auftrag, gesellschaftliche Rahmenbedingungen, die Ungleichheit und überhöhte Verschuldung bedingen, zu identifizieren, zu kritisieren und politisch für deren Veränderung einzustehen.

4.4 Fazit: Schuldenberatung als professionelle Soziale Arbeit

Die Professionalität der Schuldenberatung zeigt sich heute aus der Perspektive der Praxis und der Wissenschaft in unterschiedlicher Ausprägung. So konnte die Praxis in der Entstehung der Schuldenberatung und der daran anknüpfenden Institutionalisierung als Hilfeangebot im System der gerichtlichen Entschuldung von Privatpersonen zielgerichtete und routinierte Abläufe etablieren. Die Praxis der Schuldenberatung zeigt sich heute in einem differenzierten Verständnis professioneller »Sozialer Schuldenberatung« mit starker sozialarbeiterischer Prägung. Ihre Professionalität zeichnet sich zudem aber auch durch die Formulierung von »Kriterien guter Schuldnerberatung« aus. Die Umsetzung dieser beiden Konzepte stellen zentrale Anliegen der Fachverbände der Schuldenberatung dar.

Aus wissenschaftlicher Sicht zeigt sich Professionalität der Schuldenberatung als Soziale Arbeit durch die Reflexion anhand disziplinärer Theorien und Konzepte. Daraus leiten sich folgende Maxime professioneller Schuldenberatung ab.

Maxime professioneller Schuldenberatung

- Die Betroffenen sollen befähigt werden, auf der Grundlage von Rationalität und Vernunft Entscheidungen zu treffen, wie sie ihre finanziellen Angelegenheiten bewältigen möchten und können.
- Verschuldete Menschen werden durch Beratungsangebote der Sozialen Arbeit darin gefördert, ihre eigenen Ziele zu realisieren, die damit verbundenen finanziellen Aspekte zu reflektieren und eigenverantwortlich die Folgen ihrer wirtschaftlichen Entscheidungen abzusehen.
- Schuldenberatung als Soziale Arbeit agiert sowohl als spezialisiertes, integriertes oder mobiles Beratungsangebot und arbeitet koordiniert mit anderen Hilfeangebote im Umfeld der ratsuchenden Menschen zusammen.
- Betroffene werden in die Planung und Ausgestaltung von Hilfeprozessen mit einbezogen. Die ratsuchenden Personen steuern den Beratungsprozess, entscheiden über die Priorität der zu klärenden Themen und über deren Weiterführung oder Beendigung.
- Schuldenberatung weist öffentlich auf strukturelle Ursachen und Folgen von Verschuldung hin, fordert soziale Verantwortung und Gerechtigkeit ein und nimmt Einfluss auf politische Diskussionen und Entscheidungen zur Verbesserung der Lebenssituation und Eigenverantwortung verschuldeter Menschen.

5 Verschuldung als Konzept

Der Umstand, dass die private Verschuldung ein überaus schillerndes Phänomen ist, dessen Problemhaftigkeit nicht allgemeingültig und nur aus der Perspektive einzelner Akteur*innen wie die der Armutsbekämpfung oder der Schuldenberatung als dringend zu bekämpfendes soziales Problem dargelegt werden kann, erschwert die Fachdiskussion zu diesem Thema. So stellt sich die Frage, ob es überhaupt legitim ist, dass die Schuldenberatung die Deutungshoheit über dieses Phänomen beansprucht, da ihr Zugang zum Feld höchst selektiv und begrenzt auf die Verschuldung im Zusammenhang sozialer Ungleichheit ist. Diese Deutungshoheit beanspruchen auch anderen Akteur*innen, wie Gläubiger*innen, Inkassoverbände, Rechtsanwält*innen oder Richter*innen und Rechtspfleger*innen. Dies nicht allein deshalb, weil sie teilweise an der Verschuldung der Privathaushalte ein vitales Eigeninteresse haben. Denn das mündet oft in monokausal erklärte Ursachen von Verschuldung, ohne dabei den Versuch zu unternehmen, diese im komplexen Alltag der Menschen zu verorten.

Um in der Fachdiskussion zur privaten Verschuldung ein möglichst breites Bild dieses facettenreichen Problems abbilden zu können, wird nachfolgend ein Konzept der Privaten Verschuldung beschrieben. Es handelt sich dabei nicht um ein Indikationenmodell, mit Hilfe dessen das Ausmaß von Verschuldung statistisch bestimmt werden kann, wie es insbesondere Korczak erarbeitet und seit vielen Jahren immer weiterentwickelt hat (Korczak 1997, Korczak 2001, Korczak/Pfefferkorn 1992). Das Ziel dieses Kapitels, Verschuldung als Konzept zu betrachten, beruht vielmehr auf der Annahme, dass Verschuldung auf strukturell vorgegebenen Aspekten des gesellschaftlichen Zusammenlebens beruht und erst oder nur im Zusammenspiel mit möglichen individuellen Bedingungsfaktoren zu einem problematischen Tatbestand wird.

> Dieses Kapitel gibt einen Überblick über den Forschungsstand (▶ Kap. 5.1) und die Erklärungsansätze (▶ Kap. 5.2) der Verschuldung privater Haushalte. Diese münden in ein Verschuldungskonzept (▶ Kap. 5.3), also in ein Modell des Zusammenwirkens von Verschuldungsursachen, aus dem die Grundzüge der Beratung und Intervention durch die Soziale Arbeit abgeleitet werden können. Dieses Konzept dient im weiteren Verlauf der Herleitung der durch Schuldenprävention zu bearbeitenden Risiko- und Schutzfaktoren der Verschuldung (▶ Kap. 8).

5.1 Forschungsstand

Wie es zu privater Verschuldung kommt, was die Ursachen und Hintergründe davon sind, wurde in der Wissenschaft in den letzten Jahrzehnten immer wieder versucht, empirisch zu belegen. Der wissenschaftliche Diskurs hat bislang aber weder ein schlüssiges Konzept hervorgebracht und empirisch überprüft, welche Faktoren oder unter welchen Umständen es zu überhöhten Schulden der Privathaushalte kommt, noch gibt es eine umfassende und repräsentative Studie zu privater Verschuldung im deutschsprachigen Raum oder in dessen einzelnen Ländern.

Bisherige Verschuldungsstudien, die unter ganz spezifischen Aspekten das Phänomen untersuchen, kommen zu dem Ergebnis, dass Verschuldung als Problem der privaten Haushalte nicht allgemeingültig erklärbar ist (Angel/Heitzmann 2013, Mattes/Fabian 2018, Mattes et al. 2016). Angel und Heizmann weisen berechtigterweise darauf hin, dass die bisherige Verschuldungsforschung und die Diskussion über die Entstehungsursachen überhöhter Verschuldung überwiegend auf qualitativen Studien beruht, die vor allem in den 1980er und 1990er Jahren unter anderem von Reiter (Reiter 1991), Reis (Reis 1992) sowie Reifner und Reis (Reifner/Reis 1992) vorgelegt wurden und von einem eindeutig bestimmbaren Ver- oder Überschuldungsbegriff ausgegangen sind.

In den letzten Jahren konzentrierte sich das Forschungsinteresse auf bestimmte Zielgruppen, hier vor allem auf junge Erwachsene (Lanzen 2019, Peters 2019) und die qualitative Aufarbeitung von Verschuldungsbiographien (Happel 2017). Vom Mainstream der Verschuldungsforschung weichen die Studien zur Verschuldung in der Mittelschicht (Müller et al. 2018) oder zur Bewältigung des Verbraucher*inneninsolvenzverfahrens ab, die von Meyer unter dem Titel »Das verschuldete Selbst« vorgelegt wurde (Meyer 2017). Nur wenige Befunde und weiterführende Überlegungen beruhen auf der Auswertung quantitativer Daten, wie die von Korczak und Pfefferkorn (Korczak/Pfefferkorn 1992) oder den Studien zur Jugendverschuldung durch Lange (2004, 2005, 1997) sowie Friese et al. (2007). Das heißt, die ohnehin methodisch nur unscharf abbildbare Verschuldung wird nur unzureichend durch Betroffenenaussagen und deren Sinnzusammenhänge der Verschuldung dargelegt und kontrastiert.

Aus vielen Befunden der Verschuldungsforschung können wegen der Größe der Stichprobe oder den Erhebungsmethoden keine allgemeingültigen Aussagen oder für die Gesamtbevölkerung als repräsentativ geltende Zusammenhänge abgeleitet werden. Problematisch erscheint zudem, dass seit einigen Jahren mittels der Auswertung nicht repräsentativ erhobener Daten, wie die von Gläubiger*innen und Inkassounternehmen, die öffentliche Diskussion zur Verbraucher*innenverschuldung maßgeblich geprägt wird. Auch die Befunde der Basisstatistik der Schulden- und Insolvenzberatungsstellen in Deutschland, des Dachverbandes der Schuldenberatung Schweiz oder der Schuldenberatung in Österreich liefern ebenso wenig repräsentative Ergebnisse mit nur eingeschränkter Aussagekraft, wie die der Kredit- und Inkassowirtschaft.

Die belastbarsten Daten, im Sinne von Repräsentativität und der sich daraus ergebenden Möglichkeit allgemeingültige Aussagen zur privaten Verschuldung abzuleiten, dürften derzeit die im Zusammenhang der europäischen Gemeinschaftsstatistik zu den Einkommens- und Lebensbedingungen in Europa (EU-SIILC) erhobenen Daten sein. Im Rahmen dieser jährlichen Untersuchung finden in einzelnen teilnehmenden Ländern, zwar unregelmäßig und unkoordiniert, dafür aber in statistisch verwertbarer Qualität, Befragungen zu Verschuldung statt. Somit können anhand der SILC-Daten zu Österreich (Angel 2009), der Schweiz (Mattes/Fabian 2018) und zu Deutschland (Korczak/Peters/Roggemann 2020) einzelne empirisch gesicherte und in der Regel auch nur sehr spezifische Aussagen gemacht werden (ausgewählte empirische Befunde zur Verschuldung privater Haushalte ▶ Kap. 6).

5.2 Kritische Lebensereignisse

Eine Vielzahl der vorgenannten Studien geht davon aus, dass eine zentrale Ursache überhöhter Schulden von Privatpersonen das Eintreten Kritischer Lebensereignisse darstellt. Das Konzept der Kritischen Lebensereignisse, deren zentrale Autoren Gerhardt (Gerhardt 1986) und Filipp (Filipp/Aymanns 2018) darstellen, ist ein aus der Entwicklungspsychologie und der psychologischen Stressforschung stammendes Konzept unerwartet eintretender Veränderungen. Die Verschuldungsforschung griff dieses Konzept auf und untersuchte, inwiefern solche plötzlichen Veränderungen entweder zu einer Verschlechterung der bestehenden Einkommenssituation einerseits oder andererseits zu einer Erhöhung der Ausgaben privater Haushalte führen und dadurch überhöhte Schuldverpflichtungen entstehen (vgl. Korczak 2001: 60ff). Entsprechend wurde die Erkenntnis formuliert, dass plötzlich eintretende Arbeitslosigkeit, gesundheitliche Beeinträchtigungen, Haushaltsgründung, Geburt von Kindern, Trennung, Scheidung oder auch Tod eines Haushaltsmitglieds zu Überschuldung führen kann.

Die Anwendung des Konzepts der Kritischen Lebensereignisse, wie es von Korczak und Pfefferkorn (Korczak/Pfefferkorn 1992) in ihren Forschungen angewandt wurde, ist jedoch aus nachfolgenden Gründen nicht ausreichend geeignet, das Phänomen der privaten Überschuldung umfassend und insbesondere auch strukturell zu erklären:

- Lebensereignisse, die sich auf die finanzielle Situation eines Privathaushalts auswirken, sind nicht zwangsläufig überraschend oder kritisch, im Sinne von für die Betroffenen schwer zu bewältigen. Es gibt neben dem Konzept der Kritischen Lebensereignisse auch noch das der Statuspassage, das beabsichtigte und dann auch geplante Veränderungen im Leben beschreibt. So sind Haushaltsgründungen oder auch die Geburt von Kindern nicht grundsätzlich Kritische Lebensereignisse, sie können durchaus beabsichtigt und geplant sein, sich trotzdem aber negativ auf die wirtschaftliche Situation auswirken. Ebenso der Übergang von der Erwerbsarbeit in die Lebensphase des Rentenbe-

zugs, der in der Regel nicht überraschend, sondern langfristig vorhersehbar ist.
- Die Verschlechterung der finanziellen Situation eines Privathaushalts ist zwar immer eine Herausforderung für das Anpassungsverhalten der Betroffenen, ihre Ausgabepositionen zu überprüfen und Maßnahmen der wirtschaftlichen Einsparung zu treffen. Es kann aber nicht automatisch von einem Überschuldungsrisiko gesprochen werden, wenn durch ein überraschend eingetretenes Lebensereignis entweder die Einnahmen sinken oder die Ausgaben steigen werden. Zudem führen nicht alle der genannten Lebensereignisse zu gravierenden oder für die Betroffenen nicht zu bewältigenden finanziellen Problemen. Bislang empirisch nicht nachgewiesen ist, wie hoch der Anteil der Privathaushalte ist, die die wirtschaftlichen Auswirkungen Kritischer Lebensereignisse bewältigen können. Es müssen also weitere Bedingungsfaktoren bestehen, die auf individueller Ebene Verschuldung als problemlösendes Verhalten in schwierigen Lebenssituationen werden lässt.
- Das Konzept der Kritischen Lebensereignisse fokussiert ausschließlich auf das Verhalten der Betroffenen, nicht aber auf die relevanten Kontextbedingungen. Um die Verschuldung privater Haushalte modellhaft abzubilden und zu erklären, bedarf es vor allem den Einbezug des Staates, hier insbesondere die rechtlichen Rahmenbedingungen von Verschuldung, des Konsument*innenschutzes und schließlich auch die sozialstaatlichen Bezüge der Sozialen Sicherheit (Knöpfel/Mattes 2014, Mattes/Knöpfel 2019).

5.3 Grundannahmen eines Verschuldungskonzepts

Um das Phänomen Verschuldung allgemeingültig erklären zu können ist es erforderlich, nicht nur auf der individuellen Ebene das Verhalten von Menschen zu betrachten. Vielmehr geht es darum, dieses eingebettet in strukturelle Bedingungen der Gesellschaft zu analysieren und danach zu fragen, inwiefern Wechselwirkungen zwischen Individuum und Gesellschaft die Bedingungen des Entstehens von Verschuldung und Zahlungsunfähigkeit explizit oder implizit produzieren.

Inwiefern sich private Haushalte oder Privatpersonen in einer Gesellschaft verschulden, ist alles andere als situativ oder zufällig. Es ist immer ein Zusammenspiel

1. von Geld- bzw. Wirtschaftskreisläufen und deren rechtlicher Verortung,
2. der Ausgestaltung des Konsument*innenschutzes,
3. der sozialstaatlichen Ausgestaltung der Sozialen Sicherheit,
4. der sich in einer Gesellschaft manifestierenden ungleichen Lebenslagen,
5. den zu bewältigenden unvorhersehbaren Risiken und deren finanziellen Auswirkungen und schließlich

6. den Lebensverläufen und individuellen Bewältigungsstrategien, wie Betroffene einen für sich gelingenden Alltag zu realisieren versuchen.

Das Zusammenwirken dieser Faktoren stellt dabei keine zwingende Kausalität dar, die eine Gesetzmäßigkeit der Verschuldung beinhaltet oder ableiten lässt. Es sind Bezugspunkte und Verhaltenskorridore in der Gesellschaft, innerhalb derer Menschen leben und wirtschaftlich agieren, in der Verschuldung erlaubt, geduldet, bekämpft und auch gefördert wird. Auf individueller Ebene zeigt sich die Gefahr oder Wahrscheinlichkeit eintretender sozialer Ungleichheit, die allgegenwärtig ist, aber nicht zwingend eintreten muss. Dass Ver- und Überschuldung besteht, ist nicht nur das Ergebnis von Entscheidungen einzelner Haushalte. Es ist auch das Ergebnis vielfältiger gesellschaftlicher Vereinbarungen und politischer Entscheidungen, die diese Verschuldung zulassen, fördern oder versucht zu verhindern.

Diese gesellschaftlichen und politischen Rahmenbedingungen sind von Staat zu Staat unterschiedlich, werden stets weiterentwickelt, reguliert oder dereguliert und ergeben national unterschiedliche strukturelle Kontexte, auf die sich die verschuldeten Personen und Haushalte einlassen oder denen sie sich durch ein schuldenfreies Leben verweigern.

Auf die sechs Dimensionen des Konzepts »private Verschuldung« wird nachfolgend eingegangen. Darauf hinzuweisen ist, dass es sich dabei nicht um eine Betrachtung der gesellschaftlich geschaffenen rechtlich Grundlagen der Verschuldung handelt. Es geht darum aufzuzeigen, inwiefern unterschiedliche gesellschaftliche Parameter dazu führen, dass auf der Ebene Individuum oder der privaten Haushalte Verschuldung entsteht (▶ Abb. 1).

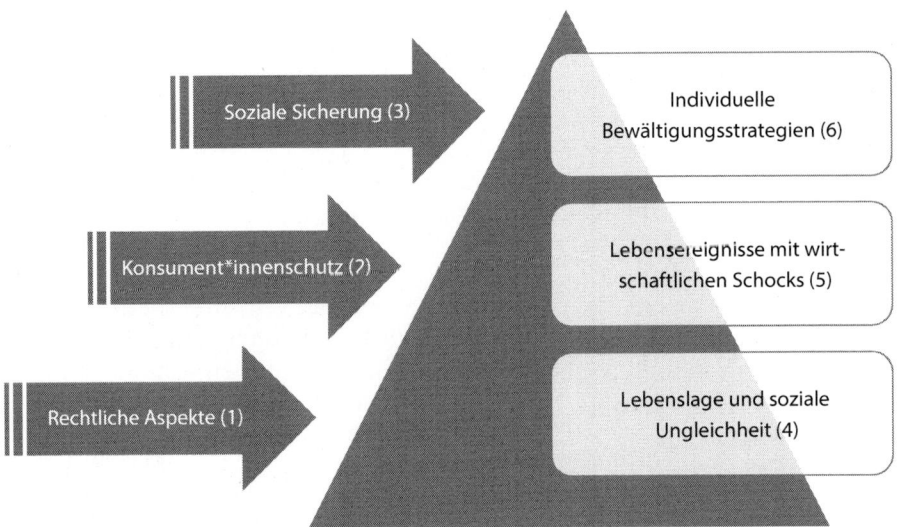

Abb. 1: Konzept der Verschuldung von Privatpersonen und Privathaushalten

5.3.1 Rechtliche Aspekte

(a) Relevanz privatrechtlicher und öffentlich-rechtlicher Forderungen

Eine zentrale Grundlage für die Entstehung von privater Verschuldung stellen die Rechtsnormen dar, wie Rechtsbeziehungen zwischen Gläubiger*in und Schuldner*in begründet werden, wie daraus Geldforderungen entstehen und wie diese zwangsweise durchgesetzt werden können. Schulden entstehen aber nicht nur durch willentliche Rechtsgeschäfte. Insbesondere öffentlich-rechtliche Ansprüche können auf der Grundlage anderer Rechtsnormen entstehen, wie sie den Mitgliedern der Gesellschaft auferlegt sind. So zum Beispiel die Pflicht der Gesellschaftsmitglieder, sich an den Kosten der öffentlich-rechtlichen Fernseh- und Rundfunkanstalten zu beteiligen, ohne aktives Zutun zu Zahlungsverpflichtung, die wiederum zu Verschuldung führen können. Öffentlich-rechtliche Forderungen, also Ansprüche des Staates oder einer im staatlichen Auftrag tätigen Institution, können aber auch durch Rückforderung erhaltener Sozialleistungen, durch die Nutzung öffentlicher Einrichtungen und Dienstleistungen wie zum Beispiel Bestattungen, Müllentsorgung oder bei Personen, die als Einzelunternehmer tätig sind, wegen Forderungen aus Beschäftigungsverhältnissen entstehen.

(b) Durchsetzbarkeit von Gläubiger*innenansprüchen

Wie können Gläubiger*innenforderungen durchgesetzt werden, wie standardisiert werden Schuldtitel erlassen und wird dabei die Rechtmäßigkeit der Forderungen durch Gerichte oder der öffentlichen Verwaltung überprüft? Hier sind im deutschsprachigen Raum große Unterschiede festzustellen. In Deutschland und Österreich setzt eine gerichtliche Durchsetzung einer Forderung zwingend einen Schuldtitel, bei Widerspruch des*der Schuldner*in auch eine gerichtliche Überprüfung der Forderung voraus. Dagegen kann in der Schweiz ohne vorherige rechtliche Überprüfung eine gerichtliche Betreibung der Forderung verlangt werden. Erst ein erfolgloser Betreibungsversuch durch das Betreibungsamt führt zur Titulierung der Forderung, sofern die zahlungspflichtige Person im Rahmen der Betreibung der Forderung nicht widerspricht.

Ebenfalls relevant ist, wie die Rechtsverfolgung von Forderungen staatlich organisiert ist. Das im deutschsprachigen Raum vorherrschende Modell ist das der Einzelzwangsvollstreckung in das Einkommen und Vermögen des*der Schuldner*in. Das bedeutet, dass jede*r Gläubiger*in für sich allein ermitteln muss, ob und wo sein*e Schuldner*in Arbeitseinkommen bezieht oder über welche Vermögenspositionen er*sie verfügt. Die Gläubiger*in entscheidet selbst, mittels welcher Zwangsvollstreckungsmaßnahmen versucht werden soll, eine Bezahlung der Ansprüche zu erwirken und leitet diese einzeln über das Gericht ein. Erst nach ergebnisloser Pfändung kann die Offenlegung der gesamten Einkommens- und Vermögenssituation der verschuldeten Person gefordert werden. Ein solches Einzelzwangsvollstreckungsverfahren ist in der Schweiz dagegen nicht vorgesehen. Hier erfolgt, sofern die zahlungspflichtige Person die Forderung nicht bezahlen kann, durch eine*n Betreibungsbeamt*in umgehend eine Einkommens- und Vermögensüberprüfung und ohne weiteren Auftrag der Gläubiger*in direkt eine Pfändung des Einkommens oder die Verwertung des Vermögens.

Damit verbunden ist auch ein grundlegender Unterschied, wann die Eintragung bestehender Schuldverpflichtung in öffentlich zugängliche Register vorgenommen wird. Während in der Schweiz bereits ab der ersten Betreibung, deren Rechtmäßigkeit aufgrund der zugrundeliegenden Forderung noch nicht gerichtlich überprüft ist, diese im Betreibungsregister vermerkt wird, ist zum Beispiel in Deutschland eine Eintragung im Schuldner*innenverzeichnis erst dann vorgesehen, wenn ein*e Gläubiger*in nach Vorlage eines rechtskräftigen Schuldtitels eine erfolglose Pfändung durchlaufen und anschließend eine Vermögensauskunft des*der Schuldner*in erwirkt hat. Eintragungen in solche öffentlichen Register werden als Hinweis auf die Vermögenslosigkeit gewertet, was im juristischen Verständnis dann als Überschuldung angesehen wird.

> Wie schnell eine verschuldete Person als überschuldet gilt, hängt maßgeblich von nationalen Rechtsnormen der Zwangsvollstreckung ab, nicht aber von der Höhe der Schulden oder der Anzahl der Forderungen.

Eintragungen in solche öffentlichen, in der Regel bei berechtigtem Interesse zugänglichen Register, haben weitereichende Folgen im Alltag der betroffenen Personen und Haushalte: Sie erschweren die Inanspruchnahme von Bankdienstleistungen, die Wohnungssuche oder – je nach Land – bei Personen mit Migrationshintergrund auch die Klärung und Verlängerung des Aufenthaltsstatus.

5.3.2 Konsument*innenschutz

(a) Koppelung von Schuldverhältnissen des Alltags mit längerfristigen Zahlungsverpflichtungen

Inwiefern ist es erlaubt und vom Gesetzgeber gewollt, Rechtsgeschäfte des Alltags mit Kreditverpflichtungen zu koppeln, Konsumnachfrage über Verschuldungsmöglichkeiten zu stimulieren oder über Verschuldungsangebote überhaupt erst Zugang zu bestimmten Gütern und Dienstleistungen zu ermöglichen? Dazu sind vor allem in der Telekommunikationsbranche oder bei Autoleasinganbietern Beispiele zu finden, die über mehrere Jahre hinweg Zahlungsverpflichtungen für die Konsument*innen mit sich bringen.

(b) Relevanz von Kreditfähigkeitsprüfungen

Unter die Rubrik Konsument*innenschutz fallen nach diesem Modell alle Rechtsnormen, die die Mitglieder einer Gesellschaft vor einer Übervorteilung durch Schuldverpflichtungen schützt. Dies beinhaltet auch, dass die Gläubiger*innen bei der Vergabe von Krediten eine Mitverantwortung haben, die Angemessenheit und Leistbarkeit der Verpflichtungen zu prüfen und gegebenenfalls von einem überfordernden Rechtsgeschäft Abstand zu nehmen. Hier hat sich vor allem in der Schweiz ein bemerkenswertes Modell herausgebildet. Im Rahmen einer Kreditfähigkeitsprüfung sind Banken verpflichtet, anhand eines Haushaltsbudgets zu überprüfen, ob die zusätzliche finanzielle Belastung durch den Vertrag von den Kreditnehmer*innen erbracht werden kann. Erfolgt diese Kreditfähigkeitsprüfung nicht oder wird der Kredit trotz offenkundiger finanzieller Überforderung trotzdem bewilligt, geht der Zins- und Verzugsschadensanspruch aus dem Vertrag verloren (Noori et al. 2020)[18]. In Österreich und in Deutschland hat eine nicht erfolgte oder fehlerhafte Zumutbarkeitsprüfung dagegen keine nennenswerte Relevanz, da sich dies nicht zugleich auf die Rechtsfolgen zwischen Gläubiger*in und Schuldner*in auswirkt.

(c) Vertragstransparenz bei Konsument*innenkrediten

Aus Sicht des Konsument*innenschutzes in Deutschland und Österreich sind vor allem formale Regelungen bei der Kreditvergabe zu nennen, die der Transparenz und dem Schutz vor Überraschungen in formularmäßig angebotenen Vertragsvereinbarungen dienen sollen. Hierzu bestehende zahlreiche Gesetzesnormen, die die Pflicht auferlegen, anfallende Kosten und Effektivzinsangaben bei Kreditvereinbarung transparent und nachvollziehbar in Verträgen auszuweisen und im Zusammenhang von Kreditsicherheiten und mithaftenden Personen leicht erkennbare Vertragsbestimmungen vorschreiben. Schließlich sind Widerrufsbelehrungen und Widerrufsfristen, die zur Rückabwicklung von Schuldverpflichtungen unmittelbar nach Vertragsabschluss berechtigen, zu nennen. All diese Bestimmungen können dazu beitragen, dass Privatpersonen, die aus Sicht des Gesetzgebers einen besonderen Schutz gegenüber gewerblichen Akteur*innen des Konsumkredit- und Dienstleistungsbereich benötigen, ihre Konsument*innenrechte wahrnehmen können. Es sei aber auch darauf hingewiesen, dass im deutschsprachigen Raum der Konsument*innenschutz einen geringen gesellschaftlichen Stellenwert hat und hier aus der Tradition des Schuldrechts die Durchsetzung der Ansprüche der Gläubiger*innen gegen ihre Schuldner*innen im Vordergrund steht.

5.3.3 Soziale Sicherung

(a) Schuldrechtliche Grundlagen von Sozialleistungen

Bietet der Sozialstaat den Menschen hinreichend Schutz und Sicherheit, in wirtschaftlich schwierigen Situationen eine ausreichende Existenz zu sichern oder finanziell schwierige Situationen bereits im Vorfeld zu verhindern? Oder handelt es sich um Hilfen, die von den Hilfeempfangenden teilweise oder ganz zurückbe-

---

18 Siehe Manual zum Konsumkreditgesetz Schweiz: www.konsumkreditgesetz.ch.

zahlt werden müssen? Herrscht ein wohlfahrtsstaatliches Verständnis, das im Hinblick auf soziale Gerechtigkeit und Teilhabe durch staatliche Sozialleistungen Ungleichheit versucht zu reduzieren, oder steht die Eigenverantwortung der Betroffenen im Mittelpunkt, bei der mit der Annahme öffentlicher Sozialleistungen die Pflicht zur Rückzahlung erwächst und dem Sozialstaat die Rolle eines Gläubigers der hilfebedürftigen Gesellschaftsmitglieder zuweist?

Auch hierzu sind in der Schweiz verglichen mit Deutschland und Österreich, grundlegend unterschiedliche Rahmenbedingungen anzutreffen, da Leistungen der wirtschaftlichen Grundsicherung der Sozialhilfe dem Grunde nach zurückzuzahlen sind. Doch nicht nur Regelungen der eigentlichen Rechtsnormen prägen die Rolle des Staates als potenzieller Gläubiger. Auch die Verwaltungspraxis öffentlich-rechtlicher Institutionen trägt dazu bei, wie sehr der Sozialstaat als Gläubiger der Mitglieder einer Gesellschaft in Erscheinung tritt.

(b) Gesundheitskosten und Krankenversicherungswesen

Ein weiterer sozialstaatlicher Aspekt ist, inwiefern Krankenversicherungsbeiträge, finanzielle Eigenleistungen an den Gesundheitskosten und nicht versicherte medizinische Leistungen zu Verschuldung führen können. Dies beruht einerseits darauf, wie die gesetzliche Krankenversicherung sozialstaatlich organisiert ist und unter welchen wirtschaftlichen Rahmenbedingungen von ihnen Wettbewerb und Gewinn erwartet wird. Sind Krankenversicherungen Akteurinnen des Gemeinwohls, die Leistungen der Daseinsfürsorge anbieten, oder ist es ein Betätigungsfeld privatwirtschaftlicher Versicherungsunternehmen, die im Rahmen eines sozialstaatlich vorgegebenen Rahmens tätig sind, wie es zum Beispiel in der Schweiz praktiziert wird?

Solche privatwirtschaftlichen Modelle zeichnen sich zum Beispiel dadurch aus, wie groß der Anteil der Personen ist, der für die Begleichung der Krankenversicherungsbeiträge selbst verantwortlich ist, oder ob von staatlicher Seite versucht wird, Zahlungsrückstände bei den Krankenkassen durch einen Direktzahlung der Versicherungsbeiträge beim Arbeitgeber oder Sozialversicherungsträger auszuschließen. Über die Frage der Krankenversicherung hinaus relevant sind auch die von den versicherten Personen selbst zu tragenden Gesundheitskosten in Form von jährlich zu erbringenden Mindesteigenbeteiligungen, und in welchem Ausmaß Kosten erforderlicher medizinischer Behandlungen und Hilfsmittel von den Versicherten selber getragen werden müssen.

(c) Pfändungsschutz im Übergang von Sozialleistungen zu Einkommens- und Vermögenspositionen

Schließlich ist auch der Aspekt zu nennen, inwiefern im sozialstaatlichen Verständnis sich die Pfändbarkeit und die Zugriffsrechte der*die Gläubiger*in auf etwaiges Vermögen des*der Schuldner*in zwischen hilfebedürftigen und nicht hilfebedürftigen Personen eines Sozialstaats unterscheiden. Gibt es Leistungen des Sozialstaats, die unter keinen Umständen durch Pfändungsmaßnahmen an die Gläubiger*in der hilfesuchenden Personen gelangen sollen, gibt es bedingt pfändbare Sozialleistungen oder hält sich der Staat mit dem Schutz vor Pfändung zur Vermeidung von Armutsgefährdung und Armutsbetroffenheit ganz zurück? Im deutschsprachigen Raum sind die sozialhilferechtlichen Fürsorgeleistungen dem Grunde nach unpfändbar. Zudem kommen in Deutschland und Österreich Freibeträge zur Anwendung, die tabellarisch anhand des Einkommens und der Unterhaltspflichten geregelt sind. Dagegen erfolgt in der Schweiz im Rahmen der Betreibung eine bedarfsabhängige Ermittlung des Existenzminimums, das zwar einen gewissen Spielraum für besondere Lebensumstände ermöglicht, dafür aber auch einige Sozialleistungen zum Einkommen rechnet, wovon dann der pfändbare Betrag ermittelt wird. Erschwert wird die monatliche Haushaltssituation dadurch, dass die zu zahlenden Steuern auf den Lohn das Einkommen des Haushalts bei der Berechnung des betreibungsrechtlichen Existenzminimums nicht mit eingerechnet werden. Die zu zahlenden Steuern müssen in der Schweiz aus dem pfändbaren Einkommen bezahlt werden. Im Falle einer Lohnpfändung entstehen zwangsläufig Steuerschulden oder der betroffene Haushalt muss diese aus seinem unpfändbaren Einkommen begleichen.

Sozialstaatlich nicht präzise geregelt ist der pfändungsrechtliche Unterschied zwischen wirtschaftlicher Grundsicherung und Erwerbseinkommen, genau genommen der Übergang sozialrechtlich geschützter Unpfändbarkeit zur einkommensabhängigen Pfändbarkeit. Das heißt, dass Personen und Haushalte im Bezug wirtschaftlicher Grundsicherungsleistungen dem Grunde nach vor dem Zugriff der Gläubiger*innen geschützt sind. Sie dürfen auch einen gewissen Geldbetrag als Vermögen besitzen, den sie nicht vorrangig vor staatlichen Sozialleistungen für die Existenzsicherung einsetzen müssen. Dieser sozialrechtlich geschützte Freibetrag unterliegt aber nicht dem Pfändungsschutz. Das hat zur Folge, dass sozialstaatlich geschütztes Schonvermögen im Falle einer Zwangsvollstreckung an die Gläubiger*innen fließen. Dies zeigt, dass sich verschuldungsbetroffene Personen und Haushalte zwar auf einen gewissen Pfändungsschutz berufen können, der in seiner Logik die Existenzsicherung gewährleisten soll. Zugleich genießen aber auch die Interessen und Ansprüche der Gläubiger*innen einen gewissen rechtlichen Schutz, der durch weitreichende Zwangsvollstreckungsmöglichkeiten und Zugriffsrechte auf das Vermögen der Schuldner*innen zum Ausdruck kommt und sozialstaatliche Rechte unterläuft.

5.3.4 Lebenslage und soziale Ungleichheit

(a) Begriff und Entstehung

Der Begriff »Lebenslage« steht für eine breite, mehrdimensionale und differenzierte Auseinandersetzung mit der Lebenssituation von Menschen. Der Begriff der »Lebenslage«, der durch die Armuts- und Reichtumsberichterstattung der Bundesregierung in Deutschland zur Beschreibung von Ungleichheit verwendet wird, ist schon seit seiner Entstehung und wissenschaftlichen Ausdifferenzierung mit der Armutsforschung verbunden.

So wurde aus dem anfänglichen Versuch, das Wohlergehen von Menschen miteinander zu vergleichen, und der Erkenntnis, dass dies nicht oder nur bedingt möglich ist (vgl. Neurath 1917, zitiert in Neurath 1981: 103f), rasch ein erstes Lebenslagenkonzept, das die Befriedigung der Bedürfnisse innerhalb einer bestimmten Zeitperiode und mit dem Einsatz der zur Verfügung stehenden finanziellen Mittel als Maßstab für die Lebensbedingungen der Menschen ansah. Mit dem zunehmenden gesellschaftlichen Wandel der 1950er Jahre, dem technischen Fortschritt und der allgemein ansteigenden Konsum- und Lebensbedingungen in Europa, veränderte sich auch die Vorstellung der Lebenslagenanalyse. Nicht mehr die Befriedigung einzelner Bedürfnisse galt als Indikator für Wohlergehen, sondern welche Gestaltungsspielräume Menschen in ihrem Alltag haben, um am gesellschaftlichen Leben teilzuhaben (vgl. Weisser 1951: 4). Nach diesem Lebenslagenverständnis spielen nicht nur ökonomische Aspekte eine Rolle, auch nicht-ökonomische und immaterielle Aspekte der Teilhabe prägen den Alltag und wie ihn sich Menschen gestalten können. Hierzu formuliert Weisser folgende Lebenszusammenhänge als Gestaltungsspielräume:

- Vermögens- und Einkommensspielraum
- Kontakt- und Kooperationsspielraum
- Lern- und Erfahrungsspielraum
- Muße- und Regenerationsspielraum
- Dispositions- und Erfahrungsspielraum

Die Ungleichheitsforschung hat in den letzten Jahrzehnten eine ganze Reihe unterschiedlicher Lebenslagenkonzepte hervorgebracht, die sich aber alle mehr oder weniger auf diese Spielräume beziehen, diese erweitern oder hinsichtlich der Teilhabe- und Verwirklichungschancen die Situation von armutsgefährdeten oder armutsbetroffenen Menschen beschreiben (vgl. Weisser 1957: 3). Einzelne Lebenslagenmodelle beziehen Verschuldung als einen von vielen Aspekten der Lebenslagenanalyse mit ein und skizzieren die Zusammenhänge, wie Schulden bei ohnehin benachteiligten Haushaltssituationen zusätzlich destabilisieren (Meier-Gräwe et al. 2003, Schuwey/Knöpfel 2014, Knöpfel 2019).

(b) Relevanz ökonomischer Aspekte

In der Lebenslagenanalyse wurde schon oft diskutiert, welchen Stellenwert ökonomische Ressourcen, also das Einkommen oder die anderweitig zur Verfügung stehenden finanziellen Mittel einer Person oder eines Haushalts, für die Beschreibung und Bewertung seiner Lebenslage hat. Ist es die zentrale Dimension im Leben von Menschen, die deren Alltagsbewältigung maßgeblich prägen und über das Ausmaß der gesellschaftlichen Teilhabe allein entscheidet? Oder handelt es sich hierbei nur um einen von vielen unterschiedlichen Aspekten, die das Wohlergehen der Menschen prägt? Auch stellt sich die Frage, ob bei der Analyse von Lebenslagen sich die Betrachtung ausschließlich auf benachteiligte Situationen beschränkt oder der Begriff auch für nicht prekäre oder als negativ definierte Lebenssituationen steht. Hier verdichten sich die Bedingungen von Verschuldung als Anknüpfungspunkt für die Lebenslagenanalyse. Einerseits stellen Schuldverpflichtungen eine zusätzliche finanzielle Belastung der Privathaushalte dar. Andererseits beinhaltet das System Verschuldung immer auch den Aspekt des Einkommens als zentrale Dimension der Kreditwürdigkeit: Umso höher und verlässlicher das Einkommen eines Haushalts, umso einfacher ist der Zugang zu Verschuldung, geringer die zu zahlenden Zinsen und höher die maximal möglichen Schuldsummen.

(c) Verschuldung als Teil der Lebenslagenanalyse

Wenn wir auf der Grundlage der Definition von Lebenslage als »Gesamtheit (un-)vorteilhafter oder ungleicher Lebensbedingungen eines Menschen, die durch das Zusammenwirken von Vor- und Nachteilen in unterschiedlichen Dimensionen sozialer Ungleichheit zustande kommen« (vgl. Hradil/Schiener 2001: 41), mit Verschuldung beschäftigen, so geht es in diesem Konzept genau um die Aspekte der Konsument*innenverschuldung, die sowohl positiv und entlastend sind, wie zum Beispiel ein gutes und verlässliches Haushaltseinkommen, zugleich aber auch als Grundlage großzügiger Kreditvergaben zum belastenden und destabilisierenden Faktor von Lebensbedingungen werden können.

Bei der Verwendung des Begriffs der Lebenslage gilt es immer zu beachten, welche Lebenssituation genau analysiert oder beschrieben werden soll und welche Dimensionen sozialer Ungleichheit nur als Teilaspekt der zu erklärenden Lebenslage dienen. So wird im Rahmen der Armuts- und Reichtumsberichterstattung der Bundesregierung in Deutschland neben vielen anderen Dimensionen sozialer Ungleichheit auch Verschuldung als Aspekt von Armut aufgeführt und aus vorhandenen Studien und Berichten mit Zahlen dargelegt[19]. Das heißt, Verschuldung ist Teil der Lebenslage Armut, die sich aber auch durch eine Reihe weiterer Aspekte wie Bildung, Wohnen, Gesundheit oder Einkommen auszeichnet. Doch kann sie auch als eigene Lebenslage angesehen werden, die sich zum Beispiel neben Armut auch durch ein ähnliches Repertoire an Bedingungen gestaltet: eingeschränkte Teilhabe am bargeldlosen Zahlungsverkehr, negative Folgen von Lohnpfändungen am Arbeitsplatz, eingeschränkter Zugang zum Wohnungsmarkt oder eingeschränkte Leistungen der Krankenversicherung.

Inwiefern die Lebenslage benachteiligter Personen und Haushalte einen Einfluss auf das Auftreten von Verschuldung hat, greifen Angel und Heitzmann in ihren Überlegungen zum Zusammenhang von Lebensereignissen und Verschuldung auf. Sie kommen zu dem Ergebnis, dass ein direkter Zusammenhang der Lebenslage zur Häufigkeit auftretender Verschuldung zwar statistisch nicht hergestellt werden kann. Allerdings wirkt sich die Lebenslage von Menschen auf die Wahrscheinlichkeit aus, dass Kritische Lebensereignisse eintreten, die finanzielle Beeinträchtigungen und Verschuldung mit sich bringen (vgl. Angel/Heitzmann 2015: 469f).

---

19 Für den aktuellen Bericht Lebenslagen in Deutschland und Vorgängerberichte siehe jeweils unter: https://www.armuts-und-reichtumsbericht.de.

5.3.5 Lebensereignisse mit wirtschaftlichen Schocks

Die Konzepte der Kritischen Lebensereignisse und der Statuspassagen sind für sich allein nicht geeignet, einen direkten Zusammenhang mit dem Verschuldungsverhalten natürlicher Personen herzustellen. Werden diese Veränderungen im Alltag der privaten Haushalte jedoch um den Aspekt der finanziellen Auswirkungen ergänzt, verbunden mit der Frage, wie schnell sich Veränderungen auf die finanzielle Haushaltssituation auswirken, kann ein Zusammenhang statistisch hergestellt werden. Dies weisen Angel und Heitzmann (Angel/Heitzmann 2013) anhand ihrer Schockhypothese und der Auswertung der Gemeinschaftsstatistik zu den Einkommens- und Lebensbedingungen in Europa (EU SILC m 2004–2008) nach.

Ihre Überlegungen beruhen auf der Annahme, dass nicht alle plötzlichen Veränderungen im Alltag der Privathaushalte eine direkte Auswirkung auf deren finanzielle Situation haben. Werden aber nur die Veränderungen betrachtet, mit denen eine direkte Beeinträchtigung der wirtschaftlichen Situation verbunden sind, kann zunächst vor allem bei eintretender Arbeitslosigkeit, Trennung bzw. Scheidung und bei gesundheitlichen Beeinträchtigungen von einem Zusammenhang mit auftretender Verschuldung ausgegangen werden. Grundannahme dabei ist, dass es für Haushalte in stabilen finanziellen Situationen einfacher ist, ihre Haushaltsausstattung den veränderten wirtschaftlichen Situationen anzupassen. Führen veränderte Lebensbedingungen nicht sofort zu einer existenziellen Verschlechterung der wirtschaftlichen Situation, zeigen die Haushalte ein flexibleres Anpassungsverhalten. Dagegen weisen Haushalte, bei denen sich die Veränderung unmittelbar und existenziell als finanzieller Schock auswirken, kein oder nur ein geringes Anpassungsverhalten auf. Dies führt in Folge eines plötzlichen Lebensereignisses zu einem erhöhten Verschuldungsrisiko der betroffenen Haushalte (vgl. ebd.: 462–467).

5.3.6 Individuelle Bewältigungsstrategie

Aus der englischsprachigen Literatur sind Ergebnisse einzelner psychologischer Modelle und empirische Studien vorhanden, wie Verschuldung als Alltagshandel gedeutet werden kann und auf welche Probleme des Alltags sie eine Antwort sind. Dabei grenzen sich diese Befunde von den ökonomischen Modellen der Konsument*innenverschuldung ab, die von einem rationalen Konsumverhalten von Schuldenfreiheit und von irrationalem Konsumverhalten als Ursache von Überschuldung ausgehen. So kritisiert Loibl:

> »Das rein ökonomische Verständnis von Ver- und Überschuldung beruht auf der Vorstellung, dass es sich um bewusste Entscheidungen handelt, Zahlungsverpflichtungen nicht zu erfüllen, wenn durch eine veränderte Lebenssituation dies vorübergehend oder nicht mehr möglich ist« (Loibl 2016: 44).

Nach Loibl wurden im englischsprachigen Fachdiskurs in den letzten Jahren einige richtungsweisende Studien veröffentlicht, die Ver- und Überschuldung nicht mehr nur als Folge ökonomischen Fehlverhaltens bewerten, so zum Beispiel das Modell von Bertrand et al. (Bertrand/Mullainathan/Shafir 2006). Es konzipiert Überschuldung als ein Ergebnis von Ressourcenknappheit und nicht als das Ergebnis rationaler Abwägungen, mangelnder Finanzbildung oder Impulsverhalten. Dieser Ansatz argumentiert vielmehr, dass bei knappen finanziellen Ressourcen Haushalte einen geringen Spielraum für Fehlentscheidungen haben. Das heißt, jedem Haushalt wird ein gewisses Maß an rational-ökonomischem Fehlverhalten zugestanden, das sich aber an den jeweiligen wirtschaftlichen Ressourcen orientiert. Haushalte mit größerem finanziellem Spielraum sind in der Lage, öfters oder weitreichender unwirtschaftlich zu handeln, als Haushalte mit wenig Geld oder geringen finanziellen Spielräumen. Passieren dennoch Fehler im Finanzverhalten, so führt dies bei finanziell eingeschränkten Haushalten zu gravierenderen Auswirkungen als bei Haushalten, die nicht unter Finanznöten leiden.

Mit dem Fokus auf den Zusammenhang von Verschuldung und Armut beschreibt Shah et al. anhand verhaltenspsychologischer Überlegungen die Auswirkungen verschuldungsbedingter Stresssituationen auf das Verhalten der Betroffenen: »Resource scarcity creates its own mindset, changing how people look at problems and make decisions« (vgl. Shah/Mullainathan/Shafir 2012: 682). Die Autoren beschreiben, dass nicht mehr zu bewältigende Zahlungsverpflichtungen für die Betroffenen als sehr großes und unlösbares Problem gesehen werden. Es erscheint im Alltag als übermächtiger Sachverhalt, der zu lösen als unrealistisch und aussichtslos eingeschätzt wird. Diese bedrohliche Situation löst bei den Betroffenen nicht nur Hilflosigkeit und Stress aus. Die Belastung auszuhalten ist für die Betroffenen anstrengend und entzieht ihnen die für die Alltagsbewältigung erforderliche Motivation und Energie. In Knappheitssituationen reagieren Menschen damit, von dringenden Problemen absorbiert zu werden und weniger dringende Probleme zu vernachlässigen. Finanzielle Fehlentscheidungen sind bei Ressourcenknappheit daher häufiger zu beobachten. Zum Beispiel kann die Wartung einer Waschmaschine oder eines Autos vernachlässigt werden, um die monatliche Wohnungsmiete zahlen zu können. Ein anfänglich überschaubares Problem kann sich damit zu einer kaum tragbaren Ausgabe entwickeln. Aufmerksamkeit ist eine begrenzte Ressource und erklärt, warum hoch verzinsliche Kredite in Anspruch genommen werden, ohne deren Kosten abzuwägen. Solche Schuldverpflichtungen ermöglichen es auch finanziell stark beeinträchtigten Haushalten, dringend erforderliche Ausgaben zu tätigen und wecken die Hoffnung, dadurch zukünftig emotional weniger belastet zu sein.

Dieses Phänomen, in Stresssituationen Bedrohungen als übergroß und lähmend wahrzunehmen und dadurch nicht mehr in der Lage zu sein, zwischen vordringlichen und weniger dringlichen Problemen im Alltag unterscheiden zu können, wird in der Literatur auch als »Tunnelvision« beschrieben. Abgeleitet aus der Evolution, macht es den Menschen in Bedrohungssituationen überlebensfähig, in dem er sich ruhig und unscheinbar verhält und so auf das Ende der Gefahr hofft. Ein Phänomen, dass das rationale Handeln von Menschen in schwierigen Situationen beeinträchtigt, dessen Ursache aber nicht im erlernten Verhalten, sondern in der Konstitution der Psyche des Menschen verortet ist.

5.4 Fazit: Verschuldung als Konzept

 Verschuldung ist ein Sachverhalt, der nur mehrdimensional und im Zusammenspiel gesellschaftlicher Kontextbedingungen und individueller Handlungs- und Bewältigungsstrategien des Alltags erklärt werden kann.

Wie sich die Verschuldung in einer Gesellschaft zeigt und inwiefern diese als problematisch definiert wird, ist stets ein Ergebnis vorangegangener, meist politisch legitimierter Entscheidungen. Diese können durchaus historisch oder kulturell stark geprägt sein. Gesellschaften disziplinieren und sanktionieren über schuld- und zwangsvollstreckungsrechtliche Verfahren auftretende überhöhte Verschuldung, regeln aber auch das Verhältnis von Individuum und (Sozial-)Staat, indem Hilfe auf Schuldenbasis angeboten werden.

> Eine Gesellschaft hat immer die Ausprägung und das Ausmaß an Verschuldung privater Haushalte, für das sie sich zuvor entschieden hat und sich fortlaufend dafür ausspricht, an diesen kulturell vorbestimmten und politisch getroffenen Entscheidungen festzuhalten. Die Bedingungen, unter denen Verschuldung entsteht und deren Normgültigkeit der Rückzahlungsverpflichtung durchgesetzt wird, sind nicht zufällig entstanden, sondern wurden politisch in bewussten Entscheidungsprozessen geschaffen.

6 Ausgewählte Kennzahlen und Befunde zu Verschuldung

Die öffentlichen Diskussionen zur Verschuldung von Privatpersonen und Privathaushalten sind vielfach von zwei zentralen Fragen geprägt: Wie viele Personen und Haushalte sind überschuldet und um welche Schuldsummen handelt es sich hierbei. Auf solche Fragen geben Verbände der Kreditwirtschaft oder der Inkassobranche differenziert Auskunft und vermitteln dabei die Vorstellung, dass das Ausmaß der privaten Verschuldung eindeutig bestimmbar wäre. Bei genauer Betrachtung ist jedoch festzustellen, dass viele der zu dieser Thematik in Umlauf befindlichen Zahlen und Berechnungen nur unzureichend wissenschaftlich abgestützt sind oder auf nicht repräsentativen Datengrundlagen beruhen. Die von der Inkasso- und Kreditwirtschaft veröffentlichten Zahlen berücksichtigen überwiegend eigene Datenbestände und gehen davon aus, dass sich Verschuldung nahezu ausschließlich zwischen den Privathaushalten und der Konsum- und Kreditwirtschaft abspielt. Der Forschungsgegenstand der privaten Verschuldung ist allerdings aufgrund seiner Vielschichtigkeit der Ausprägung diffus: Was sind Schulden, was sind Zahlungsrückstände und offene Rechnungen und wie muss mit Bürgschaften und gesamtschuldnerischer Haftung umgegangen werden, wenn Verschuldung wissenschaftlich gemessen werden soll? Daher überrascht es nicht, dass es im deutschsprachigen Raum bislang keine umfassenden Verschuldungsstudien gibt, die wissenschaftlichen Ansprüchen gerecht werden.

In diesem Kapitel wird dargelegt, wie differenziert Verschuldung betrachtet werden muss, um wissenschaftliche und der Komplexität des Phänomens entsprechende Aussagen treffen zu können. Dies erfolgt exemplarisch anhand von drei Studien, deren Ergebnisse die Genese der Verschuldung privater Haushalte abbilden und die insgesamt betrachtet ein für die Soziale Arbeit relevantes Bild der Verschuldung und deren Problemhaftigkeit zeichnen:

- Indikatoren der Verschuldung privater Haushalte
  »Private Verschuldung in Deutschland – Machbarkeit und Zukunft von Schuldnerberatung in Zeiten der Covid-19 Pandemie« (Korczak et al. 2021) (▶ Kap. 6.1)
- Situation der bei Schuldnerberatungsstellen ratsuchenden Personen und Haushalte
  »Statistik zur Überschuldung von Privatpersonen« (Statistisches Bundesamt Destatis 2020)

»IFF Überschuldungsreport: Überschuldung in Deutschland« (Peters/Größl 2020) (▶ Kap. 6.2)
- Verschuldung und Armut
»In der Sozialhilfe verfangen – Hilfeprozesse bei Armut, Schulden und Sozialhilfe«, eine Untersuchung zur Verschuldung von Personen und Haushalten in der Schweiz, die im laufenden Bezug von Sozialhilfeleistungen sind (Mattes/Knöpfel, Projektlaufzeit 2018–2021) (▶ Kap. 6.3)

6.1 Verschuldungsindikatoren in Deutschland

Die gegenwärtig umfassendste Sammlung von Daten zur Verschuldung von Privatpersonen und Haushalten ist dem Bericht »Private Verschuldung in Deutschland – Machbarkeit und Zukunft von Schuldnerberatung in Zeiten der Covid-19 Pandemie« (Korczak et al. 2021) zu entnehmen. Im Rahmen dieses Projektes wurden Informationen zur Verschuldungssituation der Privathaushalte gesammelt, um auf deren Grundlage relevante Kennzahlen und Indikatoren zu generieren. Nachfolgend sind ausgewählte Kennzahlen zur privaten Verschuldung in Deutschland, wie sie dem Bericht zu entnehmen sind, aufgeführt.

(a) Ratenkreditverträge

Das Ausmaß der in Deutschland verauslagten Ratenkreditverträgen kann mit Hilfe der von der SCHUFA – Schutzgemeinschaft für allgemeine Kreditsicherung – gespeicherten Daten zu den laufenden und neuen Konsumkreditverträgen beschrieben werden, die die angeschlossenen Banken in ihrem Bestand führen oder neu abgeschlossen haben[20] (▶ Tab. 3).

Tab. 3: Anzahl Ratenkredite und Neuverträge

	2016	2017	2018
Anzahl laufender Konsumkredite	17.388 Mio.	17.990 Mio.	18.447 Mio.
Neu abgeschlossene Konsumkredite	7.671 Mio.	8.012 Mio.	7.888 Mio.

(Daten: Korczak et al 2021: 11)

---

[20] Nicht enthalten sind Baufinanzierungen, überzogene Bankkonten oder beanspruchte Kreditkarten.

Die von der Kreditwirtschaft in Deutschland bewilligten Ratenkredite haben eine durchschnittliche Laufzeit von vier Jahren. Nach Angaben der SCHUFA wurden im Jahr 2018 ein Anteil von 2.1 % der im Bestand der Kreditwirtschaft geführten Ratenkredite im Umfang von 18.447 Mio. wegen Zahlungsstörungen gekündigt. Dies entsprich rund 387.000 Vertragskündigungen. Laut den Befunden der EU-SILC-Erhebung hatten im Jahr 2018 rund 1.5 % der volljährigen Bevölkerung in Deutschland gekündigte Ratenkredite[21].

(b) Anzahl der Pfändungsschutzkonten

Hinter dem Begriff des Pfändungsschutzkontos verbirgt sich eine gesetzlich vorgeschriebene Bankdienstleistung, die es den Inhaber*innen gepfändeter Bankkonten ermöglicht, zumindest über den unpfändbaren Teil der Zahlungseingänge zu verfügen. Die Anzahl der in Deutschland von Banken und Sparkassen geführten Pfändungsschutzkonten wird von der SCHUFA nicht offengelegt. In der Fachöffentlichkeit wird von ca. 2 Mio. solcher Konten ausgegangen[22] (vgl. ebd.).

(c) Liefersperren Strom und Gas

Beabsichtigt ein Energieversorgungsunternehmen, aufgrund von Zahlungsrückständen die Versorgung eines Haushalts einzustellen, muss dies vier Wochen zuvor angekündigt werden. Sowohl die Anzahl der Androhung und der Vollzug von Liefersperren wird von der Bundesnetzagentur erhoben und veröffentlicht. Im Jahr 2018 kam es zu 4.9 Mio. Androhungen, die Lieferung von Strom wegen Zahlungsrückständen einzustellen. Davon wurden 296.370 Sperren vollzogen. Von den im gleichen Jahr angedrohten 1.2 Mio. Gas-Lieferunterbrechungen wurden 33.145 durchgeführt (vgl. ebd.).

(d) Mietrückstände und Zwangsräumungen

Nach Auskunft des Bundesverbands deutscher Wohnungsunternehmen hatten im Jahr 2019 rund 1.64 Mio. Mieter*innen Schulden bei ihren Vermieter*innen. Die offenen Mietzinsforderungen summierten sich insgesamt auf 315 Mio. Euro. Dies entspricht 1.7 % der gesamten Mieteinnahmen. Die durchschnittlichen Mietschulden säumiger Mieter*innen belaufen sich auf 870 Euro (vgl. ebd.: 12). Den prozentualen Anteil der Haushalte, die im Jahr 2019 Mietschulden hatten, weist Eurostat auf der Grundlage der EU-SILC-Erhebung mit 1.4 % aller Haushalte aus.[23]

---

21 Eurostat EU SILC, aktuelle Befunde zu gekündigten Kreditverträgen.
22 Bundestagsdrucksache 19/19850 vom 10.06.2020.
23 Eurostat EU SILC, aktuelle Befunde zum Anteil der Haushalte mit Mietschulden.

(e) Gerichtliche Mahnverfahren[24]

Das gerichtliche Mahnverfahren dient dazu, für eine Forderung einen Schuldtitel zu erwirken. Es handelt sich hier um ein rein maschinelles Verfahren, das außer bei Widerspruch der beklagten Person auf eine juristische Prüfung der Forderung verzichtet. Bei der Betrachtung der Verfahrenszahlen fällt auf, dass die Anzahl gerichtlicher Mahnverfahren in den letzten Jahren stark rückläufig war (▶ Abb. 2). Wurden im Jahr 2005 insgesamt rund 8.6 Mio. gerichtlicher Mahnverfahren bei den zuständigen Gerichten beantragt, so waren es im Jahr 2018 nur noch 4.8 Mio. solcher Verfahren.

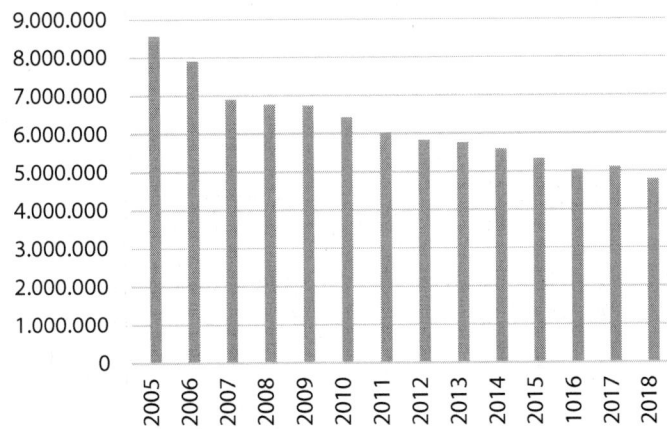

Abb. 2: Gerichtliche Mahnverfahren zwischen 2005 und 2018 (Daten: Statistisches Bundesamt Destatis 2019: 13 Rz. 6)

An der Anzahl der gerichtlichen Mahnverfahren zeigt sich die eingeschränkte Aussagekraft der Zahlen der Inkasso- und Kreditwirtschaft. So gehen die Berichte der SCHUFA und der Creditreform zur Verschuldung in Deutschland, auf der Grundlage der Auswertung ihrer internen Daten, lediglich von 2.91 Mio. Mahnverfahren (Creditreform)[25] bzw. 2.98 Mio. Mahnverfahren (SCHUFA) im Jahr 2018[26] aus. Die Gerichte weisen aber eine Anzahl von rund 4.8 Mio. durchgeführter gerichtlicher Mahnverfahren aus. Zahlreiche Gläubiger*innen, vor allem öffentlich-rechtliche Institutionen, sind weder der SCHUFA noch der Creditreform angeschlossen. Creditreform und SCHUFA können daher nur über

---

24 Zahlen zu den bei Zivilgerichten geführten Verfahren werden jährlich von Statistischen Bundesamt veröffentlicht: www.destatis.de.
25 Zahlen der Creditreform Deutschland zu den Forderungen ihrer Mitgliedsunternehmen und deren Schuldner*innen: www.creditreform.de.
26 Zahlen der SCHUFA zu den Forderungen ihrer Mitgliedsunternehmen und deren Schuldner*innen: www.schufa.de.

einen Teil der ihr mehr oder weniger zufällig angeschlossenen Gläubiger*innen Aussagen treffen, nicht aber zur Gesamtsituation.

(f) Einträge in das Schuldner*innenverzeichnis[27]

Die bei der Anzahl der gerichtlichen Mahnverfahren deutlich erkennbare rückläufige Tendenz ist bei den Einträgen in das Schuldner*innenverzeichnis in dieser Eindeutigkeit allerdings nicht zu erkennen. Eine Person wird dann in das Schuldner*innenverzeichnis eingetragen, wenn ein*e Gläubiger*in die Abgabe eines Vermögensverzeichnisses verlangt hat, diese aber nicht abgegeben wird, die Forderung weder von der verschuldeten Person bezahlt oder durch eine Zwangsvollstreckungsmaßnahme beglichen werden kann oder das Insolvenzverfahren über das Vermögen der verschuldeten Person mangels Masse abgelehnt wurde.

Im Jahr 2018 waren insgesamt 2.391.543 Personen im Schuldner*innenverzeichnis eingetragen (ebd.: Rz. 14). Die Anzahl der Neueintragungen in den vorangegangenen Jahren weist keine eindeutige Tendenz auf und bewegte sich zwischen 480.164 Personen im Jahr 2013 und 592.144 Personen im Jahr 2018. Die meisten Eintragungen von 772.287 Personen erfolgten im Jahr 2015. Diese Zahl beinhaltet auch wiederholt abgegebene Vermögensverzeichnisse, die im Regelfall nach drei Jahren gelöscht und von den Gläubiger*innen erneut verlangt werden können. Die Anzahl der Neueintragungen in das Schuldner*innenverzeichnis sagt somit nichts darüber aus, wie viele Personen erstmals zur Vermögensauskunft gezwungen wurden. Diese Zahl gibt lediglich Auskunft darüber, wie häufig dieses spezifische Zwangsvollstreckungsinstrument innerhalb eines Jahres zur Anwendung kam.

Ebenso schwankend ist die jährliche Anzahl der Haftbefehle zur Abgabe des Vermögensverzeichnisses. Ein Haftbefehl zur Erzwingung der Abgabe eines Vermögensverzeichnisses kann von den Gläubiger*innen dann beantragt werden, wenn die verschuldete Person deren Abgabe verweigert. Dies wurde im Jahr 2018 insgesamt 723.136 Mal beantragt. Der Höchstwert der beantragten Haftbefehle in den vergangenen fünf Jahren wurde im Jahr 2014 mit 787.511 erreicht (ebd.: Rz. 13).

(g) Verbraucher*inneninsolvenzverfahren

Beim Verbraucher*inneninsolvenzverfahren handelt es sich um ein gerichtliches Verfahren zur Befreiung von den bestehenden Schuldverpflichtungen, die aufgrund der wirtschaftlichen Situation des*der Schuldner*in und nicht auf der Grundlage eines Rückzahlungsplanes und des Einverständnisses des*der Gläubiger*in erteilt wird. Die in Deutschland bei den Amtsgerichten geführten Verfah-

---

27 Vergleichbare Zahlen zu den Eintragungen in das Schuldner*innenverzeichnis und beantragte Haftbefehle sind aufgrund einer Gesetzesänderung erst ab dem Jahr 2014 verfügbar.

ren sind seit einigen Jahren rückläufig. In den Jahren 2014 bis 2019 haben insgesamt rund 550.000 Personen einen Verbraucher*inneninsolvenzantrag in Deutschland gestellt. Im Jahr 2018 waren es 77.702 Anträge (ebd.: Rz. 20). Dies liegt neben der geringen Arbeitslosigkeit der vergangenen Jahre, die den verschuldeten Haushalten eine verlässlichere Schuldentilgung ermöglichte als in den Jahren hoher Arbeitslosigkeit. Die rückläufigen Fallzahlen sind aber auch mit der Verkürzung der Verfahrensdauer der ab dem 1.10.2020 neu eingereichten Verfahren von sechs auf drei Jahre zu erklären[28].

In die Überlegungen von Korczak, wieviel Personen und Haushalte von Verschuldung betroffen sind, werden noch weitere Indikatoren wie die Anzahl von Wohngeldempfänger*innen, Nutzer*innen der Tafelläden oder die Anzahl obdachloser Menschen einbezogen. So kommt die Studie zum Ergebnis, dass auf der Grundlage von Zahlen zu Konsumkrediten und Zahlungsstörungen, Mietschulden, der Anzahl wohnungsloser Menschen, der Anzahl gerichtlicher Mahnverfahren und beantragter Vermögensverzeichnisse das Ausmaß von Verschuldung berechnet werden kann. Entsprechend diesen Überlegungen und Berechnungen sind in Deutschland zwischen 6.2 und 7.8 Mio. Personen überschuldet (vgl. Korczak et al. 2021: 14).

Zwischenfazit

Das quantitative Ausmaß der privaten Verschuldung lässt sich anhand der verfügbaren Kennzahlen und wissenschaftlichen Befunde nur schwer einschätzen und es ist nicht eindeutig zu erkennen, ob und wie stark die Verschuldung von Privatpersonen und Privathaushalten tatsächlich zunimmt. Die Veränderungen bei den Zahlen der gerichtlichen Mahnverfahren, der Schuldner*innenverzeichnisse und der Haftbefehle zur Abgabe eines Vermögensverzeichnisses weisen darauf hin, dass das Zwangsvollstreckungsverhalten der Gläubiger*innen von Jahr zu Jahr sehr unterschiedlich ausfällt. Dies kann eine Resonanz darauf sein, dass Privathaushalte wegen geringer oder sinkender Arbeitslosigkeit weniger oft Zahlungsverzug auf Forderungen verursachen als in Zeiten hoher Arbeitslosigkeit. Es stellt sich aber auch die Frage, ob sich hier nicht eine Verschiebung der Verschuldung von Banken und Finanzdienstleistungsunternehmen hin zur Verschuldung bei öffentlichen Institutionen wie die der Jobcenter, gesetzlichen Krankenkassen, Sozialämter oder Steuerverwaltungen abzeichnet. Deren Zwangsvollstreckungsmaßnahmen sind, wegen ihrer juristischen Eigenart als öffentlich-rechtliche Forderungen und anderer Vollstreckungswege nicht in den Statistiken der Justiz enthalten. Statistiken zum Ausmaß ausstehender öffentlich-rechtlicher Ansprüche gegenüber Privathaushalten stehen nicht zur Verfügung.

---

28 Deutscher Bundestag, Gesetzesänderung vom 17.12.2020.

6.2 Die Ratsuchenden der Schuldenberatungsstellen

Bevor nachfolgend die Personen- und Haushaltsgruppen beschrieben werden, die sich bei spezialisierten Schuldenberatungsstellen beraten lassen, sei auf die eingeschränkte Aussagekraft dieser Informationen für die Gesamtbevölkerung hingewiesen. Je nach öffentlichem Auftrag der Beratungsstellen definieren diese Kriterien, welchen Personen und Haushalten das Beratungsangebot zur Verfügung gestellt werden soll und welchen nicht. Dabei spielen sozialpolitische Zusammenhänge eine zentrale Rolle. Gilt Verschuldung als Sachverhalt, der Armut und Arbeitslosigkeit mit bedingt und daher bekämpft werden soll? Oder gilt aus sozialpolitischer Sicht überhöhte Verschuldung als Problem von Personen und Haushalten, die nur vorübergehend oder wegen fehlenden Finanzwissens technische Unterstützung brauchen, wie sie mit ihren Schulden umgehen sollen? So ist davon auszugehen, dass in Deutschland und Österreich, wo seit einigen Jahren sozialrechtlich eine enge Verknüpfung von Armutsbekämpfung und Schuldenberatung besteht und Betroffene vor allem im Falle drohender oder eingetretener Arbeitslosigkeit mit hoher Priorität in die Schuldenberatung vermittelt werden, auch sehr oft solche Personen unter den Ratsuchenden von Schuldenberatungsstellen zu finden sind. In der Schweiz dagegen, in der eine tradierte Distanz von Armut, Arbeitslosigkeit und Verschuldung von den spezialisierten Beratungsfachkräften aufrechterhalten wird, sind nahezu keine Personen im Sozialhilfe- oder Arbeitslosengeldbezug in den Schuldenberatungsstellen zu finden (Mattes et al. 2021: im Erscheinen).

Kritisch betrachtet könnte gesagt werden, dass Zahlen der Schuldenberatungsstellen über ihre Klient*innen nicht das gesellschaftliche Ausmaß oder die Ausprägung von Verschuldung wiedergeben, sondern lediglich die ideologiegeleitete Ausgrenzung bestimmter Verschuldungsbetroffener abbildet.

> Statistiken von Schuldenberatungsstellen sagen lediglich etwas darüber aus, wie das Problem der Verschuldung von Privatpersonen und Haushalten im Beratungsalltag repräsentiert ist: Welche Betroffenengruppen werden beraten und welche Gläubiger*innenkonstellationen und Gesamtverschuldung sind bei diesen Betroffenengruppen vorzufinden. Ein repräsentatives Gesamtbild der Verschuldung kann auch über eine solche Betrachtung nicht hergestellt werden.

Zu den Klient*innen von Schuldenberatungsstellen werden in Deutschland inzwischen zwei Erhebungen regelmäßig durchgeführt, auf die nachfolgend eingegangen wird. Die Schuldenberatung Österreich weist die Zusammensetzung ihrer beratenen Personen und Haushalte anhand ihrer Falldokumentation in ihrem Jahresbericht aus (vgl. ASB Schuldnerberatungen GmbH 2020: 13). Zu den Beratungsstellen in der Schweiz existieren aktuell keine Zahlen.

Bei den beiden Erhebungen zur Schuldenberatung in Deutschland handelt es sich um Daten, die vom Statistischen Bundesamt (Destatis) und vom Institut für

Finanzdienstleistung (IFF) unabhängig voneinander erhoben werden. Nach Angaben des Statistischen Bundesamtes nahmen an deren Destatis-Erhebung im Jahr 2019 insgesamt 577 der rund 1.450 Schuldenberatungsstellen teil. Über deren Falldokumentationen wurden Daten zu 142.000 Personen bereitgestellt. Die Daten der im jährlich erscheinenden IFF-Überschuldungsreport veröffentlichen Befund beruhen auf der Auswertung von Falldokumentationen der Schuldenberatungs-Software CAWIN. Hier liegen für das Jahr 2019 insgesamt Daten zu 17.101 Haushalten vor, wobei diese zu 7.745 Haushalten Informationen zu Ver- und Überschuldung enthalten (vgl. Peters/Größl 2020: 17)[29]. Teilweise ergeben sich deutliche Abweichungen zwischen den beiden Studien. Nachfolgend wird primär mit den Daten des Statistischen Bundesamts argumentiert, da dieser auf einem deutlich größeren Sample beruhen. An den Stellen, an denen der IFF-Überschuldungsreport zusätzliche Daten mit einbezieht und weitreichendere Schlüsse ableitet, werden diese ebenfalls dargelegt.

6.2.1 Alter und altersspezifischer Verschuldungsumfang

Nach den Berechnungen des Statistischen Bundesamtes wurden im Jahr 2019 insgesamt 582.239 Personen beraten, wobei vor allem Einpersonenhaushalte (265.160 Personen) und unter Ihnen alleinstehende Männer (169.578 Personen) die größten Personengruppen darstellten. Die durchschnittliche Verschuldung belief sich auf 28.244 Euro. Bei den Altersgruppen ist festzustellen, dass die Ratsuchenden im Alter von 25 bis 35 Jahren am häufigsten (26.3 %) und die Gruppe der 35- bis 45-jährigen Personen am zweithäufigsten (25.5 %) vertreten war. Was die durchschnittliche Verschuldung anbelangt, so ist bei älteren Klient*innen eine deutlich höhere Verschuldung festzustellen als bei jüngeren. Verschuldung im Alter scheint in der Schuldenberatung durchaus ein Thema zu sein (▶ Abb. 3).

Laut den Berechnungen des Instituts für Finanzdienstleistung ist, unter Berücksichtigung der Verbraucherpreisentwicklung in Deutschland, die Verschuldung (Median) der Klient*innen bereits seit zehn Jahren rückläufig. Allerdings geht der IFF-Überschuldungsreport insgesamt von einer deutlich geringeren Verschuldung der Klient*innen der Schuldenberatung aus (vgl. Peters/Größl 2020: 24).

Verbunden mit der Frage, inwiefern die ratsuchenden Haushalte von Armut betroffen sind, ist auch der Erwerbsstatus der Klient*innen. Hier zeigt sich, dass Arbeitslosigkeit bei den verschuldeten Ratsuchenden sehr häufig vorzufinden ist.

Die Schuldenberatungsstellen werden vor allem von arbeitslosen Ratsuchenden (43.6 %)[30] und von Personen in einem festen Beschäftigungsverhältnis (35.4 %)[31] aufgesucht. Lediglich ein Prozent war im Jahr 2019 selbständig und 20 % anderweitig nicht erwerbstätig. 53.1 % verfügten über eine abgeschlossene

---

29 Aktuelle Ausgaben des jährlichen IFF-Überschuldungsreport: www.iff-hamburg.de.
30 Die durchschnittliche Arbeitslosenquote im Jahr 2019 in Deutschland lag bei 5 %: www.arbeitsagentur.de.
31 Die Erwerbsbeteiligung der Bevölkerung im Jahr 2019 in Deutschland lag bei 46.5 %: www.destatis.de.

6.2 Die Ratsuchenden der Schuldenberatungsstellen

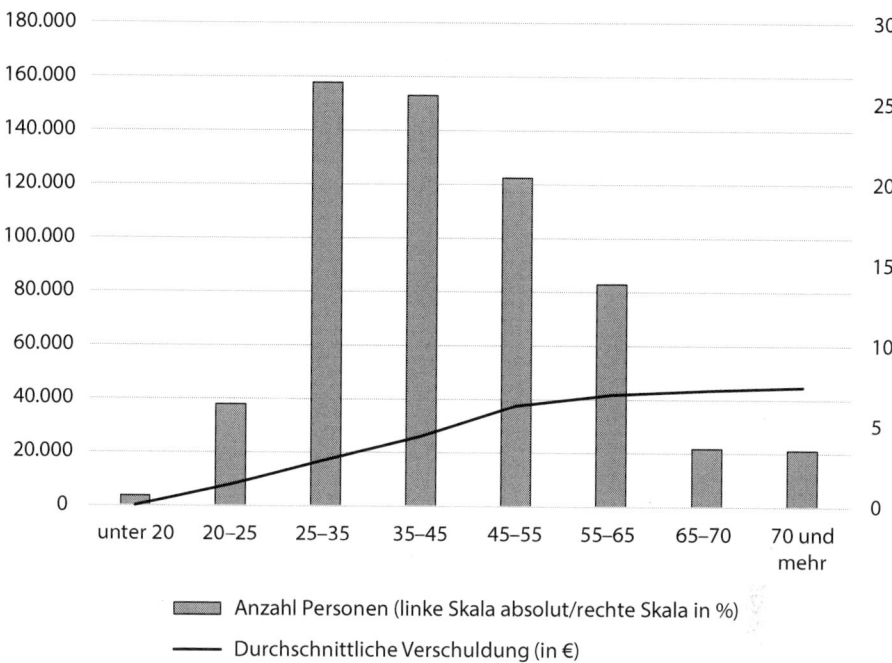

Abb. 3: Altersklassen und deren durchschnittliche Verschuldung (Daten: Statistisches Bundesamt Destatis 2020: Tab. 1 und 2.1)

Berufsausbildung bzw. eine Hochschulausbildung, 44.3 % verfügten über keine abgeschlossene Berufsausbildung oder ein abgeschlossenes Studium. 2.7 % befanden sich zum Zeitpunkt der Beratung in einer Berufsausbildung oder in einem Studium (Statistisches Bundesamt Destatis 2020: Tab. 2.1).

6.2.2 Gläubiger*innenanzahl und Verschuldungsumfang

Zwei für den Verlauf einer Schuldenberatung zentrale Parameter sind die Anzahl der Gläubiger*innen einer ratsuchenden Person und die Gesamtsumme der Schuldverpflichtungen. Aus den Daten des Statistischen Bundesamts geht hervor, wie sich bei der Kohorte der Ratsuchenden die Gläubiger*innenanzahl und die Gesamtverschuldung zeigt (▶ Abb. 4).

In der Schuldenberatung sind sehr häufig solche Personen zu finden, die gegenüber 20 und mehr Gläubiger*innen verschuldet sind (40.2 %). Am zweithäufigsten ist die Gruppe der Ratsuchenden, die fünf bis neun offene Forderungen aufweisen (25.2 %). Was die Höhe der durchschnittlichen Verschuldung anbelangt, so zeigt sich entlang der steigenden Gläubiger*innenanzahl auch ein kontinuierlicher Anstieg der Schuldverpflichtungen. Je größer die Anzahl Gläubiger*innen eines Falles ist, umso höher fällt auch die durchschnittliche Gesamtverschuldung aus.

6 Ausgewählte Kennzahlen und Befunde zu Verschuldung

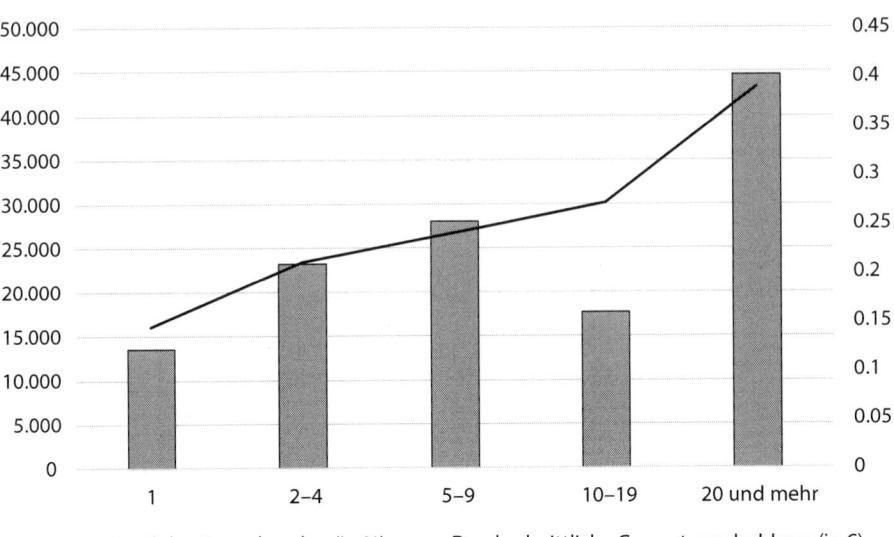

Abb. 4: Anzahl Gläubiger*innen mit durchschnittlicher Verschuldungshöhe (Daten: Statistisches Bundesamt Destatis 2020: Tab. 4.1 und 4.2)

6.2.3 Gläubigerkategorien und durchschnittliche Forderungshöhe

Gegenüber welchen Gläubiger*innen die Ratsuchenden der Schuldenberatung verschuldet sind, geht aus der nachfolgenden Tabelle hervor (▶ Tab. 4). Sie bildet die einzelnen Gläubiger*innenkategorien, die prozentualen Vorkommnisse und die durchschnittliche Forderungshöhe bezogen auf alle erfassten Fälle ab. Schließlich ist auch dargestellt, in welcher durchschnittlichen Höhe die jeweiligen Forderungen in den Fällen vorzufinden sind, in denen die Gläubiger*innenkategorie vertreten ist.

Die Relevanz einzelner Gläubiger*innenkategorien ergibt sich einerseits aus der Häufigkeit, wie oft bzw. in wie vielen Beratungsfällen diese in Erscheinung treten. Andererseits ist die durchschnittliche Forderungshöhe der einzelnen Gläubiger*innengruppen für die Bewältigung der Verschuldungssituation und der Suche nach einer Lösung relevant. So sind zum Beispiel Ratenkredite nur in rund einem Drittel der Fälle vorhanden. Wenn aber solche Forderungen bestehen, belaufen sie sich über einen beträchtlichen Umfang von durchschnittlich 22.356 Euro.

Erstaunlich ist auch, dass der Anteil und das Ausmaß öffentlicher Forderungen, also die Finanzämter und sonstige öffentliche Gläubiger*innen, in den Portfolios verschuldeter Haushalte sehr hoch ist. Die Finanzämter sind zwar nur in 8.2 % der Fälle an der Verschuldung beteiligt, machen aber durchschnittlich Steuerschulden im Umfang von 17.014 Euro geltend. Die sonstigen öffentlich-rechtlichen Forderungen sind in 56.1 % der Fälle vertreten und fallen weiter

6.2 Die Ratsuchenden der Schuldenberatungsstellen

Tab. 4: Gläubiger*innenstruktur und durchschnittliche Forderungshöhe

Gläubiger*innenkategorien	Anteil an den beratenen Personen in %	Durchschnittliche Höhe nach Gläubiger*in in Euro	Durchschnittliche Höhe nur bei den betroffenen Personen in Euro
Ratenkredite	33.2	7.414	22.356
Dispositionsrahmenkredit	28.1	1.662	5.908
Hypothekenkredit	3.0	2.581	87.471
Versicherungen	32.1	810	2.521
Versandhäuser	26.7	515	1.929
Inkassobüros (gekaufte Forderungen)	24.6	1749	7.098
Finanzamt	8.2	1.393	17.014
sonstige öffentliche Gläubiger*innen	56.1	2.472	4.409
Energieunternehmen	25.8	411	1.597
Telekommunikationsunternehmen	48.2	1.144	2.374
Vermieter*innen	20.9	878	4.189
Gewerbetreibende	33.0	1.125	3.413
Freie Beruf	14.4	252	1.748
Privatpersonen	5.7	567	9.956
Forderungen aus unerlaubten Handlungen	8.2	260	3.170
Forderungen aus Unterhaltsverpflichtungen	5.2	444	8.385
Sonstiges	39.0	4.566	11.717

(Daten: Statistisches Bundesamt Destatis 2020: Tab. 5.1–5.3)

stark ins Gewicht. Zwar wirkt ihre durchschnittliche Forderungshöhe mit 4.409 Euro vergleichsweise gering, doch markieren sie die zentrale Rolle des Staates als Gläubiger. So verbergen sich dahinter unterschiedlichste Forderungen, von Bußgeldern, Müllgebühren oder auch Rundfunkbeiträgen bis hin zu Rückforderungen von Sozialleistungen. Dadurch relativiert sich die Rolle der Konsum- und Kreditwirtschaft in der gesamten Thematik der Verschuldung der Privathaushalte in Deutschland.

6.2.4 Einkommens und Verschuldungsstruktur

Die Höhe des Verschuldungsumfangs hängt nicht nur von der Anzahl der Gläubiger*innen, sondern auch vom Einkommen der ratsuchenden Haushalte ab. Je höher das Einkommen, umso mehr Schuldverpflichtungen sind im Einzelfall oder innerhalb eines Haushalts vorzufinden. Der Großteil der ratsuchenden Haushalte gehört zu den unteren Einkommenskategorien bis hin zum Bezug von Sozialleistungen. Sie haben, verglichen mit den wenigen gut- bzw. besserverdienenden Klient*innen, geringere Schuldsummen zu bewältigen.

Das nachfolgende Schaubild verdeutlicht, wie sich die Höhe des Haushaltseinkommens zur Verschuldungshöhe der ratsuchenden Haushalte zeigt (▶ Abb. 5).

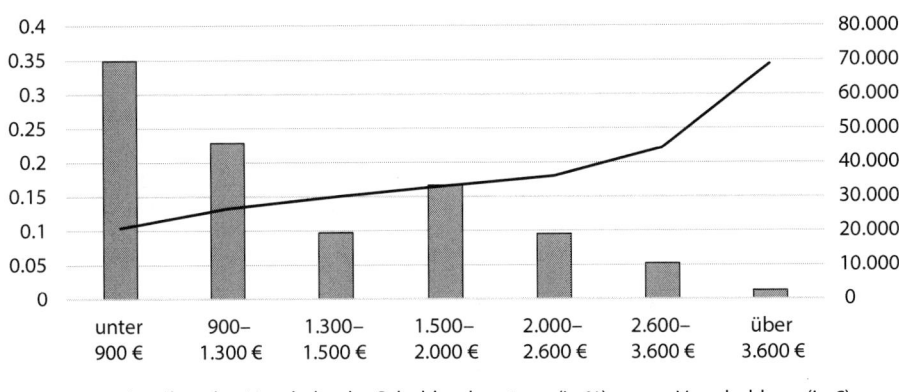

Abb. 5: Einkommens- und Verschuldungshöhe der ratsuchenden Haushalte (Daten: Statistisches Bundesamt Destatis 2020: Tab. 6.1 und 6.2)

Damit sich Personen und Haushalte verschulden können, ist entsprechendes Einkommen notwendig, um überhaupt Zugang zu umfassender Verschuldung insbesondere von Banken und Finanzdienstleistungsunternehmen zu bekommen. Das heißt, durch das Begründen von Schuldverpflichtungen wird das zu erwartende Einkommen antizipiert. Ungeachtet dessen, dass mit steigendem Netto- oder Haushaltsnettoeinkommen die Schuldverpflichtungen zunehmen, sind es jedoch vor allem Personen und Haushalte der unteren Einkommensgruppen, die die Schuldenberatung aufsuchen.

Das Institut für Finanzdienstleistungen kommt in seinen Berechnungen auf ein durchschnittliches Haushaltseinkommen der Ratsuchenden von 1.063,75 Euro. Da dieser Wert jedoch nicht in Zusammenhang mit der Haushaltsgröße, also der Anzahl der Haushaltsmitglieder, die von diesem Einkommen ihren Lebensunterhalt bestreiten müssen, gebracht werden kann, ermitteln die Autoren des IFF-Überschuldungsreports das mittlere Nettoäquivalenzeinkommen nach Einkommensklassen[32]. Dieses beträgt im Berichtsjahr für die Klient*innen der Schuldenberatung rechnerisch 782,60 Euro pro Person und lässt den Befund zu, dass der

Großteil der Ratsuchenden in Schuldenberatungsstellen armutsbetroffen oder armutsgefährdet sind (vgl. Peters/Größl 2020: 34).

6.3 Armut und Verschuldung in der Schweiz

Im Rahmen einer Nationalfondsstudie wird in der Schweiz im Zeitraum von 2018 bis 2021 der Zusammenhang von Verschuldung und Armut, genauer gesagt von Verschuldung und Sozialhilfebezug untersucht. Dazu werden schweizweit alle Personen befragt, die in einem dreimonatigen Erhebungszeitraum einen Antrag auf Sozialhilfe gestellt haben. Mittels einer standardisierten Befragung werden alle Personen der teilnehmenden Sozialdienste bei Abgabe ihres Antrags auf wirtschaftliche Unterstützung zu ihren offenen Zahlungsverpflichtungen und zu den Betreibungs- und Pfändungsaktivitäten ihrer Gläubiger*innen befragt. In einer anschließenden schriftlichen Befragung werden Daten zu den Lebenslagendimensionen nach Weisser erhoben (Weisser 1957). Ergänzend zur quantitativen Befragung findet eine qualitative Fallanalyse statt, bei der aufbauend auf einer Aktenanalyse die sozialhilfebeziehenden Personen sowie die zuständigen Sozialdienstmitarbeitenden befragt werden[33].

Für die Studie wurden in einem ersten Schritt alle der rund 1.400 Sozialdienste der Schweiz für die Befragung ihrer Klient*innen angeschrieben. Insgesamt 137 Sozialdienste erklärten sich bereit, an der Datenerhebung mitwirken. Im Kreis der teilnehmenden Sozialdienste sind alle 26 Kantone vertreten, ebenso repräsentieren sie mit der deutschsprachigen, französischsprachigen und italienischsprachigen alle drei Sprachregionen der Schweiz. In der Stichprobe nicht enthalten sind jedoch Personen und Haushalte, die zwar Anspruch auf finanzielle Unterstützung der Sozialhilfe hätten, diesen aber nicht geltend machen. Von der Erhebung ausgeschlossen waren Personen, die sich im Erhebungszeitraum in einem laufenden Asylverfahren befanden. Dies ist der Unterschiedlichkeit der kantonalen Sozialhilferegelungen für Menschen im Asylverfahren geschuldet.

Im Erhebungszeitraum von April bis Juni 2019 konnten insgesamt 1.080 Personen mündlich und davon 524 Personen schriftlich befragt werden.

---

32 Das Nettoäquivalenzeinkommen ist das Haushaltsnettoeinkommen, dividiert durch einen Divisor, der sich aus den Gewichten der im Haushalt lebenden Personen ergibt. Dieser Divisor wird gemäß der sogenannten modifizierten OECD-Skala berechnet, wobei der ersten erwachsenen Person im Haushalt das Gewicht 1,0 zugeteilt wird, jeder weiteren Person ab 14 Jahren jeweils das Gewicht 0,5 und Kindern unter 14 Jahren das Gewicht 0,3.

33 Veröffentlichung der Ergebnisse der SNF-Studie »In der Sozialhilfe verfangen – Hilfeprozesse bei Armut, Schulden und Sozialhilfe« (2018–2021), siehe www.forum-schulden.ch.

6.3.1 Dauer der finanziellen Schwierigkeiten

Das Forschungsdesign ermöglicht es aus den erhobenen Daten sowohl Aussagen zu verschuldeten als auch nicht verschulden Personen zu treffen, die einen Sozialhilfeantrag stellen. Interessant scheint hier, dass sich die beiden Gruppen hinsichtlich der Dauer der finanziellen Notlage (▶ Abb. 6), weshalb sie finanzielle Unterstützung beantragen, deutlich unterscheiden.

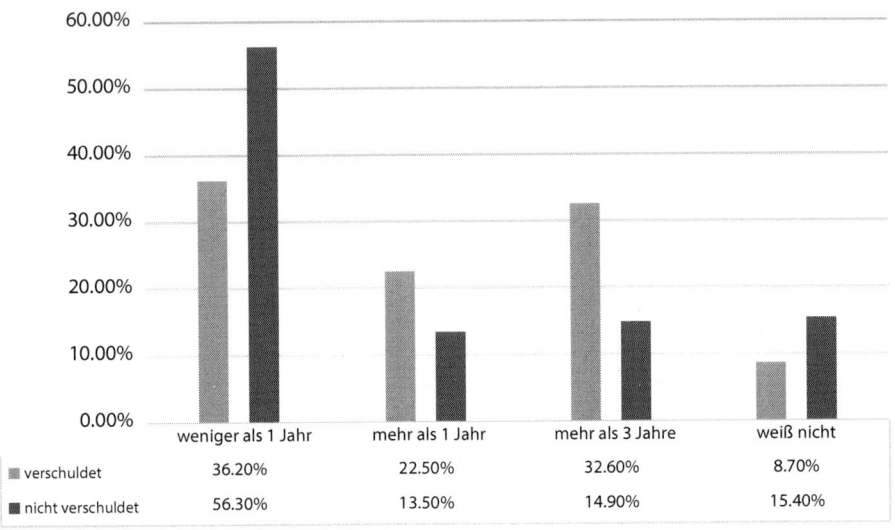

Abb. 6: Dauer der finanziellen Notlage (Daten: SNF-Studie »In der Sozialhilfe verfangen«: Frage B 3.4.1)

Bei den Personen, die im ersten Jahr und somit sehr schnell in einer finanziellen Notlage einen Sozialhilfeantrag stellen, überwiegt der Anteil der nicht verschuldeten (56.3 %) gegenüber den verschuldeten (36.2 %) Hilfesuchenden deutlich. In der Gruppe der Antragstellenden, die innerhalb der zweiten folgenden Jahre der Notlage finanzielle Hilfe suchen, liegt der Anteil der verschuldeten antragstellenden Personen mit 22.5 % bereits über dem der nicht Verschuldeten (13.5 %). Bei den Personen, die angeben, dass die finanzielle Notsituation schon seit über drei Jahren besteht, ist der Anteil der Verschuldeten mit 32.6 % mehr als doppelt so hoch, als bei den nicht verschuldeten Antragstellenden (14.9 %). Daraus lässt sich schließen, dass in finanziellen Notlagen, die von Verschuldung mitgeprägt sind, die Betroffenen oft erst später finanzielle Hilfe beantragen als Personen ohne Schuldverpflichtungen.

Bei der Personengruppe, die wiederholt einen Antrag auf Sozialhilfe stellen, ist vergleichsweise häufiger ein Verschuldungshintergrund festzustellen als bei erstmals beim Sozialamt anfragenden Menschen. So geben 68.5 % der Hilfesuchenden, die früher schon einmal einen Antrag auf finanzielle Unterstützung gestellt haben, an, verschuldet zu sein. Von den Personen, die angeben verschuldet zu sein, beantragten 34.7 % wiederholt Sozialhilfe. Verschuldete Haushalte stellen nicht nur tendenziell später einen Hilfeantrag, sie müssen dies teilweise mehrfach tun, bis sie sich nachhaltig vom Hilfebezug ablösen können. Deren Bewältigung von Armut und die Ablösung vom Sozialhilfebezug scheint deutlich erschwert zu sein.

6.3.2 Verschuldung und Zahlungsrückstände

Von den insgesamt 1.080 befragten Personen geben 651 (60.3 %) an, Schulden zu haben. 419 (38.8 %) der befragten Personen geben dagegen an, schuldenfrei zu sein. Zehn Befragte (9 %) können keine konkrete Aussage zu dieser Frage treffen.

Bei der Erhebung von Verschuldung ist eine Abgrenzung von Schuldverpflichtungen und Zahlungsrückständen nur schwer möglich. Zahlungsrückstände sind offene Forderungen und Rechnungen, die jedoch zur Existenzsicherung beglichen werden müssen. Sie sind nicht frei von negativen Folgen für die Lebenssituation der Betroffenen und können insbesondere zum Verlust der Wohnung, einer Energieliefersperre oder zu einem eingeschränkten Krankenversicherungsschutz führen (vgl. Schnorr/Mattes 2019: 24). Eine weitere empirisch schwer zu erhebende Dimension der Verschuldung ist die der offenen Rechnungen. Das heißt, solche Forderungen, die erst vor kurzer Zeit begründet wurden und die in der Absicht der zahlungssäumigen Person auch noch bezahlt werden sollen. Beispiele hierfür sind Arztrechnungen, Geldstrafen oder Unterhaltszahlungen. Diese beiden Schuldenarten wurden über die Kategorie »offene Rechnungen« abgefragt.

Das nachfolgende Schaubild zeigt auf (▶ Abb. 7), gegenüber welchen Gläubiger*innen die Studienteilnehmenden Schulden bzw. offene Rechnungen aufweisen. Die Grafik bezieht sich auf die Personen die angaben, verschuldet zu sein und offene Rechnungen zu haben, sowie nicht verschuldet zu sein, aber offene Rechnungen zu haben.

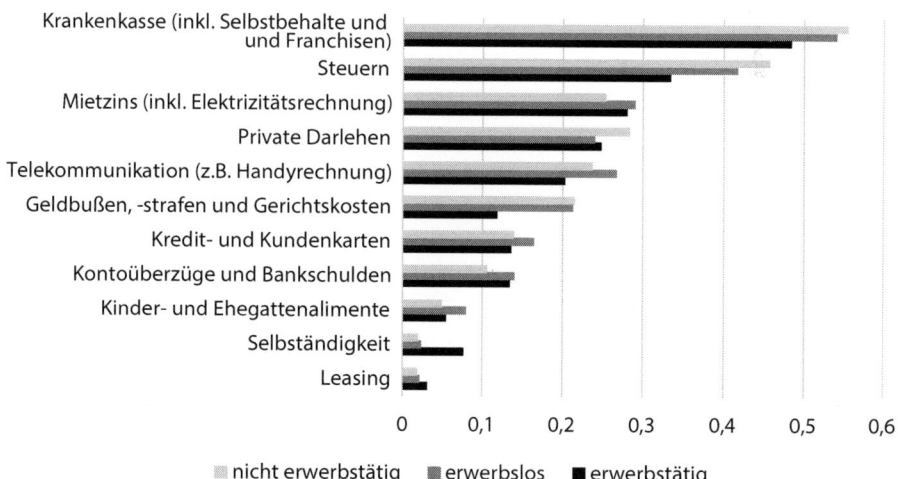

Abb. 7: Offene Rechnungen und Schulden (Daten: SNF-Studie »In der Sozialhilfe verfangen«: Frage A 1.2)

Aus dem Ergebnis wird deutlich, dass selbst bei denjenigen Personen, die sich als schuldenfrei bezeichnen, offene Rechnungen vorhanden sind. Hierzu sind zwei Erklärungsansätze denkbar. Zum einen dürfte der Alltag armutsbetroffener Haushalte sehr stark von der Frage geprägt sein, wie die Bezahlung der laufenden Ausgaben und zusätzlich geplanter oder unvorhergesehener Ausgaben sichergestellt werden kann. Es ist somit bei armutsbetroffenen Haushalten von einem basalen Phänomen offener Rechnungen und Zahlungsrückstände auszugehen, ohne dass sich diese als verschuldet bezeichnen. Um schon etwas ältere Rechnungen bezahlen zu können, die bereits überfällig sind und von den Gläubiger*innen gemahnt werden, bleiben neuere Rechnungen erst einmal zur Zahlung offen, bis auch diese Zahlungserinnerungen auslösen. Ein zweiter Erklärungsansatz beruht möglicherweise auf der Besonderheit der Sozialhilfe und dem Umstand, das die Studienteilnehmenden weitgehend alle aus akuten Gründen um finanzielle Unterstützung zur Existenzsicherung bitten. Zur Existenzsicherung ist es den Sozialdiensten in Ausnahmefällen möglich, offene Rechnungen zu übernehmen. Allerdings sind hier die sozialhilferechtlichen Spielräume und Möglichkeiten deutlich geringer, als es sich die Hilfesuchenden möglicherweise erhoffen.

Die Tragweite offener Rechnungen und Zahlungsrückstände auf die Eigenverantwortung der armutsbetroffenen Personen und Haushalte wird deutlich, wenn der Unterschied in der Möglichkeit, kurzfristig auftretende Ausgaben bewältigen zu können, betrachtet wird. Auf die Frage, ob heute eine plötzlich auftretende Rechnung über 500 Franken aus den Rücklagen des Haushalts bezahlt werden könnte, ergibt sich ein deutlicher Unterschied zwischen verschuldeten und nicht verschuldeten Personen (▶ Tab. 5).

Tab. 5: Die 500-Franken-Frage

		Rechnung 500 Franken bezahlen		
		nein	ja	Gesamt
Verschuldungssituation	nein Anzahl	162	37	199
		79.0 %	18.0 %	
	ja Anzahl	281	5	286
		94.9 %	1.7 %	
Gesamt		443	42	485

(Quelle: SNF-Studie »In der Sozialhilfe verfangen«: Frage B 3.3-2)

Erwartungsgemäß fällt hier der Wert, eine überraschend auftretende Rechnung von 500 Franken bezahlen zu können, gering aus. Lediglich 18 % der Personen, die einen Sozialhilfeantrag stellen und nicht verschuldet sind, sind dazu in der Lage. Noch geringer fällt dieser Wert mit 1.7 % bei verschuldeten Antragsstellenden aus. Dies erklärt zum einen, dass Verschuldungsbetroffene immer weiter neue

Schuldverpflichtungen eingehen müssen, sofern im Alltag unvorhergesehene Situationen zu bewältigen sind, zum anderen verdeutlich der Befund, dass die Spielräume verschuldeter armutsbetroffener Haushalte nochmals deutlich geringer sind als die der nicht verschuldeten Haushalte. So wird den Personen und Haushalten, die einen Sozialhilfeantrag stellen, nach den Sozialhilferichtlinien[34] ein Vermögensfreibetrag für außerplanmäßige Gegebenheiten bis 4.000 Franken für Einzelpersonen bis 8.000 Franken für Ehepaare und bis 2.000 Franken pro Kind, höchstens jedoch 10.000 Franken pro Haushalt, zugestanden (vgl. Schweizer Konferenz für Sozialhilfe 2005: Kap. E1, ab 2021 Kap. D.3.1)[35]. Pfändungsrechtlich sind solche Spielräume für verschuldete Personen jedoch nicht vorgesehen, weshalb sie je nach Fallkonstellation und Situation unter dem sozialhilferechtlichen Existenzminimum leben müssen.

6.3.3 Bisherige Strategien zur Verbesserung der Situation

Um in Erfahrung zu bringen, inwiefern antragstellende Klient*innen der Sozialhilfe versucht haben ihre wirtschaftliche Situation zu verbessern, wurde anhand eines Fragekatalogs mögliche Strategien zur Verbesserung der finanziellen Spielräume in den sechs Monaten vor Antragstellung abgefragt (▶ Abb. 8).

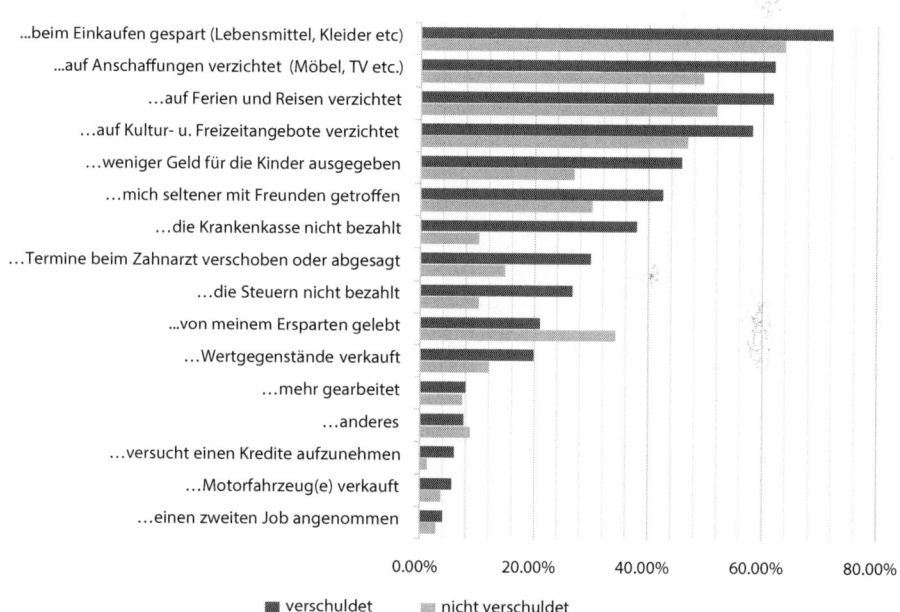

Abb. 8: Strategien zur Vergrößerung finanzieller Spielräume (Daten: SNF-Studie »In der Sozialhilfe verfangen«: Frage B 3.5)

---

34 Sozialhilferichtlinien der Schweizer Konferenz für Sozialhilfe (SKOS): www.skos.ch.
35 Schonvermögen in Deutschland ist in § 12 SGB II geregelt. Die Höhe ist abhängig vom Lebensalter der anspruchsberechtigten Person und beträgt max. 9.750 bzw. 10.050 Euro. Der Grundfreibetrag für Minderjährige liegt bei 3.100 Euro.

6 Ausgewählte Kennzahlen und Befunde zu Verschuldung

Nicht verschuldete Haushalte bewältigen die finanziell angespannte Situation gegenüber verschuldeten Haushalten deutlich häufiger durch das Aufbrauchen von Sparguthaben und Vermögen. Ein Ergebnis, das mit Hinblick auf die Pfändbarkeit von Sparguthaben und Vermögen nicht überrascht. Diese dürften längst gepfändet sein, bevor sie von den Verschuldungsbetroffenen zur Existenzsicherung verwendet werden können. Deutlich erkennbar sind aber Einsparentscheidungen, die bei verschuldeten Haushalten deutlich häufiger angewendet werden als bei nicht verschuldeten Haushalten: das nicht Bezahlen von Steuern und Krankenversicherungsbeiträgen. Ein deutlich erkennbarer Unterschied in der Häufigkeit der getroffenen Maßnahmen ist auch bei Zahnarztbesuchen zu erkennen. Hier geben verschuldete Personen deutlich häufiger an Termine nicht wahrzunehmen. Weniger Geld für die Kinder auszugeben oder sich seltener mit Freund*innen zu treffen, zählt ebenfalls zu den zentralen Bewältigungsstrategien verschuldeter Personen und Familien der letzten sechs Monate vor dem Sozialhilfebezug.

6.3.4 Verschuldung und Gesundheit

Aus der Kontrastierung nicht verschuldeter und verschuldeter sozialhilfebedürftiger Personen sind auch Auswirkungen von Schulden auf das Gesundheitsempfinden zu erkennen. Auch wenn aus den Daten nicht hervorgeht, ob bei den befragten Personen, die angeben verschuldet zu sein, auch objektiv stärkere gesundheitliche Beeinträchtigungen bestehen, zeichnet sich aus subjektiver Sicht ein eindeutiges Bild. Auf die Frage »Ich fühle mich gesund« antworteten die Studienteilnehmenden wie folgt (▶ Abb. 9).

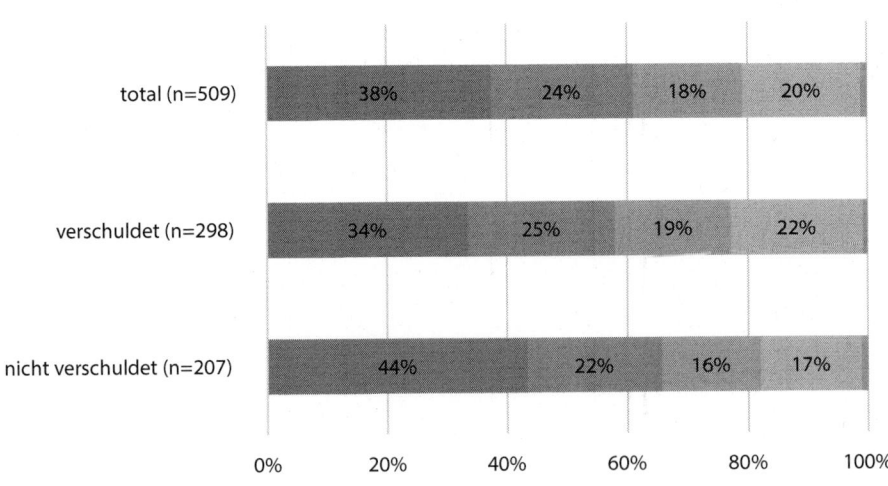

Abb. 9: Subjektives Gesundheitsempfinden (Daten: SNF-Studie »In der Sozialhilfe verfangen«: Frage B 4.5-2)

6.3 Armut und Verschuldung in der Schweiz

Von den Befragten mit Schulden schätzen sich deutlich weniger als gesund ein (34 %) als die nicht verschuldete Befragten (44 %). Der Anteil der Personen, die die Frage »Ich fühle mich gesund« mit nein beantworten, war bei den verschuldeten Personen um drei Prozentpunkte höher als bei den nicht verschuldeten Personen. Allerdings war auch der Anteil der Verschuldeten in der Antwortkategorie »Ich fühle mich eher gesund« ebenfalls um drei Prozentpunkte höher.

Insgesamt ist der Anteil der Befragten, die ihre aktuelle wirtschaftliche Situation unter anderem mit einer Verschlechterung der gesundheitlichen Situation in Zusammenhang bringen, beträchtlich. Auch hier zeigt sich ein Zusammenhang mit dem Umstand bestehender Schulden. Von den nicht verschuldeten Befragten geben 19 % an, dass ihre wirtschaftliche Notlage mit einer verschlechterten Gesundheitssituation zusammenhängt. Zu dieser Einschätzung kommen bei den verschuldeten Befragten dagegen 29 % (ebd.: Frage B 4.7-6).

6.3.5 Subjektive Bewältigung

Was die Bewältigung des Alltags anbelangt, zeigt sich, dass verschuldete Personen eine gesunde Lebensführung häufiger als schwierig einschätzen als nicht verschuldete Personen. Der Frage »Mit wenig Geld ist es schwierig, ein gesundes Leben zu führen« stimmten mit 52 % der verschuldeten Befragten deutlich mehr zu als Befragte aus dem Kreis der nicht verschuldeten (40 %) (ebd.: Frage B 4.5.2-02). Aus den Daten geht auch hervor, dass vor allem eine Kombination von Verschuldung und gesundheitlichen Beeinträchtigung dazu führt, dass die Betroffenen die eigene Bewältigung des Alltags als nicht oder nur bedingt möglich bewerten.

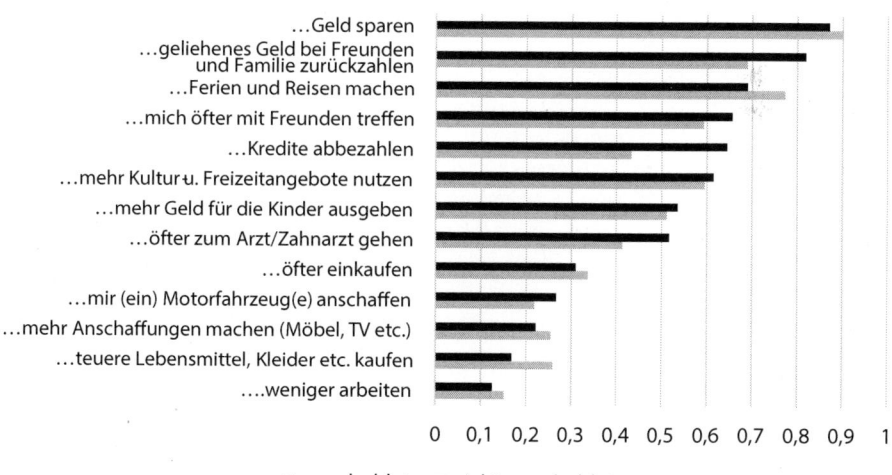

Abb. 10: Wünsche bei verbesserter wirtschaftlicher Situation (Daten: SNF-Studie »In der Sozialhilfe verfangen«: Frage B 4.9)

Nachfolgend ist dargestellt, wie sich die befragten Personen verhalten würden, wenn sich ihre wirtschaftliche Situation verbessern würde (▶ Abb. 10). Auffallend ist, dass verschuldete Personen neben häufigeren Arztbesuchen auch mehr Geld in Kontakte zu Freund*innen priorisieren würden als nicht verschuldet Personen. Dagegen würden die nicht-verschuldeten Personen mehr in Konsumausgaben wie Lebensmittel, Möbel, Reisen und Kleidung investieren als verschuldete Personen. »Geld sparen« und »geliehenes Geld zurückbezahlen« würden bei beiden Gruppen zu den am Häufigsten gewählten Optionen zählen.

6.4 Fazit: Was ist die problematische Verschuldung?

Die Verschuldung von Privatpersonen und Privathaushalten tritt bezogen auf die Gesamtbevölkerung in überschaubarem Ausmaß auf. Sie beschränkt sich aber nicht nur auf die Verschuldung bei Banken oder der Konsumwirtschaft. Sie ist über öffentliche Gläubiger*innen hinaus auch bei den laufenden Ausgaben der Existenzsicherung der Haushalte vorzufinden. Aus den vorhandenen Kennzahlen und empirischen Daten kann aber nicht eindeutig abgeleitet werden, dass überhöhte Verschuldung ein immer weiter zunehmendes Phänomen darstellt.

Verschuldete Personen ab dem 25. Lebensjahr stellen in der Schuldenberatung eine zentrale Gruppe dar. Verschuldete ab dem 55. Lebensjahr sind deutlich seltener vertreten, obwohl die durchschnittliche Verschuldung mit zunehmendem Lebensalter ansteigt.

Aus den Befunden zu den Nutzer*innen der Schuldenberatung in Deutschland geht hervor, dass vor allem armutsbetroffene oder armutsgefährdete Haushalte dieses Beratungsangebot annehmen. Deren Verschuldungssituation ist durch eine hohe Gläubiger*innenanzahl gekennzeichnet.

Erkennbar ist auch, dass mit zunehmender Gläubiger*innenanzahl die Gesamtverschuldung fallbezogen zunimmt. Personen und Haushalte mit einem höheren Nettoeinkommen weisen ebenfalls eine höhere Gesamtverschuldung auf, sind aber innerhalb der Schuldenberatung seltener repräsentiert.

Haushalte, die verschuldet sind und auf Existenzsicherungsleistungen wie der Sozialhilfe angewiesen sind, leben unter finanziell eingeschränkteren Bedingungen als nicht verschuldete Haushalte in der Sozialhilfe. Personen, die angeben, nicht verschuldet zu sein, haben trotzdem oft Zahlungsrückstände.

Gerade bei armutsbetroffenen Menschen mit Schulden wirken sich diese auf die Eigenverantwortung, die soziale und gesellschaftliche Teilhabechancen und die subjektiv wahrgenommene Gesundheitssituation aus. Die Betroffenen reagieren mit sozialem Rückzug.

7 Beratungsansätze bei Verschuldung

Auch wenn der Arbeitsalltag der Sozialen Arbeit allgegenwärtig von Beratung geprägt ist, sich deren professionelle Qualität vor allem in der Haltung, der Beziehungsgestaltung zu den Ratsuchenden und der Gestaltung professioneller Interventionen auszeichnet, ist im Theoriediskurs das Verständnis von sozialarbeiterischer Beratung noch nicht ausgereift (vgl. Zurhorst 1998: 53). Hat sich die Soziale Arbeit zurückzahlen ›lediglich‹ den etablierten und längst erprobten Konzepten der Beratung bedient, die eigentlich aus der Psychologie oder Soziologie stammen? Oder war es ihr bislang nicht möglich, eigene Verständnisse von Beratung zu entwickeln und diese im Wissenschaftsdiskurs gegen Modelle anderer Disziplinen durchzusetzen oder zu verteidigen? Eine Frage, die auf einen weiteren schwierigen Zusammenhang verweist: Ist Beratung überhaupt von Therapie abgrenzbar, vor allem wenn sich in diesem Themenfeld die Professionen der Psychologie, Pädagogik, Sozialen Arbeit, Soziologie oder Theologie voneinander abgrenzen müssen (vgl. Lippmann 2013: 33ff)?

Eine konzeptionelle Lösung bietet hier Sickendiek an. Sie charakterisiert Beratung nicht als disziplinären Gegenstand, sondern als halbformalisierte oder formalisierte Tätigkeit unterschiedlicher Berufsgruppen, die von einer Profession im Zusammenhang anderer Tätigkeiten oder Hauptaufgaben angeboten wird (vgl. Sickendiek/Engel/Nestmann 2008: 23). Ähnlich zurückhaltende Bezüge zur Sozialen Arbeit sind auch in anderen renommierten Veröffentlichungen innerhalb des Fachdiskurses zu Beratung zu finden (Engel et al. 2007, Schein 2010, Nestmann/Engel/Sickendiek 2013). Orientierung bietet dagegen Thiersch mit dem Bezug von Beratung zur Lebensweltorientierung: »Soziale Beratung meint Beratung als Hilfe in den sozialen Strukturen, in denen Menschen leben, in der Lebenswelt« (vgl. Thiersch 1997: 99f).

> »Dies bedeutet das sich einlassen können des Beraters auf die Selbstzuständigkeit der Menschen und auf deren Möglichkeit für ein gelingenderes Leben im Medium des Aushandelns. Zu verstehen ist, wie Klienten mit der Zeit zurande kommen, mit den Rollen, den (sozial-)räumlichen Gegebenheiten, den Kleinigkeiten des Lebensarrangements, welche Stärken und Ressourcen vorhanden sind, welche (Über-)Lebenstechniken angesichts von Macht und Unterdrückung entwickelt werden, überhaupt existenziellen Wahlen hinsichtlich der Lebensführung getroffen werden« (Zurhorst 1998: 54).

Dies konkretisiert, was der Sozialen Arbeit in ihren Arbeitsfeldern der Bekämpfung sozialer Ungleichheit aufgegeben ist. Nicht das Verhalten der einzelnen Person, sondern die Einordnung der Alltagsbewältigung in die vorherrschenden Macht- und Ungleichheitsstrukturen ist die Ausgangslage ihrer Diagnose und Intervention. Auf Verschuldung bezogen heißt das, dass verschuldete Menschen sich einerseits nach einem selbstbestimmten Leben sehnen, in dem sie befreit von den Sorgen und Nöten ihrer Verschuldung die sich selbst gesteckten Ziele verfolgen können. Der Alltag der verschuldeten Personen und Haushalte ist jedoch durch die Machtstruktur zwischen Gläubiger*in und Schuldner*in gekennzeichnet, die bei überhöhter Verschuldung zu subjektiv empfundener und teilweise auch objektiv gegebener Entrechtung und Unterdrückung der Betroffenen führt. Die Verschuldung, für die sich eine Gesellschaft entschieden hat und die dann auch in der entsprechenden Ausprägung und dem gesellschaftlich gewünschten Umfang auftritt, nimmt durch außergerichtliche und gerichtliche Zwangsvollstreckungshandlungen stetig Einfluss auf den Alltag der Menschen, wie ihnen ihre persönlichen Ressourcen und Fähigkeiten noch zugänglich sind und wie sie diese in ihrem Leben nutzen können oder sie ungenutzt bleiben. So gilt es, die Lebenswelt verschuldeter Menschen, geprägt von deren Gefühlen der Ohnmacht, Perspektiv- und Hilflosigkeit gegenüber den Gläubiger*innen aufzugreifen und die Betroffenen darin zu fördern, ihren Alltag so zu leben, dass sie ihn wieder als gelungen oder erfüllt erleben können.

Dieses Kapitel besteht aus Einführungen in Beratungsansätze, die sich bei der Arbeit mit verschuldeten Personen und Haushalten anbieten und die das professionelle und disziplinäre Verständnisse der Sozialen Arbeit von Beratung aufgreifen. Dabei geht es stets darum, auf Reflexion und Ressourcenerschließung ausgerichtete Beratungsprozesse zu initiieren und zu begleiten, ohne dabei Fachwissen zu Schulden zu sehr in den Vordergrund rücken zu lassen. Auch wenn Beratung im Rahmen der Sozialen Arbeit ihre disziplinären Grundsätze umsetzt, werden die Ratsuchenden immer auch auf Fachwissen zu Geld und Schulden zurückgreifen wollen. Ihr Anliegen ist es nicht nur, den Blick auf die eigene Person zu richten, sondern auch oder sogar fokussiert Ratschläge und Einschätzungen zu ihren Schulden zu bekommen (vgl. Mattes 2014: 39). Ein Dilemma, innerhalb dessen Schuldenberatung stets stattfindet: Vorhandenes Fachwissen bedient die Hoffnung der Betroffenen nach einer schnellen Lösung ihres Problems. Es stiftet zugleich auch Orientierung und Identität innerhalb der in der Schuldenberatung tätigen Beratungspersonen. Sie können sich daran messen, inwiefern ausreichend ökonomisches und juristisches Fachwissen vorhanden ist, um den Gläubiger*innen auf Augenhöhe entgegenzutreten, Forderungen zu bestreiten oder durch geschickte Verhandlungsführung eine für die Ratsuchenden wirtschaftlich gute Lösung zu erzielen. Expert*innenwissen kann aber auch zur Hürde werden, sich auf den Prozess der Reflexion und persönlichen Auseinandersetzung einzulassen und sich stattdessen überwiegend den normativen Belangen der Entschuldung hinzugeben (vgl. Mattes 2020: 23f).

> Die nachfolgend beschriebenen Beratungsansätze stellen sich der Herausforderung, die Einschätzung der eigenen Situation und die dadurch entstehenden subjektiv empfundenen Belastungen durch Schulden zu hinterfragen und neu zu bewerten. Sie sind, im Respekt vor den Erwartungen der Personen und Haushalte, die um Beratung bitten, immer auch in einer angemessenen Kombination mit Expert*innenwissen anzuwenden. Entsprechend bein-

haltet Schuldenberatung immer auch die Herausforderung, innerhalb ihrer Gesprächsführung Fachwissen einfließen zu lassen (vgl. Ansen 2018: 120f). Zur Bewältigung dieses professionellen Dilemmas von professioneller Prozessgestaltung und angemessenem Einsatz von Expert*innenwissen in der Schuldenberatung sind die systemische Beratung (▶ Kap. 7.1), die lösungsorientierte Beratung (▶ Kap. 7.2) und schließlich die hypnosystemische Beratung (▶ Kap. 7.3) geeignet, auch wenn sie in der Fachliteratur primär nicht dem Kontext von sozialarbeiterischer Beratung, sondern mehr der therapeutischen Arbeit und Intervention zugeschrieben werden. In diesem Kapitel wird die Abgrenzung von Beratung und Therapie nicht explizit diskutiert, sondern mit dem Charme der wissenschaftlichen Diskussion zur Professionalität Sozialer Arbeit als ausreichend von Therapie abgegrenzt betrachtet. Als Hinweis, dass systemische, lösungsorientierte und hypnosystemische Ansätze auch in nichttherapeutischen Settings eingesetzt werden können, sei auf die Konzepte des Coachings, der Supervision und der Organisationsberatung verwiesen, die längst auf den drei in diesem Kapitel dargestellten Ansätzen beruhen und zur Anwendung kommen.

7.1 Systemische Beratung

Die Einordnung der Schuldenberatung in den systemischen Beratungsansatz wurde bereits durch Lindern und Steinmann-Berns (Lindner/Steinmann-Berns 1998) versucht. Deren Überlegungen orientieren sich jedoch weitgehend am familientherapeutische Beratungssetting und bieten wenig konkrete Anhaltspunkte für eine praktische Umsetzung in der Schuldenberatung. Dagegen ist die systemische Beratung bei den Weiterbildungsangeboten zur Schuldenberatung immer wieder zu finden, auch wenn es sich hier oft um unspezifische und nicht auf Verschuldung konkretisierte Weiterbildungssequenzen handelt. Nachfolgend wird daher in die zentralen theoretischen Überlegungen zum systemischen Beratungsansatz eingeführt und darauf aufbauend anwendungsorientierte Bezüge zur Beratungspraxis bei Verschuldung hergestellt.

Der systemische Beratungsansatz stellt in erster Linie für Beratungspersonen ein struktur- und prozessorientiertes Analyse- und Diagnoseinstrument dar, mit Hilfe dessen Ratsuchende in ihren sozialen Kontexten und vorhandenen individuellen Ressourcen analysiert und professionelle Interventionen entwickelt, reflektiert und umgesetzt werden können. Nach dem systemischen Verständnis wird dabei nicht ein bestimmtes Problem als Gegenstand von Beratung gesehen, das es zu lösen oder zu bewältigen gilt. Es geht um die Betrachtung des Problems im Alltagszusammenhang der betroffenen Person, im Kontext der sozialen Umwelt und deren sozialen Bezügen. Dabei wird danach gefragt, welche Wechselwirkungen zwischen dem Problem, den Personen und der sozialen Umwelt bestehen. Ratsuchende werden als Teil eines sozialen Systems wahrgenommen, in dem sie leben und auf das sie durch ihr alltägliches Handeln Einfluss nehmen. Eine Haushaltsgemeinschaft, in der eine ratsuchende Person lebt, stellt ebenfalls ein System dar, mit seinen eigenen Binnen- und Machtstrukturen, die innerhalb des Haushalts, aber auch in das soziale Umfeld hineinwirkt. In der Fachliteratur zur systemischen Beratung wird dies oft auch als Klient*innen- oder Kund*innensystem beschrieben.

Schließlich fließen aber auch die Sinnzusammenhänge, die sich gegenwärtig oder auf die Zukunft gerichtet aus der aktuellen Situation für die Betroffenen ergeben, in die Betrachtung mit ein. Es wird darauf geachtet, was ein Haushaltssystem stabilisiert oder auch destabilisiert: Tragen die Probleme einer Person oder eines Haushalts nur zur Destabilisierung zum Beispiel eines Familiensystems bei oder gibt es auch Facetten des Problems, die stabilisierend wirken und das System aufrechterhalten? Betrachten wir dies zum Beispiel aus Sicht der Ehe- und Familienberatung, so kommen wir möglicherweise zu dem Ergebnis: Es gibt nichts, was mehr verbindet als Kinder und Schulden.

Beratung nach dem systemischen Ansatz beschäftigt sich somit nicht primär mit einem konkreten Problem, sondern mit dem Netz der Beziehungen, in dem die beteiligten Person agieren und in dem das Problem einen gewissen Nutzen stiftet oder eine bestimmte Funktion übernimmt. So können durch die Entstehung eines neuen Problems Abhängigkeiten von Personen hervorgerufen, verfestigt oder auch negiert werden. Konflikte und Probleme können Beziehungen und familiäre Strukturen gestalten, intensivieren oder schwächen. Die systemische Beratung richtet ihren Blick darauf, wie sich der menschliche Umgang im sozialen Umfeld der ratsuchenden Person gestaltet, welche Bedeutung und Auswirkungen ein bestimmtes Problem auf die Beziehungen im Umfeld der Betroffenen haben und wie sich die beteiligten Personen das Leben mit dem zu klärenden Sachverhalt zurechtlegen können. Erst wenn diese Zusammenhänge erkannt sind, werden Überlegungen möglich, wo und wie Veränderungen sinnvoll und angebracht sind und welche Auswirkungen diese wiederum in den vorhandenen Beziehungen und Interaktionen auslösen können.

7.1.1 Grundlagen der systemischen Beratung

Systemische Beratung baut im Wesentlichen auf die nachfolgend ausgeführten Begriffe und Theorien auf. Dieser Aufbau kann vertiefend nachgelesen werden in Stimmer und Ansen (Stimmer/Ansen 2016), Bamberger (Bamberger 2015), Königswieser und Hillebrand (Königswieser/Hillebrandt 2017) sowie Ebbecke-Nohlen (Ebbecke-Nohlen 2020).

(a) Selbstorganisation

Menschen handeln auf der Grundlage gesammelter Erfahrungen. Dies ermöglicht ihnen, Probleme selbst zu lösen und zu bewältigen, indem auf bestehenden

Erfahrungen aufbauend Bewältigungsstrategien erarbeitet werden. Auf dieser Grundlage ist eine selbstorganisierte Bewältigung von Herausforderungen möglich. Auf Systeme übertragen bedeutet dies, dass diese ebenfalls über Erfahrungswissen verfügen, auf deren Grundlage sie funktionieren, Herausforderungen bewältigen und ihre Funktionsfähigkeit erhalten. Das, was wir im Rahmen der Beratung von Personen und Haushalten mit Verschuldungsfragen sehen, also ihre alltäglichen Zusammenhänge, Interaktionen, Mechanismen und Abhängigkeiten, ist ein Ausdruck ihrer Selbstorganisation des Alltags und wie Menschen auf Gegebenheiten und Veränderungen reagieren, über welche Erfahrungswerte sie verfügen und in die Bemühungen einer Problemlösung einbringen können. Es gilt, in der systemischen Beratung die Selbstorganisation als Ressource ernst zu nehmen, aufzugreifen und auf deren Grundlage neue oder andere Bewältigungsstrategien mit den Ratsuchenden zu entwickeln.

> **Grundannahmen für die Beratungspraxis**
>
> - Schulden sind ein Teil der Selbstorganisation der ratsuchenden Person, deren Familie oder Haushaltsgemeinschaft.
> - Durch Verschuldung kann der Alltag mit seinen auftretenden Problemen und Schwierigkeiten aus Betroffenensicht bewältigt werden.
> - Es geht nicht darum Schulden aus dem Repertoire der Alltagsbewältigung zu streichen. Ziel ist es, neue Erfahrungen der Alltagsbewältigung und bisher nicht gekannte Lösungsstrategien zu ermöglichen und nutzbar zu machen.

(b) Kybernetik

Kybernetik ist die Lehre von der Lenkung und Informationsverarbeitung von und in komplexen Systemen. Ziel der *Kybernetik erster Ordnung* ist es, ein dysfunktionales System wieder in ein funktionales System zu überführen. In der Kybernetik erster Ordnung versteht sich die systemische Beratungsperson als außenstehende Beobachter*in (Subjekt-Objekt-Dualismus). Diese analysiert in objektiver Weise das Klient*innensystem und interveniert justierend, entsprechend der Analyse, mit geeigneten Strategien. Dabei wird davon ausgegangen, dass eine lineare Beziehung zwischen Ursache und Wirkung vorliegt, es also eindeutig zuordenbar ist, welcher konkrete Grund oder Auslöser ein einzelnes Problem hat. Im Rahmen der Steuerung wird der erreichte Endzustand des Systems als endgültig erklärt, selbst wenn der Istwert vom Sollwert abweicht. Es gibt somit keinen regulierenden Mechanismus, wenn das, was eigentlich erreicht werden soll, nicht erreichbar ist.

Im Verständnis der Kybernetik erster Ordnung arbeitet die sich als Expert*innenberatung verstehende Schuldenberatung. Sie analysiert anhand der monatlichen Einnahmen und Ausgaben die Ursache von Verschuldung und erarbeitet eine auf dem normativen Ziel der Schuldenfreiheit beruhende Entschuldungsstrategie. Ist eine Entschuldung nicht möglich, so wird die Beratung aufgrund der Unlösbarkeit der Schuldverpflichtung beendet, ohne mit den ratsuchenden Personen Strategien zu erarbeiten, wie sie ihre unlösbare Verschuldungssituation im Alltag besser bewältigen, Leidensdruck abbauen oder die unüberwindbar erscheinende Situation für sich umdeuten können.

Der regulierende Mechanismus der *Kybernetik zweiter Ordnung*, in welcher der*der Beobachter*in Teil der Betrachtung wird und durch seine*ihre Beratung Einfluss auf die Deutung und Interpretation der Alltagsprobleme der Klient*innen nimmt, löst mit seiner Intervention einen auf Veränderung ausgerichteten Reflexionsprozess aus. Die Beratungsperson hinterfragt nicht mögliche objektive Ursachen der Verschuldung, sondern fokussiert durch ihre Beratung auf die Ressourcen und Fähigkeiten, die die Betroffenen zur Bewältigung ihres Problems einsetzen können, und wie sie kognitiv und emotional einen konstruktiven Umgang mit zum Beispiel aktuell nicht rückzahlbaren Schulden entwickeln können. In einem solchen reflexiven Beratungsverständnis gibt die Beratungsperson kein Expert*innenwissen von sich, sondern wird durch ihre Interaktion mit den ratsuchenden Personen Teil des Systems. Als Teil des Beratungssettings nimmt sie durch ihre auf Reflexion ausgerichteten Impulse Einfluss auf die Suche nach Lösungen und das zukünftige Verhalten der Ratsuchenden.

Grundannahmen für die Beratungspraxis

- Die Beratungsperson schlägt nicht konkrete Lösungen zur Bewältigung von Verschuldung vor, sondern nimmt die Rolle einer neutralen Beobachterin ein.
- Die Beratungsperson analysiert die Situation der ratsuchenden Person und sucht nach Möglichkeiten, das durch Verschuldung dysfunktional arbeitende Klient*innensystem in seiner Selbstorganisation zu stärken.
- Die Herausforderungen der Rolle der Beratungsperson bedarf der stetigen Reflexion, um sich den impliziten Veränderungen durch die beobachtende Rolle bewusst zu werden.

(c) Zirkularität

Die Theorie der Zirkularität bezieht sich auf die Kybernetik zweiter Ordnung und der damit einhergehenden Prozesse der wechselseitigen Beeinflussung. Grundannahme ist, dass die ratsuchende verschuldete Person oder der ratsuchende verschuldete Haushalt Teil eines sozialen Systems um sich herum sind, das sich gegenseitig beeinflusst. Es wird somit nicht nur eine Haushaltsgemeinschaft, deren Ressourcen und Strategien der Alltagsbewältigung als System betrachtet, sondern auch das Zusammenwirken mit dem jeweiligen sozialen Umfeld: Gläubiger*in, Arbeitgeber*in, Vermieter*in, Nachbar*innen, Freund*innen, Mitschüler*innen etc.

Entsprechend stellt ein Problem immer das Ergebnis des Zusammenwirkens vieler Beteiligter im Kausalzusammenhang verschiedenster Umstände dar. Diese Betrachtungsweise löst die lineare Vorstellung ab, dass nur eine einzelne Person oder eine einzelne Haushaltsgemeinschaft als indizierter Problemträger in Erscheinung treten. Die Problemträger sind in mehreren oder vielen anderen relevanten Systemen der ratsuchenden Person zu finden und können auf andere relevante Bereiche zu wirken.

> **Grundannahmen für die Beratungspraxis**
>
> - Die Beratungsperson analysiert das Zusammenwirken menschlichen Verhaltens im Klient*innensystem, um zu erkennen, welche Faktoren innerhalb des Systems die Verschuldung bedingen und deren Selbstorganisation erschweren oder verhindern.
> - Die Bearbeitung des Problems Verschuldung erfordert, das vorhandene Gleichgewicht innerhalb des Klient*innensystems in den Blick zu nehmen und bei Interventionen mit zu berücksichtigen, dass die betroffenen Systeme ebenfalls auf Interventionen reagieren können, um die ihnen vertrauten Gleichgewichte wiederherzustellen.

(d) Konstruktivismus

Das, was die Beratungsperson erkennt und sieht, ist in keiner Weise objektiv gegeben, sondern geschieht im Abgleich gesammelter Vorerfahrungen und Bilder aus dem eigenen Erfahrungsschatz. Bei der Beobachtung und der Analyse sozialer Systeme gibt es keine Objektivität. Sie sind immer Ergebnisse von Konstruktionsprozessen, die auf subjektiven Erlebnissen, Einstellungen und Prägungen beruhen. Das, was als dysfunktional erkannt, als problematisch eingeschätzt oder als stabilisierend wahrgenommen wird, ist immer eine Konstruktion auf der Grundlage von Bildern, die die Beratungsperson in sich hat.

> **Grundannahmen für die Beratungspraxis**
>
> - Die Beobachtungen und Einschätzungen zu Verschuldung durch die Beratungspersonen beruhen auf deren eigenen Bildern und Vorstellungen zu Geld und Schulden.
> - Beratungspersonen tragen Idealvorstellungen in sich, wie die Betroffenen mit ihren Schulden umgehen sollten.
> - Nicht die Vorstellungen und Bilder der Beratungspersonen zur Bewältigung von Verschuldung sind für die Betroffenen für eine Lösung ausschlaggebend. Leitend ist die Frage, wie die Selbstorganisation des Klient*innensystems wiederhergestellt oder gestärkt werden kann.

7.1.2 Systemische Aspekte in der Schuldenberatungspraxis

Die Umsetzung des systemischen Beratungsansatzes in der Sozialen Arbeit ist in der Fachliteratur umfassend beschrieben. Exemplarisch sei an dieser Stelle auf die Werke von Widulle (Widulle 2012), Langosch (Langosch 2015) sowie Kölln und Pallasch (Kölln/Pallasch 2020) hingewiesen. Sehr anwendungsorientiert werden im Buch »Systemische Beratung in fünf Gängen« (Brüggemann et al. 2016) die Grundsätze systemischer Beratung vorgestellt. Sie schlagen dabei folgenden Ablauf vor: Beziehung aufbauen, Anliegen konkretisieren, Bearbeitungs- und Lösungsstrategien finden, Impuls geben und Gespräche abschließen. Mit dem Grundanliegen dieses Buches, Beratungsansätze fokussiert auf die Arbeit mit verschuldeten Personen und Haushalten vorzustellen, wird von einer Vorstellung eines idealtypischen Verlaufs einer systemischen Beratung abgesehen. Im Weiteren werden die zentralen Elemente (a) Hypothesenbildung, (b) zirkuläres Fragen und (c) Reframing, wie sie in der Schuldenberatung dienlich eingesetzt werden können, skizziert.

(a) Hypothesenbildung

Hypothesen sind Annahmen der Beratungsperson, die es im Verlauf der Beratung zu überprüfen gilt und die primär der Sammlung und Interpretation von Informationen dienen. Stimmer und Ansen bezeichnen dies als Ordnungs- und Anregungsfunktion der Hypothesenbildung in der systemischen Beratung. Die Ordnungsfunktion meint das Sammeln und deren Aufteilung in relevante und irrelevante Informationen. Die Anregungsfunktion ermöglicht die Einnahme neuer Sichtweisen, die der ratsuchenden Person bislang nicht zugänglich waren (vgl. Stimmer/Ansen 2016: 268).

Die ratsuchende Person signalisiert der Beratungsperson, ob eine Hypothese Sinn macht. Mit Hilfe von Hypothesen kann es gelingen, der ratsuchenden Person Vorschläge zur Interpretation und Lösung ihrer Situation zu machen, ohne dabei als Expertin aufzutreten oder Ratschläge zu erteilen. Nimmt die ratsuchende Person die Impulse einer Hypothese nicht auf, formuliert die Beratungsperson immer weiter neue und biete diese zur Auseinandersetzung im Beratungsgespräch an. Durch die Ablehnung oder Aufnahme von Hypothesen im Beratungsverlauf bekommt die Beratungsperson einen Eindruck von der Situation der ratsuchenden Person und entwickelt darauf aufbauend immer weitere neue Hypothesen zur Situation der Klient*in (vgl. Brüggemann et al. 2016: 34).

Grundannahmen für die Beratungspraxis

- Hypothesen sollen die Ratsuchenden ermutigen, über die eigene Situation nachzudenken und Neugierde zu wecken, was hinter einem Problem stecken kann.

- Die Auseinandersetzung mit Hypothesen soll nicht altes Wissen rechtfertigen oder bewerten. Die Reflexion von Hypothesen soll neue, bislang nicht zugängliche Informationen und Sichtweisen erschließen.
- Hypothesen fokussieren auf Wesentliches und nicht auf Nebensächlichkeiten.
- Hypothesen laden Klient*innen zur Auseinandersetzung mit sich selbst ein und nicht zur Auseinandersetzung mit den Problemen anderer.
- Hypothesen sind verständlich, prägnant, einfühlsam, wertfrei und den Klient*innen zugewandt formuliert. Sie können auch witzig oder frech formuliert sein.

(b) Zirkuläres Fragen

Die zirkuläre Fragetechnik wurde in der systemischen Therapie entwickelt und stellt eine zentrale Methode von Beratung dar. Sie wird eingesetzt, um verfestigte gegenseitige Interaktionsmuster aufzudecken, die innerhalb eines Klient*innensystems zu Konflikten führen. Dabei lädt die Beratungsperson dazu ein, sich in andere Personen des Systems hineinzuversetzen und deren Perspektive einzunehmen. Dieser Perspektivenwechsel, von außen auf sich selber zu blicken, kann einen Reflexionsprozess anregen, die eigene Situation und die relevanten Systeme aus einem anderen Blickwinkel heraus zu betrachten (vgl. ebd.: 49). Hypothesen werden von der Beratungsperson so formuliert, dass sie zur Reflexion anregen, nicht aber belehrend wirken.

Zirkuläre Fragen dienen nicht primär dafür, Informationen zu sammeln. Durch den Perspektivenwechsel und den damit möglichen Reflexionsprozess werden vielmehr neue Informationen und Einschätzungen erzeugt:

> »Klienten werden in die Position eines Beobachters versetzt, es werden immer wieder neue Perspektiven eingeführt, die einen reflexiven Prozess einleiten. Verhaltensweisen, Symptome, auch unterschiedliche Formen von Gefühlsausdruck werden dabei in ihrer kommunikativen Funktion gesehen. Statt eine Person zum Beispiel nach ihren eigenen Empfindungen zu befragen, wird nach der Wirkung eines mitgeteilten Gefühls auf andere Personen gefragt. Statt nach Symptomen zu fragen, wird der Akzent daraufgelegt, wie jedes Familienmitglied diese beschreibt, welche Erwartungen und Beobachtungen damit verbunden sind und wie darauf reagiert wird. Entsprechend dem zirkulären Verständnis systemischer Therapie wird dabei nach Mustern gefragt und nicht nach Ursachen« (vgl. Schmidt 2020: 29).

Zirkuläres Fragen, das durch deren Erkenntnisse immer neue Gedanken und Zusammenhänge erschließt und zur Reflexion anbietet, ist als eine Ergänzung zur Hypothesenbildung zu verstehen: Neue Hypothesen erzeugen neue Frage, neue Fragen vermitteln neue Informationen, neue Informationen ermöglichen den Zugang zu Bedeutungswandel, Bedeutungswandel schafft neue bzw. mehr Wahlmöglichkeiten zur Bewältigung einer Situation (vgl. Ebbecke-Nohlen 2020: 78).

> **Grundannahmen für die Beratungspraxis**
>
> - Über zirkuläres Fragen können die Klient*innen das Ziel der Beratung und die Kriterien, wann das Beratungsziel erreicht ist, bestimmen.
> - Zirkuläres Fragen verfolgt das Ziel, Ressourcen der Klient*innen zu erkennen und für Problemlösungen nutzbar zu machen.
> - Zirkuläres Fragen richtet sich auf den Interaktionskontext anderer Beteiligter, welche Einschätzung sie zur Situation haben.

(c) Reframing

Reframing kann dann in der Beratung eingesetzt werden, wenn ein starrer Blickwinkle auf die eigene Situation der Klient*innen vorherrscht und eine Problemlösung erschwert. Durch Reframing wird einer Situation oder einem Geschehen eine andere Bedeutung oder ein anderer Sinn zugewiesen. Indem die Situation in einen anderen, bislang nicht mitgedachten Bezugsrahmen gesetzt wird, verlässt die ratsuchende Person die bisherige Perspektive und nimmt einen für sie bislang unbekannten Blickwinkel ein. Die dadurch mögliche veränderte Sichtweise auf einen Sachverhalt oder ein Geschehen kann zu einer veränderten Verhaltensweise bei der beratenen Person führen (vgl. Brüggemann et al. 2016: 43).

Mit den Ratsuchenden das eigene Verhalten und das der Mitglieder ihres Systems zu analysieren und umzudeuten, so dass aus dem Erlebten nicht nur negative, sondern auch konstruktive Anliegen erkennbar werden, fördert das Bewusstsein, dass immer auch Ressourcen und Potentiale in Systemen vorhanden sind, die für die Bewältigung einer problematischen Lebenssituation hilfreich sein können. Gelingt es, mit zirkulären Fragen und Reframing Klient*innen aus einer verengten und problemfestigenden Haltung herauszubringen, ist der Punkt erreicht, an dem es im Gespräch darauf ankommt, Perspektiven und Wünsche hinsichtlich ihrer weiteren Entwicklung zu vertiefen, wofür die systemische Beratung den Weg geebnet hat. Die Aufgabe der Beratungspersonen ist es im weiteren Gesprächsverlauf, die Auseinandersetzung auf die zukünftige Alltagsbewältigung zu richten. Es gilt gemeinsam herauszuarbeiten, welche Potentiale und Ressourcen die ratsuchende Person hat, inwiefern es ihr möglich ist, bei sich und aus ihrem Umfeld weitere zu erschießen oder nutzbar zu machen, welche widersprüchlichen Vorstellungen und Erwartungen im Klient*innensystem vorhanden seid und welche Veränderungen realistisch sein können, um eine Situation zu verändern (vgl. Kölln/Pallasch 2020: 162, vgl. Stimmer/Ansen 2016: 269).

> **Grundannahmen für die Beratungspraxis**
>
> - Beim *Bedeutungsreframing* geht es darum, ein Verhalten mit einer anderen Bedeutung in Zusammenhang zu bringen. So kann in der Schuldenbera-

tung das Beauftragen eines Inkassobüros durch die Gläubiger*innen auch als Vorgang der Distanzierung von einem glücklos verlaufenen Kund*innengeschäft gesehen werden, das im Unternehmen keine weitere Aufmerksamkeit binden soll, sondern nur noch von externen Dienstleistern bearbeitet wird.

- Das *Kontextreframing* versucht, gezeigtes Verhalten, das möglicherweise als falsch und unangemessen empfunden wird, so in einen Zusammenhang zu stellen, dass es als normal und richtig empfunden werden kann. Das in der Schuldenberatung anzutreffende Phänomen, dass Klient*innen die Post der Gläubiger*innen nicht mehr öffnen, auf verschiedenen Stellen in der Wohnung verteilen oder nach Erhalt vernichten, ist aus neuropsychologischer Sicht ein normales und richtiges Verhalten (vgl. Tunnelvision ▶ Kap. 5.3). In der Beratung kann durch Reframing solches Verhalten zu nachvollziehbarem Bewältigungsverhalten umgedeutet werden.
- Das *Inhaltsrefraiming* versucht die inhaltlichen Botschaften eines Gefühls zu verändern. So können die bei verschuldeten Personen auftretenden Schuldgefühle, eine versprochene Zahlungen nicht leisten zu können, als Verantwortungsbewusstsein umgedeutet werden und dafür stehen, dass sich die Person um die Lösung des Verschuldungsproblems bemüht und dazu in die Beratung kommt (vgl. Schlippe/Schweitzer 2019: 78f).

7.1.3 Beispielfragen

Nach dem systemischen Beratungsansatz erfolgt die Auseinandersetzung und Reflexion nicht mittels Expert*innenwissens, sondern vielmehr anhand zirkulärer Fragen, die das linear-kausale durch zirkulär-kausales Denken ersetzen. Sie helfen, die Komplexität und Beeinflussbarkeit des Klient*innensystems aufzuzeigen und sollen die ratsuchende Person ermutigen, über eigene Verhaltensänderungen, Veränderungen in ihrem Umfeld zu bewirken, die wiederum von anderen Beteiligten veränderte Reaktionen bewirken können. Umfassende Sammlungen von Fragebeispielen sind insbesondere in Lindern und Steinmann-Berns (Lindner/Steinmann-Berns 1998), im Buch »Fragen können wie Küsse schmecken. Systemische Fragetechniken für Anfänger und Fortgeschrittene« (Kindl-Beilfuß 2011) oder in den Ausführungen von Natho (Natho 2007) zur Skalierungsscheibe in der Beratung zu finden.

Fragen zum Beratungsziel

- Woran werden Sie feststellen, dass die Beratung für Sie ein Erfolg war?
- Was würden Ihre Familienangehörigen, Ihr*e Arbeitgeber*in, Ihr*e Vermieter*in etc. von dieser Beratung erwarten?
- Was muss in der Beratung passieren, damit es für Sie eine gute Beratung ist?
- Was muss in der Beratung passieren, dass Sie sie vorzeitig beenden oder abbrechen möchten?

- Wie sicher fühlen Sie sich auf einer Skala von 1 (absolut unsicher) bis 10 (absolut sicher) aktuell im Umgang mit Geld und Schulden? Was muss passieren, dass sich dieser Wert um a) einen Punkt b) bis auf fünf Punkte oder c) möglichst stark erhöht?

Ressourcenorientierte Fragen

- Sie sagen, dass Sie Ihre Schulden immer belasten. Wieviel Stunden am Tag denken Sie an Ihre Schulden? Gibt es bestimmte Tageszeiten oder Situationen, wo Ihnen Ihre Schulden in den Sinn kommen? Zu welchen Tageszeiten oder in welchen Situationen müssen Sie nicht an Ihre Schulden denken?
- Mussten Sie früher mehr oder weniger an Ihre Schulden denken? Woran könnte das liegen?
- Versuchen Sie sich bitte an eine Situation zu erinnern, in der Sie einen guten Umgang mit Ihrem Geld und Ihren Schulden hatten. Was war in dieser Situation anders als sonst?
- Gibt es beim Thema Geld und Schulden jemand, der für Sie Vorbild ist? Wenn ja, wer ist es? Was kann diese Person besonders gut?
- Was können Ihre ersten Schritte der Veränderung sein, damit Sie ihre Schulden nicht mehr so sehr belasten?

Fragen zur Erklärung des Problems Verschuldung

- Wie erklären Sie sich, weshalb Sie sich verschuldet haben?
- Wenn Sie einen guten Freund oder eine gute Freundin fragen würden, warum Sie sich verschuldet haben, was würden sie antworten?
- Wie erklären Sie sich, wie die Gesellschaft mit Armut und Reichtum und mit verschuldeten und nicht verschuldeten Menschen umgeht?

Fragen nach Unterschieden

- Als Sie noch keine Schulden hatten, was war damals sonst noch alles anders?
- Als Sie erstmals Schulden gemacht haben, was veränderte sich in der Situation sonst noch in Ihrem Leben? Wie veränderte sich Ihre Partnerschaft, Ihr Familienleben, Ihre Arbeits- und Erwerbssituation und Ihre Freundschaften?
- Bitte versuchen Sie sich an eine Situation zu erinnern, in der Ihnen die Bewältigung Ihrer Schulden gut gelungen ist. Was war in dieser Situation anders als heute?

Fragen zum Interaktionskontext und Verhaltensweisen

- Wer aus Ihrer Familie oder aus Ihrem Freundeskreis würde Sie in Geldangelegenheiten eher als leichtsinnig oder eher als vorsichtig einschätzen?

- Wie hat es sich ergeben, wer in Ihrem Haushalt für Geldangelegenheiten zuständig ist? Ist diese Aufgabenteilung für Sie, innerhalb Ihrer Partnerschaft oder Ihrer Familie stimmig?
- Was würde sich verändern, wenn Sie Ihren Partner oder Ihre Partnerin (mehr) beim Thema Geld und Schulden einbeziehen würden?
- Glauben Sie, dass man auch seine Kinder beim Thema Geld und Schulden einbeziehen kann?
- Wenn Sie Ihren besten Freund/Ihre beste Freundin um Rat fragen würden, wie Sie Ihre Geld- und Schuldensorgen lösen können, was würden sie antworten?

Hypothetische Fragen

- Angenommen, eine gute Fee käme und würde Ihnen sofort die gewünschten Lösungen herbeizaubern. Was würde sich der Reihe nach ändern? Was würde sich in Ihrem Alltag konkret ändern? Was würde sich im Umgang mit Geld bei Ihnen und in Ihrem Haushalt ändern?
- Angenommen, alle Ihrer Geld- und Schuldensorgen wären gelöst. Wie würden Sie Ihr Leben gestalten?
- Angenommen, Sie würden zukünftig in Ihrer Familie über Ihre Schulden- und Geldsorgen sprechen. Über was würden Sie genau sprechen?
- Wenn Sie mehr Geld hätten, was würden Sie damit machen?
- Was können Sie verändern, damit Sie sich nicht mehr so viele Sorgen um Ihre Schulden machen müssen?

7.2 Lösungsorientierte Beratung

Die lösungsorientierte Beratung beruht auf dem von Steve de Shazer (1940–2004) etablierten Konzept der lösungsorientierten Therapie. Der Beratungsansatz begründet seine Theorietradition ebenfalls aus der Systemtheorie sowie der systemischen Beratung (vgl. Bamberger 2015: 27ff), er wird jedoch angereichert durch Erfahrungen und theoretische Bezüge aus der psychologischen Familientherapie. De Shazer konkretisierte sein Konzept zuletzt in seinem Buch »Mehr als ein Wunder – Lösungsorientierte Kurzzeittherapie heute«, in dem er seine Lehrsätze zur lösungsorientierten Beratung beschreibt (de Shazer/Dolan 2020). Eine Übersicht über die Entstehung findet sich auch in Berkling (Berkling 2010) zur lösungsorientierten Beratung an Schulen.

Die grundlegende Idee ist, in der Beratung die Energie nicht auf die vergangenen Ursachen von Problemen, sondern das gesamte beraterische Wirken auf mögliche Lösungen in der Zukunft zu richten. Es handelt sich um einen Beratungsansatz, bei dem die Ursachen des aktuellen Problems, weshalb Menschen in die Beratung kommen, nicht exploriert und die systemische Relevanz von Ursache und Wirkung nicht analysiert wird. Dagegen werden Lösungen als Veränderungen eines Teils eines Systems verstanden, die vor allem die vorhandenen Wahrnehmungen, Gefühle, Gedanken, Verhaltensmuster oder Lebenspläne beeinflussen, die eigendynamische Veränderungsprozesse anregen können, die für sich wiederum zu weiteren Veränderungen führen können (vgl. Bamberger 2015: 58f).

Lösungsorientierte Beratung bei Verschuldung fragt nicht danach: Warum kommen Sie erst jetzt, warum haben Sie das nicht anders gemacht oder musste das denn sein? Es geht handlungsleitend darum, den Blick auf die Zukunft zu richten, wie die Ratsuchenden im Rahmen ihrer Möglichkeiten einen für sie guten und problemlösenden Umgang mit Schulden finden können, wie die emotionalen Belastungen gelöst und die Überzeugung und der Wille der Betroffenen zur Umsetzung der erarbeiteten Lösungen gestärkt werden kann.

7.2.1 Lehrsätze der lösungsorientierten Beratung

Die Lehrsätze der lösungsorientierten Beratung nach de Shazer (de Shazer/Dolan 2020: 22f) werden inzwischen von Bamberger wie folgt selbsterklärend zusammengefasst (vgl. Bamberger 2015: 17):

- »**Klienten sind Experten ihres Lebens**
  Sie wissen am besten, wie sie ihr Leben bislang erfolgreich gemeistert haben. Und wenn sie im Augenblick einen Gesprächspartner suchen, um mit ihm zusammen etwas zu klären, dann spricht das ebenfalls für Lebensexpertise.
- **Klienten verfügen über vielfältige Ressourcen**
  Das sind Fähigkeiten, Fertigkeiten, Anlagen, Erfahrungen, Einstellungen, Ziele, Beziehungen usw., um das Lebens zu gestalten. Klienten haben diese im Moment vielleicht etwas aus den Augen verloren, können aber im Gespräch mit der Beratungsperson wieder den Zugang gewinnen bzw. sie durch neue Erfahrungen und Training aktivieren.
- **Probleme sind etwas Normales**
  Sie gehören zum menschlichen Leben und kennzeichnen Übergänge, wenn man lernen möchte/muss, mit Situationen bzw. Herausforderungen anders umzugehen. Probleme lassen sich insofern als Vorboten von Neuem verstehen.
- **Probleme sind nicht die ganze Zeit existent**
  Es gibt immer auch Ausnahmen, das heißt Zeiten, in denen sie Klienten weniger bis fast gar nicht beeinträchtigen.
- **Lösung heißt, das, was funktioniert, häufiger zu tun**
  Funktionierendes kann man z. B. in den ›Ausnahmen‹ entdecken. Analog gilt: Wenn etwas nicht funktioniert, sollte man etwas anderes probieren.
- **Lösungen sind selbstverstärkend**
  Aus einem ersten Mehr von dem, was funktioniert, resultiert meist ein sich selbst verstärkender Entwicklungsprozess, und Klienten können sich wieder aus der Beratung verabschieden.
- **Beratung erweitert die Optionen**
  Sie unterstützen Klienten darin, ihre Ressourcenpotential insgesamt zu sehen und autonom zu nutzen.
- **Berater sind Bewunderer von Autonomie**
  Sie nehmen den Klienten in dieser Autonomie voller Respekt und Wertschätzung war.«

7.2 Lösungsorientierte Beratung

> **Grundannahmen für die Beratungspraxis**
>
> - Was prägt bei mir als Beratungsperson das Bild vom unwissenden und schuldigen Schuldner(von der unwissenden und schuldigen Schuldnerin?
> - Was kann ich über mein Fachwissen hinaus an Beratungskompetenz zur Gestaltung von lösungsorientierten Beratungsprozessen einbringen?
> - Wie kann ich als Beratungsperson Fähigkeiten und Ressourcen der Ratsuchenden erkennen und für die gemeinsame Erarbeitung von zukünftigen Lösungen nutzen?

7.2.2 Merkmale lösungsorientierter Beratung

Die von de Shazer formulierten Grundsätze lösungsorientierter Beratung, die vor allem die Haltung der Beratungsperson beschreiben und Fragetechniken als Grundlage der Reflexion und Intervention vorschlägt, wurden durch Bamberger zu einem Leitfaden prototypisch verlaufender lösungsorientierter Beratung ausgearbeitet[36]. Inwiefern es für die Beratung bei Verschuldung hilfreich ist, sich an solchen prototypischen Beratungsverläufen zu orientieren, scheint fraglich. Hierzu prägt die normative Logik der bestehenden Schuldverpflichtungen zu sehr den Verlauf der Beratung und macht sie anfällig dafür, sich wegen immer wieder auftretender Zwangsvollstreckungsmaßnahmen der Gläubiger*innen neu ausrichten zu müssen. Dies kann durchaus eine Einschränkung der Idee der Lösungsorientierung in der Schuldenberatung darstellen.

Daher erscheint es hilfreicher zu sein, zentrale Merkmale der lösungsorientierten Beratung auf die Herausforderungen der Schuldenberatung hin zu formulieren und aufzuzeigen, wie sich dieser Beratungsansatz in der Einzelfallarbeit bei Verschuldung zu erkennen gibt (vgl. Bamberger 2015: 41ff).

Beratung ist auf die Zukunft fokussiert

Die Herausforderung, Probleme bewältigen zu müssen, ist sowohl nach de Shazer wie auch Bamberger eine normale Situation im Leben der Menschen. Beratungspersonen sehen die Probleme Ihrer Klient*innen daher auch als eine normale Situation. Probleme sind nicht problematisch, sondern stellen eine Herausforderung dar, sich mit Blick auf die Zukunft von bisherigem Verhalten oder Problemlösungsstrategien zu lösen. Berater*innen laden ihre Klient*innen ein: »Willkommen, hier beginnt Ihre Zukunft« (ebd.: 59).

Eine auf Expert*innenwissen beruhende Schuldenberatung nimmt dagegen sehr stark die Überprüfung der Rechtmäßigkeit bestehender Forderungen, verbunden mit deren Entstehungsgeschichte, oder die Wirtschaftlichkeit der monatlichen Einnahmen und Ausgaben des Haushalts in den Blick. Dies entspricht ei-

---

36 Phasenmodell der lösungsorientierten Beratung siehe Bamberger 2015: 80ff.

nerseits den Erwartungen der Ratsuchenden, die sehr wohl wissen wollen, ob deren Schuldverpflichtungen und die damit verbundenen Zwangsvollstreckungshandlungen juristisch gerechtfertigt sind oder wie sie objektiv ihre laufenden finanziellen Spielräume vergrößern können. Aus Sicht der Beratung gilt es diese Bedürfnisse ernst zu nehmen und diesem Thema einen angemessenen Raum zu geben. Rechtliche und haushaltsökonomische Fragen sind jedoch, um der Lösungsorientierung in der Beratung gerecht zu werden, auf den zukünftigen Umgang mit Geld und Schulden zu richten. Es geht um die Frage, wie die Bewältigung des Alltags zukünftig entweder ohne neue Schulden, mit diesen Schulden oder auch ganz ohne Schulden gelingen kann.

Wahlmöglichkeiten schaffen

Wie in Kapitel 5.3 ausgeführt, bewältigen Menschen ihre Verschuldung als Auslöser von Stress mit der Ausprägung einer Tunnelvision (▶ Kap. 5.3). Wesentliche Lebenszusammenhänge und Handlungsalternativen werden ausgeblendet, um sich auf die existenzielle Fragen des (Über-)Lebens zu fokussieren. Sie haben somit einen sehr spezifischen bzw. eingeschränkten, aus ihrer Sicht jedoch nachvollziehbaren Blick auf ihre Lebenszusammenhänge. Dies gilt es in der Schuldenberatung aufzulösen, ohne dabei das Bewältigungsphänomen der Tunnelvision zu bewerten oder zu verurteilen: »Klienten sind meist darauf konzentriert, das zu sehen, was ist. Beratung bzw. Therapie heißt, Klienten einzuladen zu einer Sicht auf das, was sein könnte. Es geht um Blickfelderweiterung und die Suche nach bislang nicht gelebten Möglichkeiten« (ebd.: 59).

In der Beratung verschuldeter Personen und Haushalte werden Alternativen und Wahlmöglichkeiten, die den Betroffenen inzwischen subjektiv nicht mehr zugänglich sind, für die Bewältigung der aktuellen Situation angeboten. Die Situation und das Problem der Ratsuchenden wird aus unterschiedlichen Perspektiven heraus betrachtet und überlegt, wie unter den verschiedenen Blickwinkeln Lösungen aussehen können oder möglich sind. Die Ratsuchenden haben dabei die Wahlfreiheit, für welchen Lösungsweg sie sich entscheiden wollen. Die Beratungsperson trägt die Entscheidung mit und arbeitet mit den Klient*innen an deren Realisierbarkeit.

Ressourcen identifizieren

In der Beratung wird erarbeitet, was die ratsuchende Person bislang von sich aus schon unternimmt, um das Problem zu lösen.

> »Es geht darum die hilfreichen Persönlichkeitsanteile und Lebensumstände bewusst zu machen, die bereits bei der gegenwärtigen Bewältigung des Problems als Ressource zur Verfügung stehen und hilfreich sind. Bei Ressourcen (...) handelt es sich um individuelle und kontextuelle Gegebenheiten, die es ermöglichen, Bedürfnisse zu befriedigen, Ziele zu realisieren und insgesamt das Leben wunschgemäß zu gestalten. So gesehen stellen Ressourcen geradezu die Gegenspieler der Probleme dar« (ebd.: 60).

Wenn Schuldenberatung vor allem als Instrument verstanden wird, Ratsuchende möglichst zu entschulden, so laufen wir Gefahr, die wirtschaftlichen Rahmenbedingungen und vor allem die Einkommenssituation als Ressource der Betroffenen zu begreifen. Davon ausgehend, dass vor allem armutsbetroffene Personen und Haushalte die Schuldenberatung der Sozialen Arbeit aufsuchen, führt eine Fokussierung auf die ökonomischen Ressourcen zwangsläufig zu einer Defizitorientierung. Die lösungsorientierte Beratung verpflichtet die Beratungsperson in der Schuldenberatung dazu, mit den Ratsuchenden die Ressourcen, Strategien und Lösungen für eine erfolgreiche Alltagsbewältigung zu erarbeiten, die nicht in der Sphäre des Themas Geld und Schulden, sondern bei den beteiligten Personen, Gruppen und Systemen zu finden sind, auf die die ratsuchende Person auch Einfluss hat, die gestaltet und gefördert werden kann.

Kooperationen realisieren

Die Schuldenberatung wird oft als der einzige oder zentrale Klärungsprozess in der Verschuldungsgeschichte der Betroffenen gesehen. Zugleich wird oft formuliert, dass verschuldete Klient*innen zu spät oder zu unvorbereitet eine Beratungsstelle aufsuchen (vgl. Peters/Größl 2020: 4). Hierzu gilt es, aus der Perspektive der lösungsorientierten Beratung, die Rolle und das Kooperationsverständnis zu überdenken:

»Beratung kann immer nur in einer Kooperation von Berater und Klient entstehen. Entsprechend sieht sich der Berater bzw. Therapeut nicht in der Rolle des Problembeseitigers, sondern als ›Mitgestalter‹ sinnvoller Alternativen zum Problemverhalten« (Bamberger 2015: 65).

Ein lösungsbasiertes Beratungsverständnis beruht darauf, dass Ratsuchende bei ihrer Entscheidung, wann und welche Hilfe sie in Anspruch nehmen, sich auf ihre Expert*innenrolle für sich und das eigene Leben verlassen können dürfen. Mit anderen Worten: Der Entscheidungsprozess, Hilfe und Beratung zu Verschuldung in Anspruch zu nehmen, ist bereits ein zentraler Klärungsprozess, der von Weiterentwicklung zeugt und der weit vor der Anmeldung zu einem Termin in der Schuldenberatung erfolgreich vollzogen wird. Beratung, im Sinne von Klärung, Ressourcen- und Kompetenzentwicklung, beginnt somit lange vor dem ersten Beratungstermin. Ratsuchende geben durch ihr Bewältigungsverhalten die Rahmenbedingungen für die Kooperation zwischen Beratungs- und ratsuchender Person vor. Sie entscheiden über den Anfang und das Ende der Beratung und signalisieren dabei, bis und ab wann sie unbegleitet ihre Fragen des Alltags bewältigen wollen und sich dazu in der Lage fühlen. So sind Beratungsabbrüche aus der Sicht der lösungsorientierten Beratung keine Abbrüche im Sinne von Beendigung eines Beratungsprozesses. Sie sind Trainingseinheiten im Prozess einer stetigen persönlichen Weiterentwicklung. Die Kooperation zwischen Ratsuchenden und Beratungsperson werden in der Schuldenberatung dadurch realisiert, dass den Verschuldungsbetroffenen genau diese Verspätungen in der Kontaktaufnahme zur Beratungsstelle, Beratungspausen und Beendigungen der Beratung zugestanden werden.

Erste Schritte begleiten

In diesem Punkt wird die Nähe der lösungsorientierten zur systemischen Beratung deutlich. Die Umsetzung einer mit der ratsuchenden Person erarbeiteten Lösung nimmt Einfluss auf und verändert die Systeme, in denen sie sich bewegt und von denen sie ein Teil ist. Wenn nun durch Beratung die Wahrnehmungen, Gedanken, Verhaltensmuster oder auch Lebensentwürfe verändert werden und in Bewegung kommen, wirkt dies auf die betroffenen Systeme, erzeugt Resonanzen, Gegenmaßnahmen oder auch positive Verstärkungen. Deshalb erfordert eine lösungsorientierte Beratung bei Verschuldung, über die Erarbeitung von konkreten Schritten der Bewältigung hinaus, auch Klient*innen anfänglich bei der Umsetzung zu begleiten.

Selbstwirksamkeit unterstützen

Ein zentraler Punkt ist es, neben der gemeinsamen Erarbeitung von Lösungen mit Klient*innen auch das Bewusstsein zu fördern, dass sie die Verantwortlichen des Prozesses sind. Sie sind Expert*innen ihres eigenen Lebens und verfügen über ausreichende Erfahrung in der Bewältigung von Problemen und schwierigen Situationen. Die Schuldenberater*innen stellen im erforderlichen Umfang ihr Fachwissen und ihre Beratungskompetenz bereit. Lösungsorientierte Beratung und Intervention zielt aber darauf ab, dass Ratsuchende zukünftige Verschuldungsprobleme selbst lösen oder sich Hilfe holen können. Die Förderung der Selbstwirksamkeit von Verschuldungsbetroffenen bedeutet, das Bewusstsein und Selbstvertrauen zu stärken, so dass sie bei Verschuldung nicht mehr überforderte, sondern kompetente und mündige Persönlichkeiten sind.

> **Grundannahmen für die Beratungspraxis:**
> **Lösungsorientierter Interaktionsstil – Fragen zur Selbstreflexion an die Beratungspersonen**[37]
>
> - **Zukunft fokussieren**
>   Wie lasse ich mich in meinem Leben, so wie es jetzt ist, herausfordern und zu einer Gestaltung der Zukunft einladen?
> - **Wahlmöglichkeiten schaffen**
>   Wie gebe ich der Zukunft die Chance, mir immer wieder die ganze Fülle des Lebens vor Augen zu führen?
> - **Ressourcen identifizieren**
>   Was tut mir selbst gut, gibt mir Raum und Zuversicht, und sollte deshalb mehr Platz in meinem Leben erhalten?
> - **Erste Schritte begleiten**
>   Wie erlebe ich selbst Veränderungen, was gibt mir dabei Sicherheit?

---

37 In Anlehnung an Bamberger 2015: 68.

- **Selbstwirksamkeit unterstützen**
  Wer oder was gibt mir das Vertrauen, dass ich als Beratungsperson tatsächlich immer wieder eine unterstützende Gesprächspartnerin/ein unterstützender Gesprächspartner sein kann?

7.2.3 Von der Wunderfrage zur Wunderskala

Stellen Sie sich vor: »Ein Wunder geschieht, während sie schlafen – und durch das Wunder verschwinden die Probleme, derentwegen Sie hier sind. Da aber das Wunder geschieht, während Sie schlafen, können Sie nicht wissen, dass es geschehen ist. Woran merken Sie und die Menschen um Sie herum, dass das Wunder geschehen ist?« (de Shazer/Dolan 2020: 72).

Diese und ähnliche Fragen sind in der Literatur unter dem Begriff der Wunderfrage zu finden. Sie dienen dazu, in der Beratung Klient*innen aus der gegenwärtigen problembeladenen Realität herauszuholen, um hypothetische, zukunftsgewandte oder auch visionäre Ziele und Lösungen zu erarbeiten. Die Wunderfrage ist nicht für den Beginn der Beratung geeignet und sollte erst dann eingesetzt werden, wenn die Situation der ratsuchenden Person soweit geklärt ist, dass diese in der Lage ist, Perspektiven in ihrem Leben zu erkennen und zu reflektieren. In erster Linie eignet sich die Wunderfrage in der Schuldenberatung dazu, nach einer ersten Klärungsphase mit den Klient*innen weiterführende Beratungsziele zu erarbeiten.

De Shazer schlägt aber auch vor, mit Hilfe der Wunderfrage und der Kombination mit einer Skalierungsfrage den bisherigen Beratungserfolg aufzuzeigen. Nachdem die ratsuchende Person durch die Wunderfrage angeregt wurde, über eine unbeschwerte Zukunft nachzudenken, wird eine zweite Frage gestellt: Wo würden Sie ihre jetzige Situation und ihr Wohlbefinden auf einer Skala von 0 bis 10 einstufen, wenn 0 für den Zeitpunkt steht, zu dem Sie sich für eine Beratung entschieden haben, und 10 für den Tag nach dem Wunder? (vgl. ebd.: 102). Über eine solche Frage kann aufgezeigt werden, wie entlastend die ersten Interventionen in der Schuldenberatung sind, welche Unsicherheiten und Sorgen bereits gelöst werden konnten und welche Fortschritte in der Suche nach Lösungen bereits feststellbar sind. Bleibt die Klient*in bei der Bewertung 0, die signalisiert, dass noch keine Fortschritte erreicht wurden, kann gefragt werden »Was haben Sie unternommen, damit die Situation seit Beratungsbeginn nicht schwieriger wurde?«

Die Arbeit mit Skalierungsfragen wird auch dem Umstand gerecht, dass Lösungen nicht immer nur mit ›erreicht‹ und ›nicht erreicht‹ klassifiziert werden können. Der Entwicklungsprozess bildet sich oft nur in kleinen Schritten oder Nuancen ab, stellt aber trotzdem einen wichtigen Erfolg in der Entwicklung der Ratsuchenden dar.

»Der Weg der Lösung wird sich in der Regel jedoch in einem Prozess der Annäherung und in vielen kleinen Schritten vollziehen. Und indem man Schritt für Schritt voran geht wird aus einem ursprünglich komplexen und unlösbaren Problem eine Erfolgsgeschichte aus vielen lösbaren Einzelaufgaben« (Bamberger 2015: 115).

Bamberger bezeichnet dies auch als ein diskretes Anschleichen an die Lösung. Skalierungen visualisieren den erfolgreich bestrittenen Lösungsweg, der sonst im »Elendsbrei des Problems« (ebd.) übersehen werden würde.

**Grundannahmen für die Beratungspraxis:
Kriterien eines ›guten‹ Ziels**

- Die Ziele der Beratung sind positiv formuliert. Sie sind möglichst konkret, spezifisch und verhaltensbezogen ausgedrückt.
- Es werden Ziele formuliert, nicht die Probleme.
- In der Beratung formulierte Ziele sind realistisch. Die Ratsuchenden haben Einfluss auf das Erreichen.
- Beratungsziele sind interaktional. Sie berücksichtigen sowohl das Verhalten der ratsuchenden Person als auch Reaktionen und Resonanzen anderer Beteiligter.

7.2.4 Beispielfragen

Ziele-, lösungs- und ressourcenorientierte Fragen

- Was ist Ihr Ziel?
- Woran würden Sie erkennen, dass Sie Ihr Ziel erreicht haben?
- Was muss geschehen, damit es für Sie eine gute Beratung ist?
- Wenn Sie Ihr Ziel erreicht haben, was hat sich verglichen mit heute in Ihrem Leben verändert?
- Würden es andere Personen auch merken, dass Sie Ihr Ziel erreicht haben? Wenn ja, woran?
- Was tun andere, wenn Sie merken, dass Sie Ihr Ziel erreicht haben?
- Was könnte der erste Schritt sein, Ihr Ziel zu erreichen?
- Was brauchen Sie für diesen ersten Schritt? Was hilft Ihnen? Was hindert Sie?
- Nehmen wir an, Ihre Lösungsidee funktioniert. Was wäre anschließend ihr nächstes Ziel?

Skalierungsfragen

- Wie schätzen Sie ihre aktuelle Situation auf einer Skala von 0 (ganz schlecht) und 10 (sehr gut) ein?
- Woran erkennen Sie, dass Sie gerade beim Wert X sind?
- Was muss passieren, dass Sie in der Skala von Wert X auf den Wert Y steigen?
- Welchen Wert wollen Sie auf der Skala mittel- oder langfristig erreichen? Was können Sie tun, um Ihren Zielwert zu erreichen?

- Wie konnten Sie verhindern, dass Sie in Ihrer schwierigen Situation nicht auf einen tieferen Wert abgerutscht sind?
- Wie können Sie nach außen zeigen, dass Sie auf der Skala schon von Wert X auf Wert Y aufgestiegen sind?

Dissoziierende Fragen

Solche Fragen können hilfreich sein, wenn Klient*innen so sehr mit ihrem Problem verhaftet (assoziiert) sind, dass alle Gedanken um dieses eine Problem kreisen. Ratsuchenden fällt es in solchen Situationen oft schwer, eigene Ideen und Lösungsansätze zu entwickeln. Dissoziierende Fragen ›reißen‹ die Ratsuchenden aus der intensiven Verstrickung mit dem Problem und geben ihnen die Möglichkeit, dieses mit einer Außensicht oder einer anderen Perspektive zu betrachten.

- Wie würde eine unbeteiligte Person Ihre Verschuldungssituation beschreiben?
- Woran würde Ihre Familie, Freund*innen, Arbeitskolleg*innen etc. merken, dass Sie Ihr Schuldenproblem gelöst haben?
- Wenn Sie sich selbst von außen betrachten, was würden sie dieser Person sagen?
- Was sehen andere Menschen an Ihnen, was Sie möglicherweise nicht sehen?
- Angenommen, es würde gerade jemand zuhören, der von Schulden nicht viel versteht, dafür aber viel Lebenserfahrung oder gute Menschenkenntnisse hat. Was würde Ihnen diese Person raten?

Zur Wunderfrage

- Woran werden andere Personen, ohne dass Sie ihnen etwas von dem Wunder erzählt haben, merken, dass es eingetreten ist?
- Welche Person würde es als erstes merken? Welche Personen würden es später merken, welche überhaupt nicht?
- Wie würden bestimmte Personen auf die veränderte Situation reagieren?
- Wie würde sich Ihr Umgang mit Geld und Schulden verändern?

7.3 Ausblick: Hypnosystemische Beratung – Beratung mit Lösungserlebnissen

Nachdem in diesem Kapitel die systemische Beratung, die das Anliegen und die Nöte der ratsuchenden Personen in einem möglichst breiten Kontext verortet, und die lösungsorientierte Beratung, bei der sehr stark auf Erarbeitung konkreter Lösungen fokussiert wird, ohne dabei die Ursachen der problematischen Lebenssituation genauer zu analysieren, vorgestellt wurden, soll es in einem dritten

Schritt um einen Beratungsansatz gehen, der vor allem Emotionen, Erinnerungen, Zuschreibungen und Blockaden in den Blick nimmt, die sich verweigernd auf das Leben und den Alltag auswirken. Die hypnosystemische Beratung greift diese Blockaden auf und versucht, die für die Betroffenen damit in Verbindung stehenden negativen Erlebnisse verstehbar zu machen und durch positive Erlebnisse in der Beratung neu zu besetzen.

Als theoretische Grundlage der hypnosystemischen Beratung dient eine Verbindung der systemischen Beratung mit der Hypnotherapie, deren prominentester Vertreter Milton H. Erikson (1901–1980) ist. Der gegenwärtige Diskurs wird vorherrschend durch die Beiträge von Schmidt geprägt (Schmidt 2013), seit wenigen Jahren greifen aber auch andere Autor*innen die hypnosystemische Beratung auf und implementierten diese über das therapeutische Setting hinaus auch in andere Beratungsfeldern, bis hin zum Coaching und der Organisationsentwicklung (Lindart 2016: 105ff) oder der Beratung im Wirtschaftsbereich (Starker/Peschke 2017).

Der Unterschied der hypnosystemischen Beratung zur systemisch- und lösungsorientierten Beratung besteht vor allem darin, die Emotionen der ratsuchenden Menschen von den zufälligen und oft negativ geprägten Erlebnissen hin zu Lösungserlebnissen in der Beratung zu lenken. Die Aufmerksamkeit der Betroffenen, die oft um Schuld und Versagen kreist, soll auf positive Erfahrungen gelenkt werden, wie schwierige Situationen in der Vergangenheit positiv bewältigt werden konnten und als Beispiel zukünftiger Bewältigungshandlungen dienen können.

> »Betrachtet man Erlebnisprozesse, die als Symptome oder gravierende, als leidvolle Probleme wahrgenommen werden, sind diese allesamt qualitativ dadurch gekennzeichnet, dass sich bei den betreffenden Menschen eine bewusste, willkürliche Erlebnisinstanz ein bestimmtes Erleben wünscht (zum Beispiel Wohlbefinden, Freude, Sicherheit etc.), unwillkürliche körperliche und seelische Prozesse aber davon abweichen, dabei aber als wesentlich stärker erlebt werden, als die willkürlichen Prozesse, so dass sich das ›ich‹ quasi als diesen unwillkürlichen Prozess ausgeliefertes Opfer empfindet. (...) Für Therapie bzw. Beratung, die als professionelle Hilfe für die Befreiung von solchen ungewünschten Phänomenen angelegt ist, ist es deshalb von größtem Interesse, über Strategien zu verfügen, mit denen solche Antagonismen im Erleben konstruktiv aufgelöst und unwillkürliche Prozesse günstig beeinflusst werden können« (Schmidt 2013: 11).

Die hypnosystemische Therapie charakterisiert solche Reflexions- und Erlebnisprozesse durch zwei zentrale Begriffe: Die »Trance« und die Aufmerksamkeitsfokussierung. »Trance wird allgemein aufgefasst als Erlebnisweise, in der im Spektrum des Erlebens von willkürlicher Kontrolle zu mehr unwillkürlicher Selbststeuerung des Organismus übergeleitet wird« (Beahrs 1982: 51). Der von Schmidt geprägte Begriff der Aufmerksamkeitsfokussierung beschreibt den Prozess in der Beratung, die problemaufrechterhaltende Wahrnehmung und Fokussierung auf Enttäuschungen, Kränkungen oder Verletzungen auf schutz-, kraft- und zuversichtsorientierte Erfahrungen zu lenken (vgl. Schmidt 2013: 31).

Sich mit Ansätzen wie der hypnosystemischen Beratung auseinanderzusetzen lohnt in der Schuldenberatung vor allem dann, wenn Klient*innen beraten werden, für die es keine objektive Lösung der Verschuldung gibt. Trotz der inzwischen etablierten Restschuldbefreiungsverfahren gibt es immer noch Ausschlusskriterien wie zum Beispiel die Verurteilung wegen eines Konkurstatbestands, wenn ein Großteil der Forderungen nicht der Restschuldbefreiung unterliegen oder wenn, wie zum Beispiel in der Schweiz, der Gesetzgeber noch kein Restschuldbefreiungsverfahren eingeführt hat. Es lohnt sich aber auch deshalb, weil nicht die Entschuldung ein Kriterium guter Beratung darstellt, sondern vor allem das Wohlbefinden und die Alltagsbewältigung des*der Betroffenen zentraler Gegenstand der Schuldenberatung als Soziale Arbeit darstellt.

> **Grundannahmen für die Beratungspraxis:**
> **Hypnosystemische Aspekte in der Schuldenberatung**
>
> - Gibt es Erinnerungen an frühere Gegebenheiten, in denen die ratsuchenden Personen weniger- oder unbesorgt mit ihren Schulden umgegangen sind?
> - Was war damals anders oder was hat sich verändert, weshalb die Schulden nun so belastend sind?
> - In welchen Situationen, mit welchen Symbolen oder anhand welcher körperlicher Symptome nehmen die Ratsuchenden das Problem Schulden war?
> - Was kann helfen, emotional unbesorgter mit Schulden zu leben? Können die Ratsuchenden aus ihrer Biographie für den Umgang mit ihren Schulden lernen? Welche Ressourcen sind hierfür vorhanden?
> - Welche Erfahrungen und Ressourcen können helfen, Ängste und Blockaden durch die vorhandenen Schulden zu lösen?

7.4 Fazit: Beratung in der Schuldenberatung

Die systemisch ausgerichteten Beratungsansätze zeichnen Beratung in der Sozialen Arbeit dadurch aus, nicht über die Anwendung von Fachwissen, sondern mit Hilfe der vorhandenen Ressourcen mit Klient*innen zu arbeiten und zu intervenieren. Trotzdem gilt es, die Erwartungen der Ratsuchenden nach juristischem oder finanziellem Fachwissen ernst zu nehmen und in der Beratung aufzugreifen.

Auch wenn Schuldenberatung in der Sozialen Arbeit versucht, entsprechend ihren Vorstellungen von Professionalität verschuldungsbetroffene Personen und Haushalte zu beraten, wird es sich immer um eine Co-Existenz von Expert*innenberatung und reflexiver Beratung handeln.

Tab. 6: Vergleich von Expert*innenberatung mit systemischer Beratung und Intervention

Expert*innenberatung	Systemische Beratung und Intervention
Die Beratung beruht auf der Annahme, dass fehlendes Wissen oder falsches Verhalten der Ratsuchenden zu überhöhter Verschuldung führt.	Der Fokus der Beratung liegt auf den Ressourcen der Ratsuchenden und der Systeme, in denen sie leben.
Die Ratsuchenden haben Probleme, die mit Hilfe von Fachwissen und Ratschlägen gelöst werden können.	Die Ratsuchenden verfügen über Ressourcen und Potentiale, die über die Beratung erschlossen und nutzbar gemacht werden können.
Die Ursachen und Probleme der Ratsuchenden werden von der Beratungsperson identifiziert.	Die Ratsuchenden erfahren Anerkennung und Wertschätzung, was sie in ihrem Alltag bewältigen und leisten
Die Beratungsperson kennt die hilfreichen Verbesserungsvorschläge.	Durch die Beratung werden Ziele der Ratsuchenden für die Alltagsbewältigung entwickelt.
In der Beratung wird ein Maßnahmenplan zur Lösung der Schuldenprobleme erstellt.	Die Beratungsperson hilft, Ressourcen und Potentiale der Ratsuchenden zur Erreichung ihrer Ziele zu erkennen und zugänglich zu machen.
Kontroll- und Evaluationskriterien werden in der Beratung definiert und vereinbart.	In der Beratung wird die Eigenverantwortung der Ratsuchenden für die Erreichung der gesteckten Ziele gestärkt.

In der Schuldenberatung als Soziale Arbeit gilt es, neben der Reflexion der Ausgangslage und der Suche nach den Ursachen und möglichen Lösungsansätzen auch das emotionale Erleben der Verschuldungssituation der Betroffenen aufzugreifen. Die Arbeit mit Emotionen und die Suche bzw. das Erleben und Erkennen eigener Fähigkeiten und Ressourcen ist vor allem in solchen Beratungssettings zentral, in denen eine Lösung der Verschuldung bzw. eine Entschuldung nicht oder vorerst nicht möglich ist.

8   Schuldenprävention

Dass Schuldenberatung auch Schuldenprävention anbietet, ist seit der Entstehung dieses Hilfeangebots der Sozialen Arbeit unbestritten. So war es bereits in der Phase der Entstehung der spezialisierten Beratungsstellen (▶ Kap. 3.4) wesentlicher Bestandteil der Arbeit der Schuldenberatung, nicht nur von überhöhter Verschuldung betroffene Haushalte zu beraten und zu entschulden, sondern dies auch zu verhindern. Dabei ging es von Beginn an sowohl darum strukturelle Rahmenbedingungen, die Verschulung ermöglichen und fördern, zu thematisieren sowie gefährdete Personengruppen vor einer möglichen Verschuldung zu ›bewahren‹.

Doch auch hier stellt sich die Frage, was denn die zentralen Ziele, Inhalte und die für die Soziale Arbeit spezifischen methodischen Zugänge sind, mit denen Schuldenpräventionsangebote gestaltet und durchgeführt werden sollen. Auch bei Schuldenprävention sind deren Akteur*innen darin gefordert zu überlegen, welchen Stellenwert spezifisches Wissen zu Geld und Schulden hat oder ob die Prozessqualität, also der Einbezug von Betroffenen, die partizipative Festlegung der Inhalte und Ziele und die Ausrichtung der Angebote auf die Befähigung und Teilhabe der Zielgruppen haben.

Naheliegend ist auf den ersten Blick das Finanzwissen, das bei den Beratungskräften der Schuldenberatungsstellen in hoch spezialisierter Weise vorhanden ist, zu den als besonders gefährdet geltende Zielgruppen zu bringen und auf diesem Weg den rationalen Umgang mit Geld, Konsum und Schulden zu steigern – eine Präventionsstrategie, die in den letzten Jahren und Jahrzehnten von vielen Schuldenberatungsstellen so auch praktiziert wurde. Sie entwickelten zahlreiche, überwiegend standardisierte Unterrichtseinheiten und Lehrmaterialien, mit denen vor allem Kinder und Jugendliche erreicht werden sollen. Dies erfolgt im Glauben daran, dass es sich hier um eine besonders gefährdete oder aus irgendeinem anderen Grund ausgesprochen relevante Zielgruppe für Schuldenprävention handelt. Doch wie kam es dazu, dass sich genau dieses Bild guter oder wirksamer Schuldenprävention in einem Arbeitsfeld durchgesetzt hat, das von sich die Ausrichtung der Angebote an den Bedürfnissen der Zielgruppe, den Einbezug möglichst aller Adressat*innen und vor allem eine sozialräumliche Ausgestaltung von Hilfen proklamiert, im Präventionsbereich dann aber die Zielgruppe mit Expert*innenwissen geradezu ›verfolgt‹ (Mattes 2016a)?

Eine Antwort auf diese Frage ist nur hypothetisch, nicht jedoch empirisch abgestützt möglich. Dies, weil es bislang weder wissenschaftliche Untersuchungen zum Verständnis von Schuldenprävention allgemein und besonders in der Schuldenberatung gibt und auch in den beiden Buchpublikationen, die ihr Augenmerk vor allem auf die Geschichte und Entstehung der Schuldenberatung richten, Schuldenprävention nicht explizit thematisiert wird (Ebli 2003, Schwarze 2019).

Die gängige Präventionspraxis, wie wir sie im deutschsprachigen Raum überwiegend vorfinden, beruht möglicherweise auf einem einfachen, politisch aber gut vermittelbaren Bild von Verschuldung, nämlich dass dieses auf fehlendem Wissen im Umgang mit Geld beruht. Entsprechend folgerichtig ist es dann, vor allem Angebote zur Förderung der finanziellen Allgemeinbildung zu schaffen. Fehlendes Finanzwissen und die Notwendigkeit Finanzkompetenz zu vermitteln, ist aber nicht nur sozialpolitisch, sondern auch gegenüber Sponsoren solcher Angebote einfach zu vertreten. Es ermöglicht ihnen, vor allem aus der Finanzwirtschaft stammend, durch die Finanzierung von Schuldenprävention vermeintlich Verantwortung für die sozialen Folgen von Verschuldung zu übernehmen und sich so zu zeigen, als ob diese zukünftig verhindert werden soll oder kann. Auf der Grundlage dessen, was wir bislang über Verschuldung, deren Entstehung und Bewältigung wissen, dürfte die Ausrichtung von Schuldenprävention auf die Vermittlung von Finanzwissen von den eigentlichen Anliegen und Bedürfnissen etwaiger Zielgruppen von Schuldenprävention und dem professionellen Selbstverständnis der Sozialen Arbeit weit entfernt sein.

> In diesem Kapitel geht es darum, Schuldenprävention unter fachlichen Aspekten der Sozialen Arbeit zu beleuchten. Ziel dabei ist es herauszuarbeiten, wie Schuldenprävention nicht nur als Vermittlung von Faktenwissen, sondern als professionelle Gestaltung von Interventions- und Lernprozessen durch die Soziale Arbeit erfolgen kann. Hierzu wird zunächst in die Grundbegriffe der Präventionsarbeit eingeführt und diese in Zusammenhang mit Schuldenprävention dargestellt (▶ Kap. 8.1). Im weiteren Verlauf wird schematisch aufgezeigt, wie Präventionsangebote geplant und durchgeführt werden können bzw. welche theoretischen Bezüge hierfür relevant sind (▶ Kap. 8.2). Schließlich wird die Evaluation von Schuldenpräventionsarbeit beleuchtet (▶ Kap. 8.3).

8.1 Grundzüge von Schuldenprävention

Um die theoretischen Bezüge von Schuldenprävention verstehen und einordnen zu können, ist es hilfreich, sich an Fachdiskurse anderer Präventionsbereiche zu orientieren und diese für die Schuldenberatung nutzbar zu machen, da speziell für Schuldenprävention nur bedingt theoretische oder empirische Grundlagen erarbeitet wurden. Hier ist es insbesondere die Gesundheitsprävention und die Sucht- und Gewaltprävention, die für sich eine gewisse Theorietradition etablierten, die für die Schuldenprävention dienlich ist und aufgegriffen werden kann.

Doch vorab gilt es zu klären, was denn überhaupt unter Prävention verstanden werden kann. Hierzu ist ein Blick auf die Gesundheitsprävention hilfreich:

»Prävention ist im Gesundheitswesen ein Oberbegriff für zielgerichtete Maßnahmen und Aktivitäten, um Krankheiten oder gesundheitliche Schädigungen zu vermeiden, das Risiko der Erkrankung zu verringern oder ihr Auftreten zu verzögern. Präventive Maßnahmen lassen sich nach dem Zeitpunkt, zu dem sie eingesetzt werden, der primären, der sekundären oder der tertiären Prävention zuordnen. Des weiteren lassen sich präventive Maßnahmen im Hinblick darauf unterscheiden, ob sie am individuellen Verhalten (Verhaltensprävention) oder an den Lebensverhältnissen ansetzen (Verhältnisprävention)« (Bundesministerium für Gesundheit 2020).[38]

8.1.1 Ziel und Widerspruch der Schuldenprävention

Durch Prävention wird versucht, einen noch nicht vorhandenen, aber unerwünschten Umstand einzelner Personen oder größere Personengruppen möglichst zu verhindern oder das Eintreten dieses Umstandes zumindest zu verzögern (vgl. Fabian 2019: 120). Hier steht das Ideal der Schuldenfreiheit, das in der Arbeit mit verschuldungsgefährdeten oder verschuldungsbetroffenen Menschen lange Zeit im Vordergrund stand, berechtigterweise in der Kritik (vgl. Mattes 2007: 214). Durch Schuldenprävention das Ziel zu verfolgen, Personen und Haushalte zu einem schuldenfreien Leben zu befähigen oder sie zu einem rein rationalen Konsumverhalten, beruhend auf dem normativen Ideal der Schuldenfreiheit, zu erziehen, dürfte wohl wenig realistisch und auch bei aller Würdigung der Nachteile, die hohe Schuldverpflichtungen mit sich bringen, in modernen Gesellschaften unglaubwürdig sein. Möglicherweise erschwert eine solche Haltung auch den Zugang zu möglichen Zielgruppen, die in ihrer Vorstellung von Alltagsbewältigung Verschuldung nicht kategorisch ausschließen können oder wollen.

Trotzdem verfolgt Schuldenprävention das Ziel, negative Begleiterscheinungen von Verschuldung zu verhindern oder zu minimieren. Dies alles bei Personen, die aktuell noch nicht oder nur kaum von Verschuldung betroffen sind und für die es aus heutiger Sicht möglicherweise vollkommen irrelevant ist, diese potenziellen Risiken und Begleiterscheinungen verhindern zu wollen. Prävention hat somit die »paradoxe Aufgabe, eine an sich erwünschte Gegenwart – die Probleme bestehen noch nicht – so zu lenken, dass sie bleibt, wie sie aktuell ist« (Hafen 2017: 7). Es geht somit um die Schaffung von reflexiven Zugängen und Sensibilität möglicher Zielgruppen, aktuelle Lebens- und Alltagszusammenhänge anzunehmen und daran festzuhalten, die sie aus ihrer Sicht möglicherweise lieber heute als morgen ändern möchten: die Ausgrenzung aus konsumbestimmter Teilhabe. Das Ausprobieren moderner Lebensstile oder der Unabhängigkeit der eigenen finanziellen Situation sind wesentliche Entwicklungsaufgaben vor allem junger Menschen, die sich einer Vielzahl von Verschuldungsmöglichkeiten, Chancen und Risiken gegenübersehen. Arbeitet Schuldenprävention dann gegen das für die Weiterentwicklung von Menschen wichtige Bedürfnis, aktiv an

---

38 Siehe Glossar des Bundesministerium für Gesundheit.

der Gestaltung der Lebenssituation zu arbeiten, zugängliche Chancen auszuprobieren und eigene Lernerfahrungen zu sammeln? Und wie ist hier das Anliegen der Lebensweltorientierung der Sozialen Arbeit umsetzbar, möglichst für alle Bevölkerungsgruppen hilfreiche und zugängliche Angebote zu schaffen. Sollen zugleich vor allem der Entstehung sozialer Ungleichheit entgegengewirkt und benachteiligten Zielgruppen entsprechende Hilfen zur Verfügung gestellt werden?

Wenn Schuldenprävention darauf abzielen soll, dass Lernerfahrungen nicht gesammelt werden, auch wenn dies in einem behütenden Verständnis vermittelt wird, oder dass Lebenssituationen erhalten bleiben, die die Betroffenen eigentlich ändern sollen, stößt Schuldenprävention schnell an berufsethische Grenzen und Widersprüche.

> Daher gilt es, trotz aller Gefahren und Risiken, die Verschuldung mit sich bringen kann und sie deshalb auch verhindert werden sollte, Schuldenprävention auf die Entwicklung der Persönlichkeit und Stärkung der Eigenverantwortung auszurichten. Denn auch bei den unterschiedlichen Zielgruppen, der sich die Soziale Arbeit verpflichtet fühlt, sind immer auch Fähigkeiten und Ressourcen vorhanden, die eigene Lebenssituation eigenverantwortlich zu gestalten. Diese zu erkennen und einzubeziehen erscheint in einem professionellen Präventionsverständnis sinnvoller, als auf die Vermittlung von Finanzwissen zu setzen.

Reflexionsfragen zur professionellen Haltung zu Verschuldung

- Mit welcher professionellen Haltung begegnen Sie dem Phänomen Verschuldung?
- In welchen Alltagszusammenhängen entsteht aus Ihrer Sicht problematische Verschuldung?
- Inwiefern stabilisiert oder beeinträchtigt Verschuldung den Alltag der betroffenen Personen und Haushalte?
- Welche Widersprüche ergeben sich aus Sicht der betroffenen Personen und Haushalte, wenn ihr Verschuldungsverhalten thematisiert oder hinterfragt wird?

8.1.2 Risiko- und Schutzfaktoren bei Verschuldung

Doch wo und wie kann die Soziale Arbeit ansetzen, wenn es bei Schuldenprävention eben nicht mehr um Vermittlung von Finanzwissen geht, sondern um die Stärkung ihrer Zielgruppen im eigenverantwortlichen Umgang mit Geld? Hier ist die Berücksichtigung von Risiko- und Schutzfaktoren als Anknüpfungspunkte zentral. Unter Risikofaktoren kann allgemein eine erhöhte Wahrscheinlichkeit, eine bestimmte Krankheit zu erwerben, einen bestimmten Gesundheitsschaden vorzeitig zu erleiden, eine definierte Selbst-, Interaktions- oder Entwicklungsstörung auszuprägen, Lebensqualität zu verlieren oder vorzeitig zu versterben, verstanden werden (Hartung/Rosenbrock 2018)[39].

Für die Schuldenprävention bedeutet dies, Risikofaktoren zu identifizieren und möglichst diese zu reduzieren, die das Eintreten überhöhter Verschuldung fördern oder deren Wahrscheinlichkeit erhöhen[40].

Andererseits geht es aber auch darum, Einflussfaktoren zu identifizieren, die die Zielgruppe fördern und stärken, den zu vermeidenden Umstand entweder nicht, zeitlich verzögert, eingeschränkt oder abgemildert eintreten lassen (Schutzfaktoren). Diese sind durch Schuldenprävention zu fördern und nutzbar zu machen.

> Prävention hat immer mit Problemen einzelner Menschen oder Gruppen zu tun, die für diese noch nicht bestehen, aber mit einer gewissen Wahrscheinlichkeit entstehen könnten. Mit präventiven Maßnahmen soll die Auftretenswahrscheinlichkeit eines Problems, zugunsten einer positiven Entwicklung für die betroffenen Personen, beeinflusst und reduziert werden. Konkret will Prävention einen Beitrag dazu leisten, diese zukünftigen Probleme sowie auch Folgeprobleme zu verhindern, möglichst klein zu halten oder zeitlich zu verzögern.

Dies kann jedoch nicht als linear verlaufendes Modell betrachtet werden. Risiko- und Schutzfaktoren bedingen sich gegenseitig und stehen miteinander in Abhängigkeit. Sie können bei der Person selbst, aber auch in deren Umwelt liegen.

Im Fachdiskurs zur Sucht- oder Gewaltprävention, aber auch zu anderen präventiv bearbeiteten Phänomenen gibt es systematische, meist evidenzbasierte Übersichten der bekannten Risiko- und Schutzfaktoren. Eine davon wurde von Averdijk zur Untersuchung von Problemverhalten von Jugendlichen wie zum Beispiel Delinquenz, Substanzkonsum oder Schulverweigerung schematisch dargestellt. Dabei wird davon ausgegangen, dass das Verhalten von Jugendlichen in vier verschiedenen Settings stattfindet und von diesen Settings auch beeinflusst wird. Diese Settings sind: Familie, Schule, Jugendliche/Peers und das Wohnumfeld. Die Aufstellung der Risikofaktoren stellt dieses Problemverhalten von Jugendlichen gegenüber und verifiziert sie anhand mindestens zweier empirischer Befunde.

---

39 Siehe alphabetisches Verzeichnis der Leitbegriffe des Bundesministeriums für gesundheitliche Aufklärung: www.leitbegriffe.bzga.de.
40 Weitere Grundbegriffe zur Sucht- und Gewaltprävention sowie Gesundheitsförderung siehe: Bundeszentrale für gesundheitliche Aufklärung (BZgA): https://www.leitbegriffe.bzga.de/alphabetisches-verzeichnis/, Schweizer Koordinations- und Fachstelle Sucht (infodrog): https://www.infodrog.ch/de/wissen/praeventionslexikon.html.

8 Schuldenprävention

Tab. 7: Zusammenhang zwischen Risikofaktoren und Problemverhalten

Risikofaktoren	Gewalt	Delinquenz	Alkohol- und Drogenmissbrauch	Schulabbruch	Depressionen und Ängste
Familie					
Geschichte des Problemverhaltens in der Familie	✓	✓	✓	✓	✓
Probleme mit dem Familienmanagement	✓	✓	✓	✓	✓
Konflikte in der Familie	✓	✓	✓	✓	✓
Zustimmende Haltung der Eltern zu Problemverhalten	✓	✓	✓		
Schule					
Frühes und anhaltendes unsoziales Verhalten	✓	✓	✓	✓	✓
Lernrückstände beginnend in der Grundschule	✓	✓	✓	✓	✓
Fehlende Bindung zur Schule	✓	✓	✓	✓	
Kinder und Jugendliche					
Entfremdung und Auflehnung		✓	✓	✓	
Umgang mit Freunden, die Problemverhalten zeigen	✓	✓	✓	✓	
Haltungen, die Problemverhalten fördern		✓	✓	✓	
Früher Beginn der Problemverhaltens	✓	✓	✓	✓	
Anlagebedingte Faktoren	✓	✓	✓		✓
Nachbarschaft/Gebiet					
Verfügbarkeit von Drogen	✓		✓		
Verfügbarkeit von Waffen	✓	✓			
Normen, die Problemverhalten fördern	✓	✓	✓		
Fluktuation und Mobilität/häufiges Umziehen		✓	✓	✓	✓
Wenig Bindung in der Nachbarschaft und Desorganisation in einem Gebiet	✓	✓	✓		
Hochgradige soziale und räumliche Ausgrenzung	✓	✓	✓	✓	

(Aus: Averdijk, Margit (2017). Communities that Care, Jugendbefragung Herbst 2016. Gesamtergebnisse für Bischofszell, Könitz und Meilen. Zürich: Radix Forschungsbericht. S. 7)

Für das Thema Schulden gibt es bislang noch keine empirisch belegten Risiko- und Schutzfaktoren, die als Grundlage zur Erarbeitung von Schuldenpräventionskonzepten herangezogen werden können. Meier Magistretti und Arnold (Meier Magistretti et al. 2013) schlagen zwar eine erste Sammlung möglicher Einflussfaktoren von Verschuldung vor. Sie ist aber weitgehend unsystematisch erhoben wie dargestellt und zielt ausschließlich auf die Individualisierung von Verschuldung als Problem und Ursache persönlichen Fehlverhaltens der Betroffenen ab. Aufgrund der Mehrdimensionalität, aus der heraus Verschuldung als soziales Problem entsteht, sind Risiko- und Schutzfaktoren auch gesamtgesellschaftlich herzuleiten. Nachfolgend wird auf der Grundlage des in Kapitel 5 beschriebenen Verschuldungskonzepts den Einflussfaktoren von Verschuldung die dazugehörenden Risiko- und Schutzfaktoren zugeordnet (▶ Kap. 5).

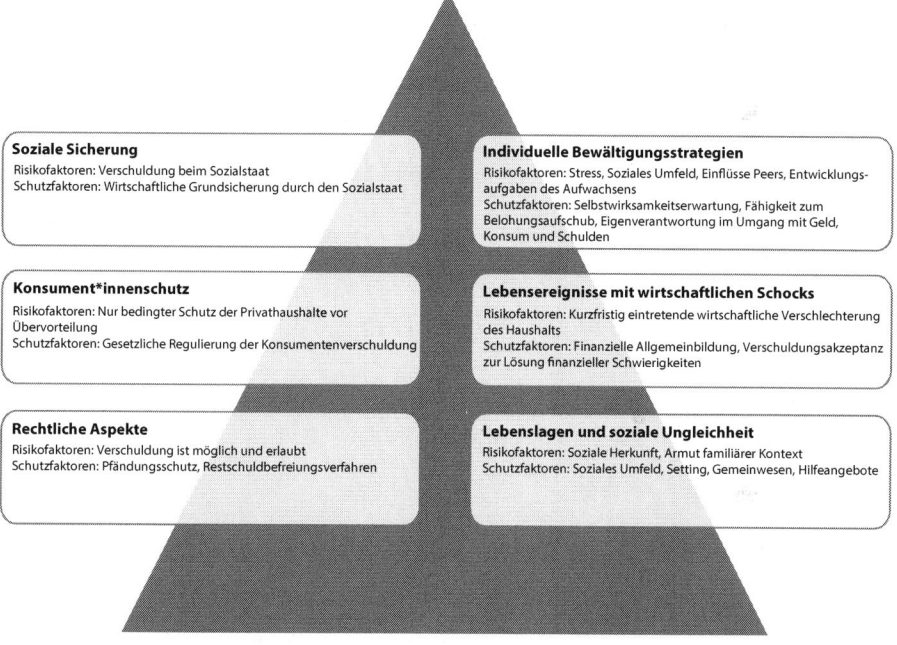

Abb. 11: Risiko- und Schutzfaktoren

Reflexionsfragen zu Untersuchung und Recherche: Risiko- und Schutzfaktoren von Verschuldung

- Von welchen Risikofaktoren gehen Sie aus, die das Entstehen einer problematischen Verschuldung erhöhen?
- Was sind die Schutzfaktoren, die die betroffenen Personen und Haushalte stärken, mit Verschuldung eigenverantwortlich umzugehen?

> • Welche Risikofaktoren wollen Sie verringern, welche Schutzfaktoren fördern?

8.1.3 Verhalten und Verhältnisse

Für die Prävention lassen sich zwei Grundstrategien unterscheiden: die verhaltensorientierte und die verhältnisorientierte Prävention. Hierzu ist in der Fachöffentlichkeit teilweise die Einschätzung zu finden, dass es sich um gegensätzliche oder konträre Ansätze handelt, die entweder das Eine oder das Andere verfolgen. Gerade aber in der Schuldenprävention wird deutlich, dass in der Praxis die Grenzen fließend sind und dass eine sich ergänzende Betrachtung sinnvoller erscheint. So sind zum Beispiel Kampagnen im Bereich von Energie- und Mietschulden, die auf die Reduzierung von Liefersperren und Räumungsverfahren von Wohnungen ausgerichtet sind, einerseits auf die Veränderung struktureller Probleme wie zum Beispiel den institutionellen Umgang von Vermieter*innen und Energieversorgungsunternehmen mit Zahlungsrückständen ausgerichtet. Zugleich geht es aber auch darum, das Verhalten der beteiligten Akteur*innen und Personengruppen zu verändern: Wie schnell können die betroffenen Haushalte auf sich abzeichnende oder eingetretene Zahlungsrückstände reagieren oder wie unbürokratisch ist die öffentliche Verwaltung und die private Wohlfahrtspflege in der Lage, bei der Lösung dieser Schuldverpflichtungen auch tatsächlich zu helfen.

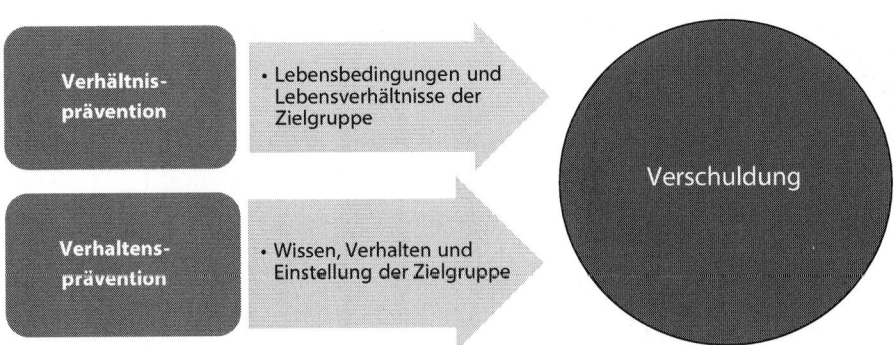

Abb. 12: Wirkungen von Verhaltens- und Verhältnisprävention

Der Unterschied zwischen Verhaltens- und Verhältnisprävention liegt in den Wirkungsfeldern. Verhaltenspräventive oder personenorientierte Maßnahmen versuchen insbesondere auf Wissen, Einstellungen oder Verhaltensweisen von Individuen einzuwirken. In der Verhältnisprävention oder strukturorientierten Prävention sollen dagegen die vorhandenen Lebensbedingungen und strukturellen

Verhältnisse beeinflusst werden, die das Entstehen von Verschuldung bedingen (vgl. Sterdt/Walter 2012: 29).

Es gibt Hinweise, dass die Verhältnisprävention stärkere Effekte als die Verhaltensprävention hat. So spielen beispielsweise bei Alkohol oder Tabak der Preis oder das gesetzlich geregelte Mindestalter für den legalen Erwerb eine nicht unerhebliche Rolle (Sucht Schweiz 2013)[41]. Meier Magistretti nimmt das Thema der strukturellen Prävention auf und stellt fest, dass viele Hinweise bestehen, dass Verhältnisprävention wirksamer als Verhaltensprävention ist, diese offenbar in der Schuldenprävention aber bislang noch kaum Thema ist. Es zeigt sich hier, dass Prävention – leider – oft nicht fachlich argumentiert, sondern politisch motiviert ist. Prävention heißt also auch, den Diskurs auf dieser Ebene zu führen (vgl. Meier Magistretti et al. 2013: 53).

> **Reflexionsfragen zu Entscheidung:**
> **Verhaltensprävention oder Verhältnisprävention**
>
> - Was trägt aus Ihrer Sicht langfristig zur Reduktion von Verschuldung bei: Verhaltensprävention oder Verhältnisprävention?
> - Was sind Ihre möglichen Zugänge und Gestaltungsspielräume für Verhaltensprävention und Verhältnisprävention?

8.1.4 Klassifizierungen von Prävention

Neben der Unterteilung in Verhaltens- und Verhältnisprävention kann Prävention auch anhand des Interventionszeitpunkts oder der Vulnerabilität der angestrebten Zielgruppe dargestellt werden. Eine solche schematische Unterteilung schlägt insbesondere Fabian (vgl. Fabian 2019: 127) vor, der zudem die bestehenden Präventionskonzepte noch durch ein Modell der Früherkennung und Frühintervention ergänzt. Da Früherkennung und Frühintervention sowohl als dritte Dimension in der Kategorisierung von Prävention, aber auch als Ausdruck von Haltung und Fachlichkeit bei der Ausgestaltung von Interventionen betrachtet werden können, wird nachfolgend abweichend vom Modell Fabian diese als Referenzgrößen für die übrigen Präventionsarten dargestellt.

Interventionszeitpunkte

Die in Abbildung 13 aufgezeigte Klassifizierung von Primär-, Sekundär- und Tertiärprävention definiert sich in erster Linie über den Zeitpunkt des Auftretens des Problems und der damit favorisierten Durchführung der geplanten Intervention (▶ Abb. 13). Diese Unterteilung beruht jedoch auf einem medizinisch geprägten Modell, das vor allem eine Unterteilung von Krankheitsbildern in

---

41 Siehe Manuskript: www.suchtschweiz.ch.

Krankheitsverläufe vornimmt bzw. zu diesem Zweck entstanden ist (Mrazek et al. 2010, Caplan 1964). Um menschliches Verhalten zu beschreiben, das weder dysfunktional noch pathologisch ist, und darauf aufbauend eine Intervention zu planen, eignet sich nach Brotherhood und Sumnall (Brotherhood/Sumnall 2013) diese Unterteilung nur bedingt.

Primärprävention bedeutet, dass Maßnahmen darauf ausgerichtet sind zu wirken, bevor ein Problem sich manifestiert oder entwickelt. Bei der Ausrichtung auf Verschuldung setzt Primärprävention bereits dann an, wenn noch keine Schuldverpflichtungen bestehen bzw. noch keine konkrete Verschuldung der Zielgruppe geplant ist. Die Sekundärprävention richtet sich an Personen, die erste Risiken oder risikoreiche Verhaltensweisen zeigen. Im Kontext von Schulden könnten das beispielsweise Personen sein, die ein großes Interesse für Geldspiele oder ein teures Hobby haben, die aber aufgrund ihrer persönlichen finanziellen Möglichkeiten sich das nicht leisten können. Die Tertiärprävention schließlich kommt zum Zug, wenn ein Problem vorliegt. Die Maßnahmen setzen bei Personen mit bereits diagnostizierten Problemen an, also zum Beispiel eine bereits bestehende Verschuldung. Hier wird Prävention sowohl als Intervention, als auch als therapeutische Maßnahme betrachtet. Es geht um die Hilfe zur Bewältigung der aktuellen Verschuldungsproblematik mittels einer Intervention, die für sich aber auch präventive Wirkungen mit sich bringen kann, so dass eine Verfestigung oder Folgeprobleme der Verschuldung verhindert oder minimiert werden können. Die Tertiärprävention hat somit behandelnde wie auch präventive Anteile (vgl. Fabian 2019: 128).

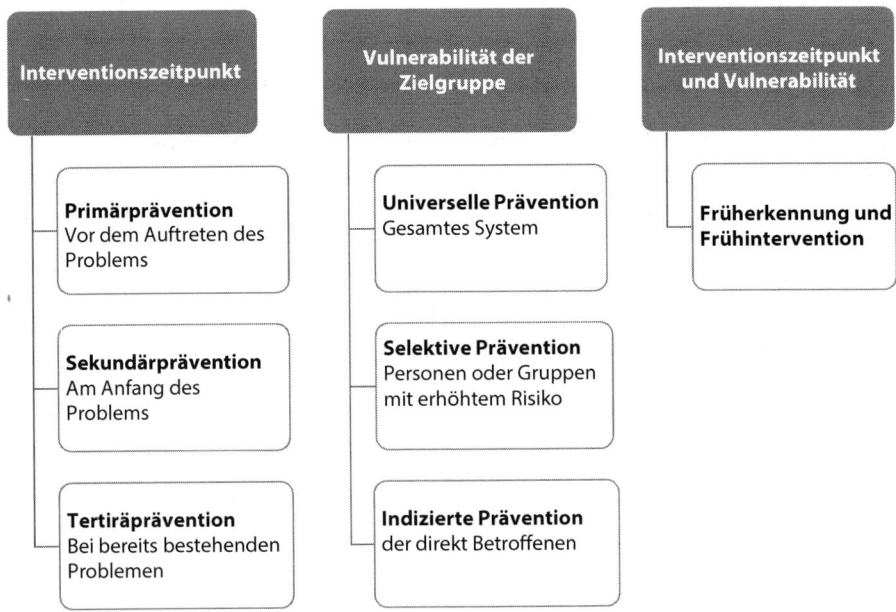

Abb. 13: Typologien von Prävention

Vulnerabilität der Zielgruppe

Bei dieser Kategorie lohnt sich ein Blick in den Fachdiskurs zur Gesundheitsförderung, genau genommen in die Suchtprävention:

> »Universelle, selektive und indizierte Prävention wird durch die Beurteilung der Vulnerabilität und des damit verbundenen Risikos der jeweiligen Gruppen unterschieden. In der universellen Prävention teilen alle Mitglieder der Bevölkerung dasselbe allgemeine Risiko zum Drogenkonsum, obwohl das Risiko zwischen einzelnen Individuen sehr stark variieren kann. In der selektiven Prävention werden soziale und demografische Indikatoren verwendet, die vage auf einen höheren Vulnerabilitätsgrad hinweisen. Auf diese Weise können bestimmte Gruppen angesprochen werden, wie beispielsweise ausgegrenzte ethnische Minderheiten, Jugendliche in benachteiligten Nachbarschaften, jugendliche (Drogen-)Straftäter, vulnerable Familien oder bestimmte Settings. Während diese Indikatoren nützlich sind, um Gruppen zu identifizieren, bei denen ein Drogenkonsum wahrscheinlicher ist, ist es nicht möglich, Schlussfolgerungen über die Vulnerabilität einer Einzelperson in dieser Gruppe zu ziehen. Bei der indizierten Prävention allerdings kann eine vulnerable Einzelperson einer Früherkennung und Untersuchung unterzogen und eine Erkrankung, die das Risiko des Drogenkonsums erhöht (zum Beispiel Aufmerksamkeitsdefizitstörung, Verhaltensstörung) durch eine Fachkraft festgestellt worden sein« (Brotherhood/Sumnall 2013: 8).

Gordon spricht von *universeller Prävention*, wenn sich das Angebot an die Gesamtheit der Bevölkerung, auch an eine bestimmte Altersgruppe wie die Jugendlichen oder an eine ganze Schule richtet (Gordon 1983). Das kann beispielsweise in Form einer Sensibilisierungs- und Informationskampagne oder eines Präventionsprojekts in einer Schule für alle Schülerinnen und Schüler sein. Selektive Prävention ist es, wenn sich die Maßnahmen an eine Gruppe von Menschen richten, die ein erhöhtes Risiko resp. eine Gefährdung für die Entwicklung eines Problems haben. Zielgruppen können beispielsweise Jugendliche sein, die von Armut oder Arbeitslosigkeit betroffen sind oder solche, die in schuldenbelasteten Familien aufwachsen, obwohl diese Jugendlichen selbst bislang keine oder kaum Schulden haben. Um indizierte Prävention schließlich handelt es sich, wenn sich die Maßnahmen an Personen richten, die bereits ein Problem entwickelt haben, also beispielsweise bereits Schulden haben oder hatten, und es darum geht, eine Verschlechterung der Schuldensituation zu verhindern oder um Folgeerscheinungen (zum Beispiel Krankheit, Exklusion) abzuwenden. Die indizierte Prävention hat ebenfalls wie die Tertiärprävention behandelnde sowie präventive Anteile zugleich.

Früherkennung und Frühintervention

Das Verständnis von Intervention im Sinne von Früherkennung und Frühintervention ist ebenfalls aus der Gesundheitsförderung und hier vor allem aus der Gewaltprävention an Schulen abgeleitet. Das Konzept der Früherkennung und Frühintervention beruht auf dem Zusammenspiel zweier Ebenen, die auch nur zusammen sinnvoll sind:

- Früherkennung bedeutet die Beobachtung von ersten Anzeichen von Belastungen oder Schwierigkeiten, die zu Schulden oder auch zu anderen Proble-

men führen könnten. Diese Beobachtung erfolgt nicht zufällig, sondern systematisiert anhand von Leitbildern und Interventionsleitfäden, die den Umgang mit Problemen innerhalb einer Schule, einer sozialen Einrichtung oder eines Gemeinwesens regeln.
- Um Frühintervention handelt es sich, wenn Maßnahmen als Folge der Früherkennung möglichst früh und zielgerichtet angeboten werden. Damit soll eine Verschlimmerung oder Chronifizierung der Situation rechtzeitig verhindert werden. Maßnahmen der Frühintervention sind in der Regel Unterstützung und Förderung der gefährdeten Personengruppen. Solche Maßnahmen können aber auch direktive Interventionen beinhalten, wie zum Beispiel die Einschränkung bis hin zum Verbot der Handynutzung an Schulen (siehe zum Beispiel Fabian/Müller 2010)[42].

> Im Rahmen der Früherkennung und Frühintervention wird nicht erst mit Prävention begonnen, wenn eine Bedrohung oder Betroffenheit der Zielgruppe mehr oder weniger akut festgestellt wird. Es handelt sich vielmehr um einen Interventionsansatz, der im Umgang mit möglichen Gefahren die Haltung aller Beteiligten wie Lehrpersonen, Sozialarbeitende, Akteur*innen der Verwaltung, Arbeitgebende oder der Bevölkerung in den Blick nimmt und eine Kultur der Offenheit in der Bearbeitung und Lösung sozialer Probleme vermittelt.

Beim Ansatz der Früherkennung und Frühintervention entsteht gegebenenfalls auch ein Spannungsverhältnis von Hilfe und Kontrolle: Indem unterschiedlichste Akteur*innen und Beteiligte sensibilisiert werden, Probleme in ihrem Umfeld wahrzunehmen, wird möglicherweise auch die Tendenz von sozialer Kontrolle gefördert oder stimuliert (Müller et al. 2013).

Reflexionsfragen zur Einordnung:
Interventionszeitpunkt und Vulnerabilität

- Wie stark ist Ihre Zielgruppe gefährdet, sich zu verschulden, oder wie stark ist Ihre Zielgruppe bereits von Verschuldung betroffen?
- Möchten Sie Ihr Angebot an eine bestimmte gefährdete oder betroffene Gruppe richten oder priorisieren Sie eine frühzeitige Erreichbarkeit?

---

42 Forschungsbericht im Auftrag des Bundesamts für Sozialversicherungen, Bern: www.radix.ch.

8.2 Schuldenprävention konkret

Nachdem die Grundbegriffe von Prävention bezogen auf Verschuldung eingeführt sind, beschäftigt sich dieses Kapitel mit der konkreten Ausgestaltung von Präventionsangeboten. Auf welcher Grundlage müssen Entscheidungen getroffen werden, wenn eine bestimmte Zielgruppe erreicht werden soll? Dieses Kapitel führt schrittweise durch die Erarbeitung eines Schuldenpräventionskonzeptes. Jedes Unterkapitel schließt mit Reflexionsfragen für die Ausarbeitung von Schuldenpräventionsangeboten.

8.2.1 Betroffenengruppen

In der Fachliteratur zu Verschuldung wird gelegentlich darüber diskutiert, wer die von Verschuldung besonders betroffenen Personengruppen sind. Zurückblickend auf die Überlegung, dass Schuldenprävention an den Risiko- und Schutzfaktoren ansetzt soll (▶ Kap. 8.1.2), nicht aber am Kriterium des tatsächlichen oder bereits vorhandenen Verschuldungsverhaltens, leitet sich eine erste zentrale Frage für die Ausgestaltung von Schuldenprävention ab: Welche Personengruppen, mit welchen Risiko- und Schutzfaktoren sollen denn eigentlich erreicht werden?

Hier fällt auf, dass es vor allem Kinder und Jugendliche sind, die als Zielgruppen für solche Angebote ausgewählt werden, ohne dass es hierzu eine empirisch nachgewiesene Notwendigkeit gibt. Trotzdem aber wird in der Fachöffentlichkeit oft und kontrovers über die angeblich hoch verschuldete oder überschuldete Jugend gesprochen. Aus diesem Grund wird im nachfolgenden Kapitel 8.2.2 Jugendverschuldung näher beleuchtet (▶ Kap. 8.2.2).

Doch welche Zielgruppen durch die Soziale Arbeit präventiv erreicht werden sollen, wurde bislang nur durch Mattes und Fabian (Mattes/Fabian 2018) auf der Grundlage von Verschuldungsstatistiken der EU-SILC-Erhebung beschrieben. Maßgeblich dafür sind die von Verschuldung und Zahlungsrückständen hauptsächlich betroffenen Personengruppen, die im Rahmen der EU-SILC-Erhebung jeweils bezogen auf die Haushaltsgemeinschaft erhoben werden. Die besonders hoch verschuldeten Personengruppen können daher nicht einzelfallbezogen pro Person dargestellt werden. Dafür ist aber abbildbar, wie viele Personen in einem Haushalt leben, der von Verschuldung allgemein oder von Zahlungsrückständen der laufenden monatlichen Ausgaben betroffen ist (▶ Abb. 14).

Zur Ausgestaltung von Schuldenprävention sind jedoch nicht nur die gefährdeten oder betroffenen Personengruppen relevant, es geht in der Präventionsarbeit vielmehr darum, Settings, in denen sich die Betroffenengruppen aufhalten und über die sie erreicht werden können, zu erkennen und Interventionen darauf auszurichten.

8 Schuldenprävention

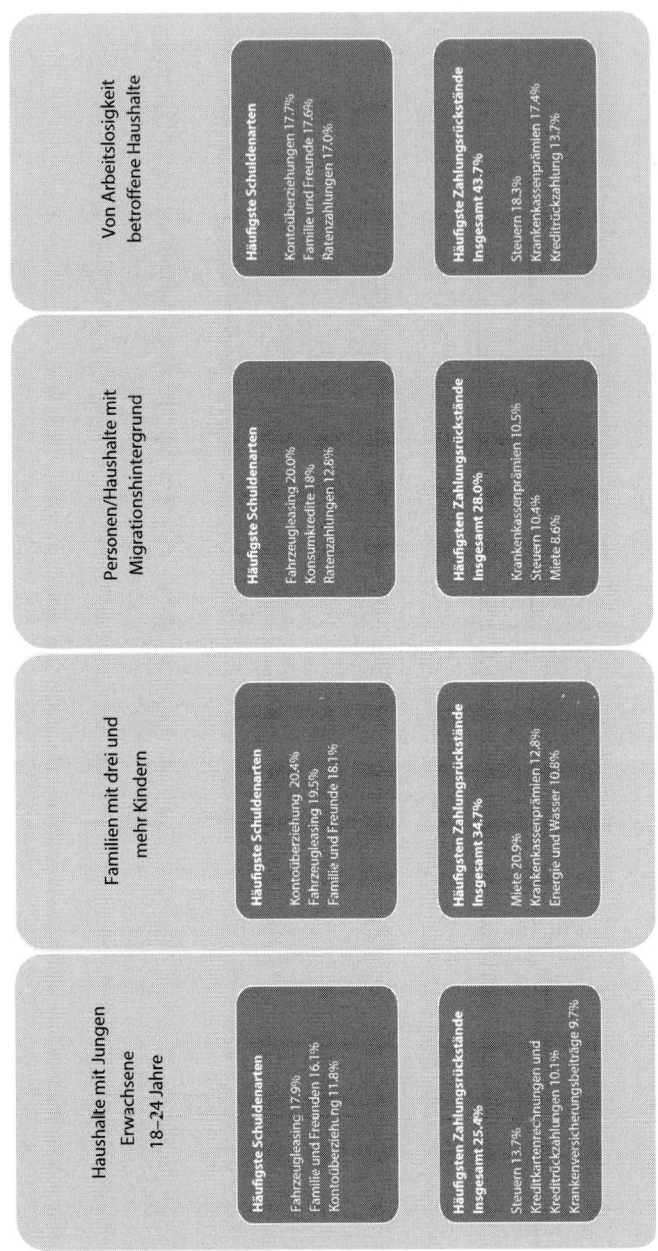

Abb. 14: Besonders betroffene Personengruppen[43]

---

43 EU SILC 2017: Vorhandensein und Häufung von Schuldenarten nach verschiedenen soziodemographischen Merkmalen. Bundesamt für Statistik BFS. Schweiz und EU SILC 2018: Zahlungsrückstände nach verschiedenen soziodemographischen Merkmalen. Bundesamt für Statistik BFS. Schweiz.

> **Reflexionsfragen zur Konkretisierung der Zielgruppe**
>
> - Wer genau ist Ihre Zielgruppe?
> - Wie ist deren Lebenssituation bzw. Lebenslage?
> - Gibt es biographische Aspekte der Betroffenen, die bei der Schuldenprävention mitberücksichtigt werden müssen?

8.2.2 Exkurs: Jugendverschuldung

Die Unterscheidung zwischen Ver- und Überschuldung von Jugendlichen wurde im Fachdiskurs erstmals von Elmar Lange operationalisiert und in seinen Studien und im Rahmen anderer Forschungsvorhaben im deutschsprachigen Raum angewandt. Lange sieht Jugendliche dann als überschuldet an, wenn bei ihnen Schuldverpflichtungen von mehr als einem Monatseinkommen bestehen (vgl. Lange 2004: 149). Unter Anwendung dieser Definition, die verglichen mit den gegebenen Definitionen zur Überschuldung von Erwachsenen ein Vielfaches ihres Monatsbudgets an Schuldverpflichtungen begründen müssen, um als überschuldet zu gelten, wurde Überschuldung von Jugendlichen bislang empirisch in nur geringem Ausmaß gemessen. Dies stößt seit langem schon auf ein gewisses Unbehagen der Praxisinstitutionen, die ihrerseits in der Regel von einem höheren Anteil überschuldeter junger Menschen ausgeht.

Doch Lange stellte bereits 2004 fest, dass lediglich sechs Prozent der befragten Jugendlichen zum damaligen Zeitpunkt überschuldet waren. In der derzeit aktuellsten Studie zur Jugendverschuldung aus Österreich, vorgelegt im Jahr 2013, wird unter Anwendung dieser strengen Definition von Lange von ca. zwei Prozent überschuldeten Jugendlichen ausgegangen. Neben dem geringen prozentualen Anteil überschuldeter Jugendlicher bestätigt die jüngste Jugendverschuldungsstudie auch, dass sich die Verschuldung von Jugendlichen zu einem Großteil in einem überschaubaren Umfang von weniger als 20 Euro vollzieht. Aber auch diese Studie brachte wie die anderen zuvor vorgelegten Befunde hervor, dass es in Einzelfällen zu deutlich höheren Schuldsummen und einer damit verbundenen wirtschaftlichen Überforderung kommt (vgl. Nußbaumer/Hemedinger 2013: 15).

Es gibt jedoch auch einen methodischen Einwand dagegen, die Grenze von Ver- zu Überschuldung in dieser Weise zu bestimmen, wie Lange es festsetzte: Sind Jugendliche und junge Erwachsene überhaupt in der Lage, verlässlich Auskunft zu ihren Schulden und monatlichen Zahlungsverpflichtungen zu geben und dies auch noch aufgeschlüsselt nach den monatlichen existenzsichernden Ausgaben wie Miete und Energie von anderen Zahlungsverpflichtungen wie Handykosten, Mitgliedsbeiträgen oder Ratenzahlungen zu unterscheiden? Wie schwierig das in der empirischen Auseinandersetzung mit Jugendverschuldung ist, hat vor allem die Studie von Streuli (Streuli et al. 2007) aufgezeigt.

8 Schuldenprävention

> Der empirische Zugang zum Thema Verschuldung ist weit weg vom Alltag junger Menschen. Die Komplexität und Vielschichtigkeit von Geld im jugendkulturellen Zusammenhang ist eigentlich nicht theoretisch abbildbar, zumindest soweit dies auf statistischen Zusammenhängen beruhen soll. Viel sinnvoller erscheint es, solche Zusammenhänge qualitativ zu untersuchen, das heißt nach Bedeutungen und Sinnzusammenhängen zu fragen, die für junge Menschen beim Thema Verschuldung relevant und handlungsleitend sind.

Dieser Diskurs wurde in den letzten Jahren vor allem durch Tully über die Frage von Konsum, Kommerzialisierung und Digitalisierung des Jugendalters vorangebracht (Krug/Tully 2011, Tully 2018, Tully/Santen 2016).

Dass Ver- und Überschuldung von Jugendlichen nicht in dem Ausmaß feststellbar ist, wie es die Fachöffentlichkeit der Sozialen Arbeit oder der Schuldenberatung erhofft hatte, sollte nicht darüber hinwegtäuschen, dass auch in dem geringen Ausmaß zahlungsunfähiger junger Menschen eine gewisse soziale Brisanz begründet ist. Dies zeigt sich, wenn nach der sozialen Herkunft der betroffenen Jugendlichen gefragt wird. So stellte die in der Schweiz 2007 vorgelegte Jugendverschuldungsstudie fest, dass es zwar keinen Zusammenhang zwischen der Bildungszugehörigkeit von Jugendlichen und nicht geplantem oder spontanem Konsumverhalten gibt. Im Gegenteil, bei bildungsfernen bzw. arbeitslosen Jugendlichen, die im Rahmen von Bildungsmaßnahmen bei der Ausbildungsplatzsuche unterstützt und in diesem Zusammenhang zu ihrem Ausgabeverhalten befragt wurden, konnte ein deutlich ausgeprägteres Planungsverhalten der monatlichen Finanzen festgestellt werden als bei gleichaltrigen Jugendlichen, die das Gymnasium besuchen. Dagegen waren bei Jugendlichen, die das Gymnasium besuchen, häufiger Schulden festzustellen als bei stellenlosen Jugendlichen. So stellt sich auch heraus, dass die Verschuldung von Gymnasiastinnen und Gymnasiasten in deutlich geringerer Betragshöhe erfolgt und schneller bewältigt oder zurückbezahlt werden kann als Schulden von stellenlosen Jugendlichen. Die Verschuldung von bildungsfernen Jugendlichen fällt dagegen hinsichtlich ihrer Häufigkeit gering, in ihrem finanziellen Ausmaß aber deutlich höher aus als bei verschuldeten Schülerinnen und Schülern des Gymnasiums (vgl. Streuli et al. 2007: 72).

Inwiefern über das Thema Verschuldung benachteiligte soziale Lagen reproduziert werden, verdeutlicht Streuli ebenfalls anhand qualitativer Befunde der Schweizer Jugendverschuldungsstudie. Hier konnten insbesondere Erklärungen dafür gefunden werden, warum bildungsferne Jugendliche häufiger ein planvolleres Konsum- und Verschuldungsverhalten aufweisen als Gymnasiastinnen und Gymnasiasten. Die Alltagsbewältigung in bildungsfernen und wirtschaftlich prekären Lebensumständen verlangt von jungen Menschen, sich frühzeitig vom elterlichen Haushalt abzulösen. Daher sind bildungsferne junge Menschen nicht nur viel früher allein für das monatliche Budget und die Folgen einer etwaigen Verschuldung verantwortlich als andere Jugendliche; sie müssen vielfach ohne familiäre Unterstützung Krisen und finanzielle Engpässe bewältigen, da ihre Herkunftsfamilien ebenfalls häufig wirtschaftliche Probleme und Verschuldungshintergründe aufweisen. Die biographischen Porträts zeigen auf, dass die Ablösungsprozesse junger Menschen von Haushalten mit prekären Einkommenssituationen schwerer gestaltbar und wichtige Fragen zu Geld und Schulden zwischen den erwachsen werdenden Kindern und deren Eltern vielfach nicht geklärt sind und im weiteren Verlauf der Ablösung keine Unterstützung mehr durch die Eltern erfolgen kann (vgl. Streuli 2013: 360).

Aus diesen qualitativen Befunden zeigt sich die Notwendigkeit, Schuldenprävention verstärkt auf vulnerable, also mehrfach belastete oder bildungsferne junge Menschen auszurichten. Gleichzeitig stellt sich auch die Frage, ob es Angebote ohne spezifische Zielgruppe oder ohne eine Ausrichtung auf benachteiligte Lebenslage überhaupt braucht. Ist eine als Soziale Arbeit verstandene Schuldenberatung für unspezifische Bildungsangebote überhaupt zuständig? Fragen, die es kritisch zu reflektieren gilt, vor allem auf dem Hintergrund, dass wir bis heute wenig über die Wirkungen unspezifisch ausgerichteter Präventionsangebote wissen, diese aber viel Zeit und Ressourcen im Alltag von Schuldenberatungsstellen in Anspruch nehmen.

Soweit die Betätigung der Schuldenberatung in der Schuldenprävention überhaupt beschrieben werden kann, ist darauf hinzuweisen, dass hier ein gewisser Wettbewerb mit Präventionskampagnen der Inkasso- und Kreditwirtschaft festzustellen ist. Dazu hat sich in den letzten Jahren eine gewisse Institutionalisierung öffentlichkeitswirksamer Präventionsangebote der Inkasso- und Kreditwirtschaft ergeben, deren Akteur*innen ebenso wie Schuldenberatungsstellen Angebote der Schuldenprävention ausarbeiten und anbieten. Mit wenigen Ausnahmen sind solche Maßnahmen universell und nicht spezifisch auf die Bedürfnisse einzelner Personengruppen ausgerichtet. Dies bedeutet nicht, dass die mit finanzieller Unterstützung der Kredit- und Inkassobranche entwickelten didaktischen Hilfsmittel fachlich schlecht oder grundsätzlich unangemessen sind. Es handelt sich in aller Regel aber um Arbeitshilfen, die ausschließlich auf die Vermittlung von Finanzwissen ausgerichtet sind und daher nur schwer zielgruppenspezifisch durch die Soziale Arbeit eingesetzt werden können.

8.2.3 Setting als Rahmen

Der Zugang »Setting-Ansatz«, eine Betrachtungsweise, wie sie in der Sucht- und Gewaltprävention üblich ist, gilt seit Ende der 1980er Jahre als zentrales Instrument zur Umsetzung der Ottawa-Charta der Weltgesundheitsorganisation (WHO) zur Gesundheitsförderung:

> »Der Begriff ›Setting‹ bezeichnet ein sozialräumliches System, in dem Menschen ihren Alltagstätigkeiten nachgehen und einen großen Teil ihrer Lebenszeit verbringen. Es kann nach Familie, Kindertageseinrichtung, Schule und Hochschule, Region, Stadt, Stadtteil, Kommune, Krankenhaus und Pflegeeinrichtung sowie Unternehmen unterschieden werden. Die Vielfalt der aufgeführten sozialen Systeme erfordert komplexe und angepasste Strategien, um gesundheitsbezogene Interventionen anzuwenden und deren Erfolg zu überprüfen (…). Settingorientierte Interventionen zielen darauf ab, die Rahmenbedingungen des sozialen Systems so zu verändern, dass dadurch die gesundheitsbezogenen Ressourcen der Gruppen und Individuen einer Organisation im Sinne

der Verhältnisprävention gestärkt werden. Indirekt wird auch ein Effekt auf das individuelle Gesundheitsverhalten angenommen, ohne vordergründig auf die Verhaltensprävention abzuzielen. Zur Verminderung ungleicher Gesundheitschancen gilt der Settingansatz als Kernstrategie« (Hartmann/Hesse o. J.: 3).

Grossmann und Scala definieren den Settingbegriff folgendermaßen:

»Ein Setting wird einerseits als soziales System verstanden, das eine Vielzahl relevanter Umwelteinflüsse auf eine bestimmte Personengruppe umfasst. Es ist andererseits ein System, in dem diese Bedingungen von Gesundheit und Krankheit auch gestaltet werden können« (Grossmann/Scala 2006: 205),

Nach Engelmann und Halkow (Engelmann/Halkow 2008: 30) umfasst ein Setting sowohl konkrete Orte als auch größere sozialräumliche Einheiten: »Ein Setting kann sich aber auch auf Individuen, Gruppen oder soziale Einheiten beziehen, die nicht an einen bestimmten Raum oder Ort gebunden sind.«

Der Settingansatz fokussiert auf die Lebenswelt von Menschen und damit die Rahmenbedingungen, unter denen Menschen leben, lernen, arbeiten und konsumieren. Er ist eine Antwort auf die beschränkten Erfolge traditioneller Gesundheitserziehungsaktivitäten, die sich mit Information und Appellen an Einzelpersonen wenden. Es wird der Erkenntnis Rechnung getragen, dass Gesundheitsprobleme einer Bevölkerungsgruppe das Resultat einer wechselseitigen Beziehung zwischen ökonomischer, sozialer und organisatorischer Umwelt sowie persönlicher Lebensweise sind (Hartung 2011, Hartung/Rosenbrock 2018)[44].

Aus den von Verschuldung besonders betroffenen oder gefährdeten Personengruppen (▶ Abb. 15) ergeben sich folgende Settings, die als Bezugspunkt der Ausgestaltung von Schuldenpräventionsangeboten angenommen werden können.

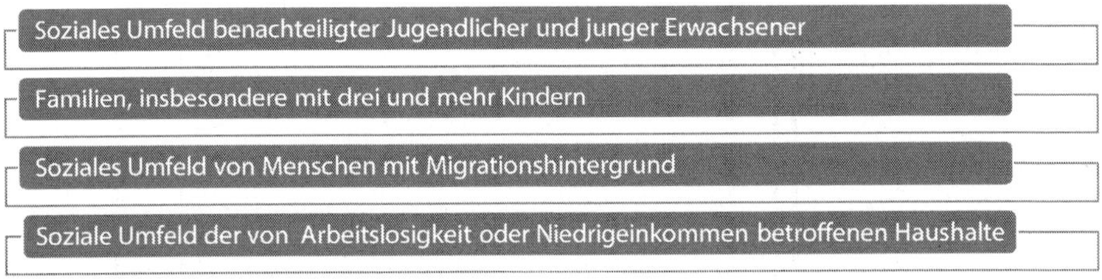

- Soziales Umfeld benachteiligter Jugendlicher und junger Erwachsener
- Familien, insbesondere mit drei und mehr Kindern
- Soziales Umfeld von Menschen mit Migrationshintergrund
- Soziale Umfeld der von Arbeitslosigkeit oder Niedrigeinkommen betroffenen Haushalte

Abb. 15 Relevante Settings

Sich im Rahmen der Ausarbeitung eines Konzepts für ein Schuldenpräventionsangebot für eine Betroffenengruppe und deren relevanten Settings zu entscheiden bedeutet noch nicht, sich zugleich auch auf die Ziele und Adres-

---

44 Siehe alphabetisches Verzeichnis der Leitbegriffe des Bundesministeriums für gesundheitliche Aufklärung: www.leitbegriffe.bzga.de. Vgl. auch Hartung (2011). Partizipation – eine relevante Größe für individuelle Gesundheit: www.bibliothek.wzu.eu.

sat*innen der Intervention festgelegt zu haben. Die Festlegung auf eine bestimmte Betroffenengruppe ist zunächst nur eine Entscheidung, sich auf eine der vielen Erscheinungsformen von Verschuldung festzulegen, der aus der fachlichen Perspektive der Sozialen Arbeit entgegengewirkt werden soll, für die die Profession Soziale Arbeit Handlungsroutinen und Zugang zum Feld besitzt und wo aus disziplinärer Perspektive die Notwendigkeit einer Intervention ersichtlich ist.

Reflexionsfragen zur Analyse des Settings

- Geht es bei dem Präventionsvorhaben um Einzelpersonen oder auch um deren Haushalten, in denen sie leben?
- Wie sind die wirtschaftlichen, sozialen, kulturellen und rechtlichen Rahmenbedingungen des Alltags Ihrer Zielgruppe?
- Welche Institutionen prägen den Alltag der Zielgruppe, beeinträchtigen diesen oder dienen als Bezugspunkt und Unterstützung für einen gelingenden Alltag?

8.2.4 Bedürfnisse der Zielgruppe

In der Sucht- und Gewaltprävention wird das Thema »Bedürfnisse der Zielgruppe« in der Regel ausführlich beschrieben. Hier wird entweder darauf verweisen, anhand einer umfassenden Literaturrecherche die bereits anderweitig erforschten Bedürfnisse einer Zielgruppe zusammenzutragen oder mittels wissenschaftlicher Erhebungsverfahren zu untersuchen, wie sich die Situation der Zielgruppe zeigt und welcher Veränderungsbedarf sich daraus ableiten lässt. Ein anderer rein verstehender Zugang ist, die Bedürfnisse der von Verschuldung betroffenen oder bedrohten Personen und Haushalte zu beschreiben. Zentraler Gedanke dabei ist, dass Prävention, ungeachtet welcher inhaltliche Schwerpunkt dabei verfolgt werden soll, nicht nur für die definierte Personengruppe, sondern auch mit ihr entwickelt und ausgestaltet werden soll. Dies, weil insbesondere die kulturellen, örtlichen und persönlichen Gegebenheiten für die Erreichbarkeit der Zielgruppe und das Gelingen der Maßnahme zentral sind. Über die Auseinandersetzung mit den Bedürfnissen der Zielgruppe erfolgt zugleich bereits auch eine Konkretisierung, welche Risiko- und Schutzfaktoren vorhanden sind, die Gegenstand präventiver Arbeit sein können und die es durch Interventionen zu reduzieren (Risikofaktoren) oder zu fördern (Schutzfaktoren) gilt.

Reflexionsfragen zur Exploration der Bedürfnisse der Zielgruppe

- Was sind die Bedürfnisse und Anliegen Ihrer Zielgruppe?

- Welchen finanziellen Bedarf hat die Zielgruppe und inwieweit kann dieser gedeckt werden?
- Welche Faktoren beeinträchtigen und stabilisieren den Alltag und die Lebenslage der Zielgruppe?
- Welche Rolle kann dabei Verschuldung spielen?

8.2.5 Erreichbarkeit der Zielgruppen

Sich Zielgruppen gezielt präventiv zu widmen, stellt zwangsläufig die Frage nach der Erreichbarkeit dieser Personengruppen. Und spätestens hier wird deutlich, weshalb Schuldenprävention bislang überwiegend über das Schulsystem an Jugendliche und junge Erwachsene herangetragen wird, die, wie wir nun wissen, diese nur bedingt benötigen. Das Setting Schule weist keine besondere Relevanz der Notwendigkeit von universeller Schuldenprävention auf. Der Vorzug besteht hier insbesondere in der Erreichbarkeit von Schülerinnen und Schülern und der vermittelten Gewissheit, bestimmte Zielgruppen vollständig erreichen zu können. Doch was sind aus Sicht der Sozialen Arbeit die Zugänge, über die genau die Personengruppen am besten angesprochen werden können, die das Angebot erreichen sollen? Hierzu ist empirisch belegt nur eine Antwort zur Erreichbarkeit von Jugendlichen und jungen Erwachsenen möglich, die aber durchaus übertragbar auf andere Personengruppen ist.

Grundlegend kann davon ausgegangen werden, dass die Personen oder Stellen relevant sind, die Jugendliche ohnehin schon als Ansprechpersonen zum Thema Geld und Schulden sehen. Wer diese sind, ist bereits seit Beginn der Jugendverschuldungsforschung von Lange bekannt. Lange erhob damals, wer die Gläubiger*innen von minderjährigen Jugendlichen sind. Er stellte fest, dass sich Jugendverschuldung bereits lange vor dem Eintritt der Volljährigkeit einstellt, diese aber nicht bei den vermuteten institutionellen Gläubiger*innen wie Banken oder Mobilfunkanbietern, sondern in erster Linie bei den Eltern und Familienangehörigen und im Freundeskreis liegen. Die Bedeutung der Familie und des Freundeskreises nimmt mit dem Eintritt in die Volljährigkeit ab. Ab dem 18. Lebensjahr steigt dann die Verschuldung bei Banken signifikant an. Erst ab dem 21. Lebensjahr waren zum Zeitpunkt der Erhebung von Lange junge Menschen höher bei Banken als bei Familienangehörigen oder Freund*innen verschuldet (vgl. Lange 2004: 154). Ein Befund, der verdeutlicht, dass Schuldenprävention an Eltern, Familienangehörige und Peers zu richten ist, da sie die originären Ansprechpersonen für Geldprobleme junger Menschen sind.

Über die grundsätzliche Erreichbarkeit von verschuldeten oder verschuldungsgefährdeten Jugendlichen gibt eine Studie der Hochschule für Soziale Arbeit der Fachhochschule Nordwestschweiz aus dem Jahr 2009 Aufschluss. Im Rahmen einer Onlinebefragung wurden in der Deutschschweiz insgesamt 475 Jugendliche unter 20 Jahren befragt. Neben Fragen zur persönlichen Einstellung zu Verschuldung, etwaiger früherer Verschuldungserfahrungen und derzeitigen Schuldverpflichtungen wurde auch abgefragt, an welche Personen oder Stellen sich die Jugendlichen wenden würden, sofern die Gefahr droht, dass ihre Verschuldung zu ernsthaften Problemen im Alltag führen könnte. Bei der Auswertung der Daten zu den Personen ergab sich folgender Befund: Frühere Verschuldungserfahrungen junger Menschen wirken sich nicht auf gegenwärtige oder zukünftige Problembewältigungsstrategien aus. Das Bewältigungsverhalten früher schon einmal verschuldeter Jugendlicher war identisch mit dem Bewältigungsverhalten von Jugendlichen, die erstmals verschuldet sind. So nannten bereits verschuldete Jugendliche nahezu die gleichen Ansprechpersonen oder Stellen, die auch von den bislang noch niemals verschuldeten Jugendlichen genannt wurden. Nach den Ergebnissen der Studie wandten oder würden sich 69.1 % der Jugendlichen, die ihre Verschuldungssituation vormals als problematisch betrachteten, an Freund*innen und 66.1 % an ihre Eltern wenden. 27.9 % bezogen den Rat von Geschwistern ein. 4.4 % ließen sich von ihrer Bank beraten und lediglich 2.9 % vertrauten sich einer Beratungsstelle an (vgl. Mattes 2016b: 302).

Dies bestätigt, dass Eltern, Familie und Freund*innen nicht nur als Gläubiger*innen bei Jugendlichen in Erscheinung treten. Sie werden ungeachtet etwaiger Rückzahlungsverpflichtungen auch bei ernsthaften Verschuldungsproblemen zu Rate gezogen. Eine wissenschaftliche Erkenntnis, die ebenfalls auf die Notwendigkeit von Peer-to-Peer-Ansätzen hinweist, zugleich aber auch das bisherige Beratungs- und Hilfeangebot der Sozialen Arbeit in Frage stellt. Die etablierten Beratungs- und Präventionsangebote werden, sofern sie sehr persönliche und intime Fragen bearbeiten, kaum als Anlaufstelle oder primäres Hilfeangebot genutzt. Selbst Banken werden bei Fragen belastender Verschuldung häufiger in Anspruch genommen als die Hilfen der Sozialen Arbeit. Ein mehr als nachdenklich stimmendes Resultat.

> **Reflexionsfragen zur Vernetzung des Präventionsvorhabens**
>
> - Über welche Hilfeangebote und Institutionen wird Ihre Zielgruppe bzw. die Mitglieder der Haushaltsgemeinschaft erreicht?
> - Gibt es Alternativen zum Zugang Schule?
> - Kann die Erreichbarkeit der Zielgruppe durch Peers wirksamer gestaltet werden?

8.2.6 Der Peer-to-Peer-Ansatz

Der Ansatz, über Peers andere Menschen zu erreichen, ist alles andere als neu. Theoretische Überlegungen reichen hier bis in das Mittelalter und stammen vor allem aus dem Bereich Pädagogik und Heimerziehung. Gegenwärtig wird der Begriff Peer-to-Peer aber auch hinsichtlich der Einflüsse auf Peergroups diskutiert und in der Suchtprävention konzeptualisiert. So skizziert insbesondere Hafen mögliche Bezugspunkte von Peer-Education zu Verhaltensprävention (vgl. Hafen/Fuchs 2005: 29). Dabei bezieht er sich auf Lerntheoretiker wie Akers, Bandura, Elliot et al. oder Hawkins/Weis, die in den 1970er und 1980er Jahre den Einfluss gleichaltriger Jugendlicher auf das Suchtverhalten anderer Jugendlicher in ihrer Peergroup beschreiben. Weitaus differenzierter, insbesondere mit entwicklungspsychologischer Prägung durch Erikson, analysieren Kleiber, Appel und Pforr (Kleiber/Appel/Pforr 1998) die theoretische Fundierung dieses Ansatzes und die Bezugspunkte zur Präventionsarbeit. In den letzten Jahren wurde das Konzept Peer-Education insbesondere zu Fragen der Gewaltprävention an Schulen eingesetzt. Inzwischen ist es im Theoriediskurs um diesen Ansatz ruhig geworden.

Die Leitidee des Konzepts ist, über Jugendliche andere Jugendliche zu erreichen. Dabei wird strukturell unterschieden, ob Jugendliche anderen Jugendlichen bei persönlichen Problemen helfen sollen (Peer-Consulting) oder ob sie gezielt zur Prävention bestimmter problematischer Sachverhalte eingesetzt werden (Peer-Education). Insbesondere im Zusammenhang der HIV-Prävention konnte der Einsatz von Peers bislang positiv evaluiert werden. Die Autoren Kleiber et al. weisen hier auf der Grundlage einer Meta-Analyse insbesondere auf die Wirkungen von Peer-Education hin (vgl. ebd.: 8): Förderung von Wissenserwerb, Förderung von Problembewusstsein und Risikowahrnehmung, Förderung sozialer Fertigkeiten und kommunikativer Kompetenzen, allgemeine Ich-Stärkung, Förderung von Selbstwirksamkeit, Selbstwertgefühl und Selbstvertrauen von Jugendlichen, Förderung der Inanspruchnahme von Hilfen und Unterstützung bei persönlichen Fragen, Initiierung von Verhaltensänderungen, insbesondere dem Abbau und der Verringerung von Risikoverhalten.

Konkrete Beispiele für den Einsatz von Peers in der Schuldenprävention sind bislang zwar noch nicht sehr häufig zu finden, sie existieren aber und sind auch im Fachdiskurs entsprechend beschrieben (Gutbrod/Härtel/Gaye 2019, Mattes/Alder 2007)[45].

> **Reflexionsfragen zum Einsatz von Peers in der Schuldenprävention**
>
> - Wie verändert sich durch den Einsatz von Peers der Zugang zur Zielgruppe?
> - Auf welche spezifischen Ressourcen der Peers kann zurückgegriffen werden?
> - Welche Unterstützung und Begleitung benötigen Peers bei der Vorbereitung und Durchführung der Angebote?
> - Welche Kompetenzen können Peers durch Präventionsarbeit erwerben oder vertiefen?

---

45 Für Praxisbeispiel mit Arbeitsmaterial für Peer-to-Peer-Ansätze in der Migrationsarbeit siehe www.femmestische.ch.

8.3 Ausgestaltung von Maßnahmen der Schuldenprävention

In diesem Kapitel werden mögliche Ziele und Handlungsstrategien, Handlungsebenen und Handlungsfelder, für Schuldenprävention dienliche Grundsätze und abschließend Erfolgsfaktoren der Schuldenprävention als Soziale Arbeit vorgestellt.

8.3.1 Mögliche Ziele und Handlungsstrategien

Schuldenprävention verfolgt das Ziel, besonders gefährdete oder von Verschuldung betroffene Zielgruppen zu erreichen und diese zu einem eigenverantwortlichen Umgang mit Geld und Schulden zu befähigen. Die Zielpersonen sollen lernen, Gefahren und Risiken von Verschuldung zu erkennen und diese für sich abzuwägen: Welches Risiko durch Schulden kann ich eingehen und ab welchem Umfang ist das für mich verantwortbare Ausmaß der Verschuldung überschritten? Es soll vermittelt werden, welche Alternativen zu Verschuldung bestehen, wie im Kontext von Peers, Freundschaften oder im Umfeld der Zielgruppe diese Alternativen realisiert und gelebt werden können. Schließlich ist das Ziel, den gesellschaftlichen Rahmenbedingungen, die zu unangemessenen Schuldverpflichtungen führen, entgegenzuwirken. Das heißt, die Ziele sind sowohl im Hinblick auf die Verhaltensebene der konkreten Zielgruppe, auf die gesellschaftlichen Rahmenbedingungen und auf den Übergang von der individuellen zur gesellschaftlichen Ebene hin zu richten. Eine solche Aufteilung ist ebenfalls aus der Gesundheitsförderung bekannt. Zur Erreichung dieser vorgeschlagenen Ziele der Schuldenprävention, lassen sich analog der Überlegungen in der Gesundheitsförderung (Hartmann/Hesse o. J.: 7) folgende übergeordnete Handlungsstrategien formulieren (▶ Tab. 8).

Tab. 8: Handlungsstrategien der Schuldenprävention

Interessen vertreten	Aktives Eintreten der Akteur*innen der Schuldenberatung und Schuldenprävention bei politischen Fragen zu den rechtlichen sowie gesellschaftlichen Rahmenbedingungen von Verschuldung: • Konsument*innenschutz • Rechtliche Regelungen zu Schulden und Zahlungsverzug • Öffentlich-rechtliche Forderungsangelegenheiten • Inkassowesen • Pfändung und Zwangsvollstreckung • Insolvenz- und Restschuldbefreiungsverfahren.

8 Schuldenprävention

Tab. 8: Handlungsstrategien der Schuldenprävention – Fortsetzung

Befähigen und Ermöglichen	Bestehende Ungleichheit in der Gesellschaft im Umgang mit Geld und Schulden verringern, indem das Potential der Selbstbestimmung benachteiligter Personen gestärkt und für die Betroffenen nutzbar gemacht wird und die Kompetenzen im Umgang mit Geld gefördert und erweitert werden.
Vermitteln und Vernetzen	Beteiligte Akteur*innen sensibilisieren und vernetzen mit dem Ziel, einen verantwortungsvollen Umgang mit Verschuldung koordiniert zu fördern und die mit Verschuldung verbundene soziale Ungleichheit zu bekämpfen.

> **Reflexionsfragen zu »Ziele und Handlungsstrategien formulieren«**
>
> - Was wollen Sie für die Zielgruppe Ihres Angebots erreichen?
> - Gibt es übergeordnete Ziele, die Sie mit Ihrer Präventionsarbeit erreichen wollen?
> - Mit welchen Handlungsstrategien können Sie Ihre Ziele erreichen?
> - Wie können Sie erkennen, ob ein Ziel erreicht ist?

8.3.2 Handlungsebenen und Handlungsfelder

Die Handlungsebenen und Handlungsfelder von Schuldenprävention, soweit sie sich nicht ausschließlich als Wissensvermittlung versteht, bestehen nicht nur aus den von Verschuldung bedrohten oder betroffenen Einzelpersonen oder Personengruppen und deren Institutionen, über die sie mehr oder weniger zufällig erreicht werden können. Die relevanten Handlungsfelder und Adressat*innen beziehen sich auf alle gesamtgesellschaftlichen Ebenen und den darin tätigen Akteur*innen und Stakeholdern. Entsprechend lohnt es sich zu überlegen, auf welchen Ebenen Prävention ansetzen kann und wer die relevanten Adressat*innen sind. Was sind die Stakeholder, die sozialpolitisch relevanten Akteur*innen und Gruppierungen, die entweder von der Verschuldung der Privathaushalte mit betroffen sind und bei der Entwicklung verhältnispräventiver Maßnahmen mit einbezogen werden können oder inwiefern ist auch eine sozialpolitische Einflussnahme erforderlich, um an den verschuldungsbegünstigenden Rahmenbedingungen etwas zu verändern? In Anlehnung an Hartmann und Hesse (vgl. Dadaczynski/Baumgarten/Hartmann 2016: 7), die mit dem Settingansatz die Ebenen zur Gesundheitsförderung beschreiben, können die Handlungsebenen und Handlungsfelder wie folgt dargestellt werden (▶ Abb. 16).

8.3 Ausgestaltung von Maßnahmen der Schuldenprävention

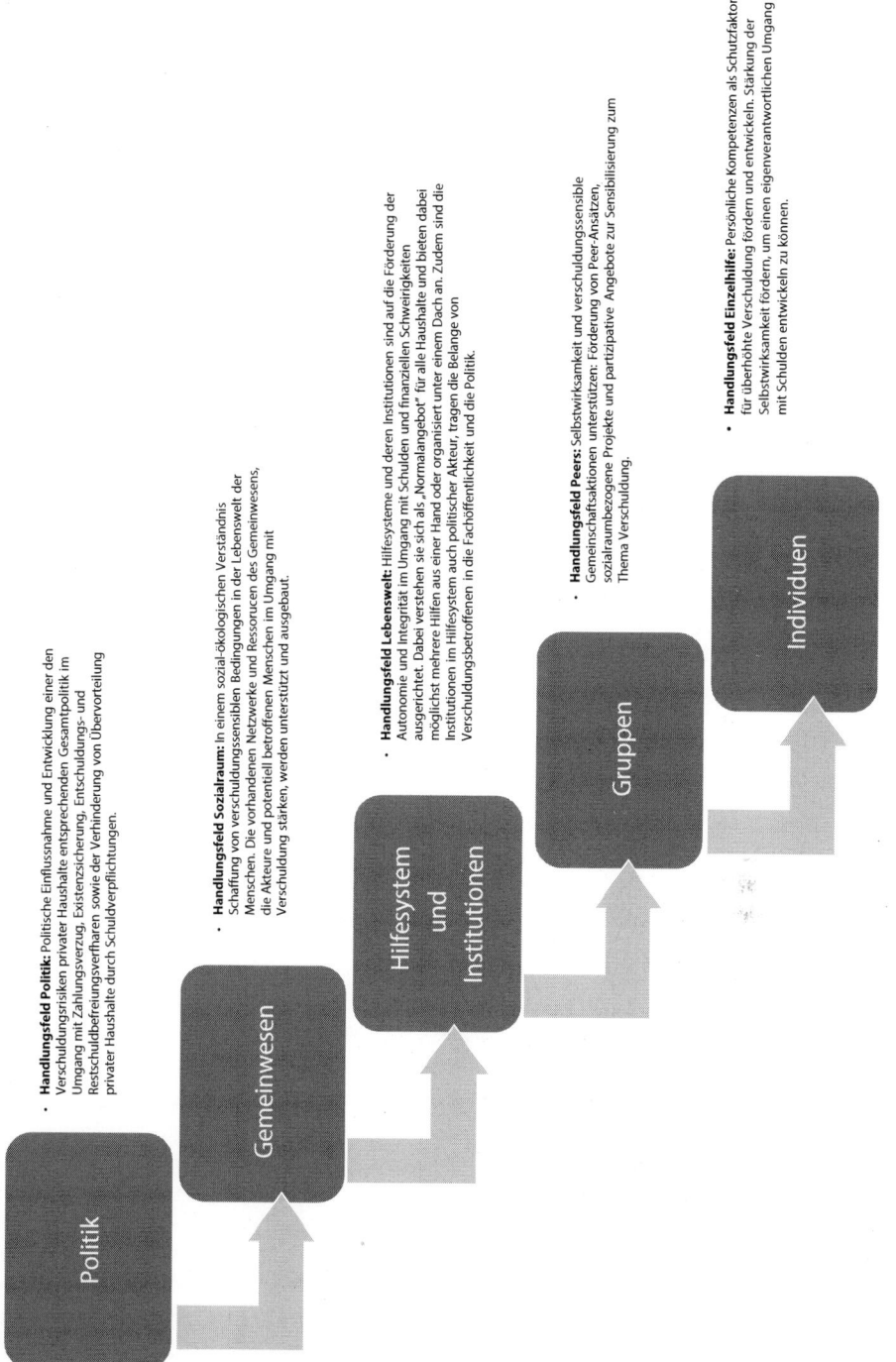

Abb. 16: Handlungsebenen und Handlungsfelder der Schuldenprävention

> **Reflexionsfragen zu »Handlungsebenen und Handlungsfelder bestimmen«**
>
> - Auf welcher Handlungsebenen wollen Sie ansetzen?
> - Welche Auswirkungen sind zu erwarten?
> - Wirkt sich Ihr Angebot auch auf andere Handlungsebenen aus?
> - Gibt es Alternativen für die Handlungsebene Individuum?
> - Welche Akteur*innen aus den naheliegenden Handlungsfeldern können Sie einbeziehen?

8.3.3 Für Schuldenprävention dienliche Grundsätze

In diesem Kapitel werden drei Grundsätze vorgestellt, die Prävention durch Akteur*innen der Sozialen Arbeit in besonderer Weise auszeichnen:

a) Partizipation,
b) Empowerment und
c) Förderung der Selbstwirksamkeitserwartung.

Diese drei Begriffe sind im Fachdiskurs – vor allem zur Gesundheitsförderung – umfassend beschrieben. Die nachfolgenden Darstellungen zu diesen drei Grundsätzen bauen jedoch nicht aufeinander auf. Es geht vielmehr darum, die für eine professionelle Haltung der Sozialen Arbeit bei ihren Präventionsaktivitäten grundlegenden Dimensionen darzustellen, um daraus Orientierung für die Ausgestaltung von Prävention zu erfahren.

(a) Partizipation

Nach Lehmann umfasst Partizipation »die Formulierung von Wünschen, Bedürfnissen und Kritik, die Beteiligung an Entscheidungen, die Beteiligung an Regelerstellungen sowie die aktive Einbeziehung aller Beteiligten in die Planung, Umsetzung und Evaluation der Angebote« (Lehmann 2011: 294). Das heißt, Partizipation ist nicht nur ein eng fokussierter Aspekt bei der Gestaltung von Maßnahmen und Angeboten. Partizipation ist eine Grundhaltung, mit der ein gesamter Prozess bis hin zur konkreten Realisierung und Durchführung eines Projektes gestaltet wird. Wie Block beschreibt, ist die Förderung von Partizipation von Betroffenen nicht nur eine inhaltliche Beteiligung (vgl. Block 2010: 35f). Es geht hier auch um die Ausübung von Macht, gesellschaftliche Verhältnisse zu kritisieren und verändern zu wollen. Gerade in der Armutsbekämpfung sind die Überlegungen zur Partizipation der Betroffene noch unzureichend vorangeschritten. Umso mehr lohnt es sich, das von Wright et al. (Wright/Noweski 2010) entwickelte Stufenmodell der Partizipation genauer zu betrachten. Das Modell unterscheidet neun Stufen der Partizipation, wobei diese noch in vier übergeordnete Kategorien zusammengefasst werden: nicht-Partizipation, Vorstufen der Partizipation, Partizipation und über Partizipation hinausgehende (vgl. Donk et al. 2014: 42f; ▶ Tab. 9).

Tab. 9: Stufen der Partizipation in der Schuldenprävention

<table>
<tr><td rowspan="2">Nicht-Partizipation</td><td>

Stufe 1: Instrumentalisierung
Die Belange der Zielgruppe spielen keine Rolle. Entscheidungen werden außerhalb der Zielgruppe getroffen, und die Interessen dieser Entscheidungsträger*innen stehen im Mittelpunkt. Zielgruppenmitglieder nehmen evtl. an Veranstaltungen teil, ohne deren Ziel und Zweck zu kennen (Donk et al. 2014: 42f).

Beispiel: Ein von der Finanzwirtschaft auf der Grundlage von Inkassodaten entwickeltes Präventionsangebot wird universell für eine bestimmte Altersstufe an allen Schulen einer Region medienwirksam durchgeführt.

Stufe 2: Anweisung
Entscheidungsträger*innen oder Fachkräfte nehmen die Lage der Zielgruppe wahr. Auf der Grundlage der fachlichen Meinung der Entscheidungsträger*innen werden die Probleme der Zielgruppe definiert und Vorgänge zur Beseitigung oder Linderung der Probleme festgelegt. Die Meinung der Zielgruppe zu ihrer eigenen Situation wird nicht berücksichtigt. Die Kommunikation seitens der Entscheidungsträger*innen ist direktiv (vgl. ebd.: 42).

Beispiel: Die Lehrpersonen einer Schule befürchten eine erhöhte Verschuldungsgefahr ihrer Schüler*innen. Die Lehrpersonen legen das Ziel von Schuldenprävention fest und entwickeln hierfür ein Angebot. Schüler*innen, Schulsozialarbeitende und Eltern werden bei den relevanten Entscheidungen nicht einbezogen.

</td></tr>
<tr><td></td></tr>
<tr><td>Vorstufe der Partizipation</td><td>

Stufe 3: Information
Die Entscheidungsträger*innen teilen der Zielgruppe mit, welche Probleme die Gruppe aus Sicht der Entscheidungsträger*innen hat und welche Hilfe sie benötigt. Verschiedene Handlungsmöglichkeiten werden der Zielgruppe für die Beseitigung oder Linderung ihrer Probleme empfohlen. Das Vorgehen der Entscheidungsträger wird erklärt und begründet. Die Sichtweise der Zielgruppe wird berücksichtigt, um die Akzeptanz der Informationsangebote und die Aufnahme der Botschaften zu fördern (vgl. ebd.).

Beispiel: Aufgrund eines Artikels in einer Fachzeitschrift für Lehrpersonen zu zunehmender Verschuldung von Kindern und Jugendlichen werden mehrere bestehende standardisierte Präventionsangebote gesucht und den Schüler*innen zu Auswahl angeboten. Welches Programm angeboten wird, kann per Mehrheitsentscheidung durch die Schüler*innen bestimmt werden.

Stufe 4: Anhörung
Die Entscheidungsträger*innen interessieren sich für die Sichtweise der Zielgruppe auf ihre eigene Lage. Die Mitglieder der Zielgruppe werden angehört, haben jedoch keine Kontrolle darüber, ob ihre Sichtweise Beachtung findet (vgl. ebd.).

Beispiel: Im Rahmen eines Projekttags wird ein Workshop zum Thema Schuldenprävention angeboten. Die Schüler*innen äußern ihre Anliegen und Fragen zu Verschuldung. Die Lehrpersonen suchen ein passendes Angebot aus, das im Unterricht verpflichtend durchgeführt wird.

</td></tr>
</table>

Tab. 9: Stufen der Partizipation in der Schuldenprävention – Fortsetzung

Stufe 5: Einbeziehung
Die Einrichtung lässt sich von ausgewählten Personen aus der Zielgruppe (oft Personen, die den Entscheidungsträger*innen nahestehen) beraten. Die Beratungen haben jedoch keinen verbindlichen Einfluss auf den Entscheidungsprozess (vgl. ebd.).

Beispiel: Die Schulleitung diskutiert mit Klassensprecher*innen oder den Schulsprecher*innen über die aus ihrer Sicht wichtigen Fragen der Jugendverschuldung. Anschließend entscheidet die Schulleitung über das weitere Vorgehen zum Thema Schuldenprävention.

Stufe 6: Mitbestimmung
Die Entscheidungsträger*innen halten Rücksprache mit Vertreter*innen der Zielgruppe, um wesentliche Aspekte einer Maßnahme mit ihnen abzustimmen. Es kann zu Verhandlungen zwischen der Zielgruppenvertretung und den Entscheidungsträger*innen zu wichtigen Fragen kommen. Die Zielgruppenmitglieder haben ein Mitspracherecht, jedoch keine alleinigen Entscheidungsbefugnisse (vgl. ebd.).

Beispiel: Die Schulleitung sucht für die Entscheidung, ob und welches Schuldenpräventionsangebot durchgeführt werden soll, das Gespräch mit den Schulsozialarbeitenden. Diese definieren Kriterien, was das Angebot leisten muss und was nicht. Die Schulleitung trifft auf der Grundlage dieser Kriterien die Auswahl der anzubietenden Präventionsangebote.

Stufe 7: Teilweise Entscheidungskompetenz
Ein Beteiligungsrecht stellt sicher, dass die Zielgruppe bestimmte Aspekte einer Maßnahme selbst bestimmen kann. Die Verantwortung für die Maßnahme liegt jedoch in den Händen von anderen, zum Beispiel bei Mitarbeiter*innen einer Einrichtung (vgl. ebd.).

Beispiel: Die Lehrpersonen bearbeiten mit ihren Schüler*innen die Frage, was sie im Umgang mit Geld und Schulden vertiefend lernen möchten. Das eigentliche Präventionsangebot wird auf der Grundlage der von den Schüler*innen zusammengestellten Anliegen erarbeitet, gesucht oder ausgewählt.

Stufe 8: Entscheidungsmacht
Die Zielgruppenmitglieder bestimmen alle wesentlichen Aspekte einer Maßnahme selbst. Dies geschieht im Rahmen einer gleichberechtigten Partnerschaft mit einer Einrichtung oder anderen Akteur*innen. Andere außerhalb der Zielgruppe sind an wesentlichen Entscheidungen beteiligt, sie spielen jedoch keine bestimmende, sondern eine begleitende oder unterstützende Rolle (vgl. ebd.).

Beispiel: Das Präventionskonzept einer Schule sieht vor, dass zusammen mit den Schüler*innen regelmäßig erarbeitet wird, was es in ihrer Schule an Präventionsangeboten geben soll. Die Lehrpersonen, Schulsozialarbeitende und Präventionsfachkräfte unterstützen die Schüler*innen bei ihrem Lernprozess zu ihren zentralen Anliegen und Fragen.

Tab. 9: Stufen der Partizipation in der Schuldenprävention – Fortsetzung

über Partizipation hinausgehend	**Stufe 9: Selbstorganisation** Eine Maßnahme bzw. ein Projekt wird von Mitgliedern der Zielgruppe selbst initiiert und durchgeführt. Häufig entsteht die Eigeninitiative aus eigener Betroffenheit. Die Entscheidungen trifft die Zielgruppe eigenständig und eigenverantwortlich. Die Verantwortung für die Maßnahme liegt bei der Zielgruppe. Alle Entscheidungsträger*innen sind Mitglieder der Zielgruppe (vgl. ebd.). Die letzte Stufe des Modells geht über die Partizipation hinaus. Sie umfasst alle Formen selbst organisierter Maßnahmen, die nicht unbedingt als Folge eines partizipativen Entwicklungsprozesses entstehen, sondern von Anfang an von Betroffenen selbst initiiert werden können. *Beispiel:* In einer Schule gründen Schüler*innen eine eigene Präventions-Arbeitsgemeinschaft. Sie treffen die Entscheidung, mit was sie sich im Rahmen eines Präventionsangebots beschäftigen wollen, organisieren und führen die Maßnahmen selbst durch.

Partizipation ist in der Schuldenprävention somit nicht nur eindimensional zu denken, wie Betroffene einbezogen werden können. Es geht um die grundlegende Übernahme von Mitverantwortung für den gesamten Lernprozess der Adressat*innen, mit ihnen immer wieder neu zu vereinbaren, welche Einflussmöglichkeiten es gibt und den damit verbundenen erweiterten Lernprozess, der über die Vermittlung von Finanzwissen hinaus geht, stetig zu reflektieren und als Grundlage der Weiterentwicklung der Angebote zu verwenden.

(b) Empowerment

Der Empowerment Ansatz wendet sich von einer bevormundenden und herrschaftssichernden Ausrichtung von Hilfen allgemein, insbesondere aber auch der Präventionsarbeit ab. Ein auf dem Prinzip Empowerment beruhendes Angebot richtet den Fokus nicht mehr auf individuelle Vorsorge, Betreuung oder Erziehung, vielmehr wird die zielgruppen- und lebensweltspezifische Aktivierung und Mobilisierung der Menschen betont und gefördert (Wright 2010). Als Empowerment werden Maßnahmen, Strategien oder Konzepte bezeichnet, die Autonomie und Selbstbestimmung von Individuen oder Gemeinschaften erhöhen und es ihnen so ermöglichen sollen, ihre Interessen, selbstverantwortlich und selbstbestimmt zu vertreten und ihre Umwelten eigenständig zu gestalten (vgl. Stimmer/Ansen 2016: 275).

Empowerment im oben beschriebenen Sinn ist die »Ermächtigung«, Verantwortung für eigene Angelegenheiten zu übernehmen. Partizipation ist zu verstehen als die aktive Einbindung Betroffener in die Bedarfserhebung, Planung, Umsetzung und auch in die Ergebnismessung von Interventionen. Das angestrebte Ergebnis ist die Vertretung der eigenen Interessen. Insofern besteht eine wechselseitige Beziehung zwischen Empowerment und Partizipation. Kompetenzen sind eine Voraussetzung dafür, Eigenverantwortung übernehmen und sich aktiv beteiligen zu können (Partizipation). Ebenso folgt aus erworbenem Wissen und neuen

Kompetenzen auch der Wunsch, diese in Beteiligungsprozesse einzubringen (Empowerment) (vgl. Fabian/Neuenschwander/Geiser 2018: 12f).

> Menschen zu befähigen und zugleich zu beteiligen, stellt ein Querschnittsthema in der Schuldenprävention der Sozialen Arbeit dar. Einerseits greift die Soziale Arbeit auf tradierte Methoden und Verfahren des Empowerment zurück, die eine befähigende Wirkung bei den Zielgruppen erzielen sollen. Zugleich zielt diese Befähigung auf eine Steigerung und Intensivierung der selbstbestimmten Teilhabe und der Befähigung der Menschen, gesellschaftliche Verantwortung zu übernehmen.

(c) Selbstwirksamkeitserwartung

Das Konzept der Selbstwirksamkeitserwartung hat in der Präventionsarbeit große Bedeutung. »Selbstwirksamkeitserwartung wird definiert als die subjektive Gewissheit, neue oder schwierige Anforderungssituationen auf der Grundlage eigener Kompetenzen bewältigen zu können.« (vgl. Schwarzer/Jerusalem 2002: 28f, Schwarzer 2004). Einfache Routine reicht für die Lösung nicht aus, Anstrengung und Ausdauer sind für die Bewältigung erforderlich. Das Konzept unterscheidet zwischen der Konsequenzerwartung, im Sinne einer Überzeugung, dass das Verhalten zum Erfolg führt, und der Kompetenzerwartung, der Erwartung an sich selbst, für das Verhalten kompetent zu sein. Eine hohe Selbstwirksamkeitserwartung haben Personen, die davon überzeugt sind, selbst etwas dazu beitragen zu können, eine schwierige Situation zu bewältigen und Lösungen herbeizuführen. Selbstwirksamkeitserwartung hat für unser Handeln und unsere Handlungsintention noch weitere Bedeutungen. So führt eine höhere Selbstwirksamkeit bei gleichen Fähigkeiten unter anderem zu größerer Anstrengung und Ausdauer, höherem Anspruchsniveau, besseren Leistungen, realistischerer Einschätzung der Qualität der eigenen Leistungen sowie selbstwertförderlicheren Ursachenzuschreibungen (Bandura 1997).

Die Förderung der Selbstwirksamkeitserwartung und die Wirkung auf finanzielle Handlungsfähigkeit von Jugendlichen beschreibt Karsten Müller aus der Perspektive der transformativen Konsument*innenforschung. Dieser Arbeitsbereich der Psychologie, der eigentlich der Werbepsychologie zuzuordnen ist, beschäftigt sich mit nachhaltigen Zugängen und Kund*innenbeziehungen mit dem Ziel, keine kurzfristigen maximalen Gewinne zu erzielen, sondern auf langfristige und beidseitige Geschäftskontakte zu setzen, die nicht in einer wirtschaftlichen Überforderung münden, sondern zu einer verlässlichen Geschäftsbeziehung führen. Im Zusammenhang eines Präventionsprojekts der Caritas Mannheim konnte Müller anhand einer quantitativen Studie belegen, dass die alleinige Vermittlung von Finanzwissen nicht zu einer Verringerung der Verschuldungsgefährdung führt. Eine solche Wirkung kann nur in Kombination von Finanzwissen und der Stärkung der Selbstwirksamkeit von Jugendlichen erzielt werden (vgl. Müller et al. 2015: 56f).

> **Reflexionsfragen zu »Dienliche Grundsätze umsetzen«**
>
> - Wie können Sie die Partizipation der Zielgruppe an der Endwicklung, Planung und Durchführung des Präventionsangebots ermöglichen?
> - Können bestehende oder traditionelle Partizipationsaspekte ausgebaut und erweitert werden?
> - Befähigt Ihr Präventionsangebot zur eigenverantwortlichen gesellschaftlichen Teilhabe Ihrer Zielgruppe?
> - Inwiefern können Teilnehmende Ihres Präventionsangebots einen persönlichen Lernprozess, bis hin zur Steigerung der Selbstwirksamkeitserwartung, durchlaufen?

8.4 Fazit: Erfolgsfaktoren der Schuldenprävention

Wie das vorangegangene Kapitel gezeigt hat, bestehen zahlreiche Anknüpfungspunkte der Schuldenprävention zu den Erfahrungen und Erkenntnissen der Sucht- und Gewaltprävention sowie der Gesundheitsprävention. Unter Berücksichtigung der empirischen Befunde zur Wirksamkeit der Jugendgewaltprävention können für die Schuldenprävention folgende Erfolgsfaktoren abgeleitet werden (Fabian 2019: 139)[46]:

- **Soziale Werte entwickeln und leben**
  Wertvorstellungen, die eine wertschätzende und prosoziale Haltung gegenüber anderen Menschen und entsprechendes Verhalten betonen, sind wirkungsvolle präventive Grundvoraussetzungen. Prosoziales Verhalten meint, dass nicht nur das eigene physische und psychische Wohlbefinden, sondern auch das Wohlbefinden der anderen wichtig ist. Es beinhaltet die Fähigkeit, anderen Menschen vertrauen zu können und die individuelle Selbstbestimmung und Autonomie der Menschen akzeptieren zu können.
- **Partizipation der Betroffenen sicherstellen**
  Partizipation bedeutet, dass aus Betroffenen Beteiligte werden – konkret, dass sie bei Projekten mitwirken, mitentscheiden und mitgestalten können. Präventionsprojekte sind wirkungsvoller und nachhaltiger, wenn die angesprochenen Menschen aktiv in den Veränderungsprozess einbezogen werden.
- **Beziehungsarbeit als zentrales Element definieren**
  Eine Beziehung, die auf Vertrauen basiert, ermöglicht einen Zugang zu den Jugendlichen, zu den Eltern oder auch zu anderen Beteiligten oder Betroffe-

---

[46] Weiterführende Informationen zu konzeptionellen Rahmenbedingungen gelingender Prävention siehe www.bsv.admin.ch, Nationales Programm Jugend und Gewalt 2015.

nen und ist eine Voraussetzung für gelingende Prävention. Gerade die Beziehungsarbeit mit den Jugendlichen, sei es in der Familie, in der Schule oder im Sozialraum, stellt eine große Herausforderung für alle dar.

- **Professionalität in der Prävention gewährleisten**
  Um gute Präventionsarbeit leisten zu können, sollten die involvierten Akteur*innen über klare Werte und Haltungen sowie die notwendigen Fach-, Selbst-, Sozial-, Reflexions- und Führungs- bzw. Prozessgestaltungskompetenzen verfügen.
- **Sozialraumorientierung und Kooperation der Akteur*innen fördern**
  Sozialraumorientierte Präventionsangebote beziehen die Lebenswelt der Ansprechgruppen ein und verfolgen eine Kombination von verhaltensorientierten und strukturbezogenen Maßnahmen. Sozialraumorientierung heißt, die vernetzte Kooperation der verschiedenen Akteur*innen zu fördern und zu fordern. Gemeinsame, koordinierte Ziele und Maßnahmen erhöhen die Wirkungschancen.

9 Evaluation als Grundlage der Professionalität

Maßnahmen und Projekte in der Sozialen Arbeit zu evaluieren, hat in den letzten Jahren an Bedeutung gewonnen. Hierbei geht es oft um Wirkungsnachweise und um die Legitimation des Angebots und deren, überwiegend öffentlichen, Finanzierung. Angebote der Schuldenberatung und Schuldenprävention zu evaluieren bedient jedoch noch einen weiteren fachlichen Aspekt: die stetige Überprüfung der professionsspezifischen Anforderungen an die Soziale Arbeit (▶ Abb. 17). Evaluation ist ein genuiner Aspekt von Reflexion, die uns fortlaufend dazu anhält, die Angebote zu hinterfragen, zu verbessern und vor allem die Maxime der Partizipation nicht aus den Augen zu verlieren.

Abb. 17: Wirkungsmessung und Professionalität

Aus professioneller Perspektive sehen Sozialarbeitende ihre Arbeit mit und für die von Verschuldung betroffenen Personen und Haushalte nicht nur als soziale Dienstleistung oder als das zur Verfügung stellen von Fachwissen. Sie verstehen ihre professionelle Rolle als lernende Akteur*innen in der Bekämpfung von überhöhter oder unangemessener Verschuldung. In diesem lernenden Verständnis werden Angebote geplant und durchgeführt, zudem aber auch gegenüber der Politik oder anderen Finanzierungquellen legitimiert. Dies erfordert einen stetigen Evaluationsprozess, der die geleisteten Angebote und Maßnahmen dokumentiert, die Erreichung der gesteckten und übergeordneten Ziele überprüft, deren Wirkungen versucht zu messen und die über das eigentliche Angebot hinaus sich einstellende Veränderungen zu erfassen.

Anhand der Erkenntnisse stetiger Reflexion und Evaluation ergeben sich die Grundlagen für die Steuerung der Angebote. Was sind die für die Soziale Arbeit genuinen Zielgruppen, Zugänge und Methoden, um über Angebote der Schuldenberatung und Schuldenprävention Armut und Ungleichheit zu bekämpfen? Trotz alledem ist die Soziale Arbeit in allen Bemühungen, Angebote zu präzisieren und zielgruppenspezifisch auszugestalten auch darin gefordert, diese lebensweltorientiert als ›Normalangebote‹ anzubieten. Es geht somit immer um eine Balance, im professionellen Setting sich einerseits gegen universelle Angebote zu entscheiden und diese nicht anzubieten, andererseits aber Hilfen vorzuhalten, die an alle Gesellschaftsmitglieder gerichtet sind und genutzt werden.

Nach der Wirkung von Angeboten zu fragen und diese zu erforschen trägt schließlich dazu bei, das Angebot und die Notwendigkeit im öffentlichen Auftrag und mit sozialstaatlicher Finanzierung zu legitimieren. Bei welchen Personen- oder Betroffenengruppen sind solche Maßnahmen erforderlich, welche Methoden sind aus professioneller Perspektive sinnvoll und wirksam und gibt es feststellbare Veränderungen, die dadurch erreicht werden können?

> An dieser Stelle soll es nicht darum gehen, eine verkürzte Einführung in die Evaluationsforschung zu geben. Es geht hier ausschließlich darum, deren Grundbegriffe zu klären (▶ Kap. 9.1), um das nachfolgende Wirkungsmodell von Schuldenberatung verstehen zu können (▶ Kap. 9.2). Zugleich geht es in diesem Kapitel aber auch darum auszuführen, zu welchen Fragen und Anliegen der Schuldenberatung und Schuldenprävention eben keine verlässlichen empirischen Befunde der Wirksamkeit vorgelegt werden können. Hier stoßen wir gerade bei der Schuldenprävention schnell an die Grenzen verlässlicher Wirkungsmessungen (▶ Kap. 9.3).

9.1 Grundbegriffe und Nutzen

Hier gilt es zunächst die Frage zu klären, was denn eigentlich unter Evaluation zu verstehen ist: Evaluation bezeichnet die systematische Analyse und Bewertung von Maßnahmen und Prozessen. Dabei kann die Evaluation einer Maßnahme unterschiedlichen Nutzen stiften. So kann eine Evaluation dazu beitragen, bereits im Vorfeld zu klären, ob die für die Maßnahme gesetzten Ziele überhaupt erreichbar sind. Ist es zum Beispiel realistisch, durch Schuldenberatung oder

Schuldenprävention tatsächlich und nachhaltig das Verschuldungsverhalten der Bevölkerung zu verändern? Oder ist es gerade in der Sozialen Arbeit wichtig, Projektziele realistisch zu formulieren, damit diese eine Chance auf Erreichbarkeit haben? Neben der Zielerreichung können Evaluationen auch dazu beitragen, die Qualität eines Angebots zu verbessern, hier vor allem durch die Optimierung von konkreten Abläufen oder durch eine bessere Nutzung von Ressourcen. Evaluationen können aber auch durchgeführt werden, um die Erreichung der gesetzten Ziele zu überprüfen oder um die Zielerreichung unterschiedlicher Angebote miteinander vergleichbar zu machen. Schließlich trägt Evaluationsforschung dazu bei, die Wirkungen von Maßnahmen nachzuweisen: Wird das, was erreicht werden soll, erreicht und gibt es über die angestrebten Wirkungen auch nicht intendierte Wirkungen, die feststellbar sind? Ein zentraler Nutzen jedoch besteht darin, gegenüber der Öffentlichkeit und geldgebenden Stellen das Angebot zu legitimieren: Ist es notwendig und wird das erreicht, was in der Leistungsvereinbarung vereinbart wurde?

Was die konkrete Durchführung von Evaluationen anbelangt, so gibt es unterschiedliche Evaluationsperspektiven, die jeweils für sich unterschiedliche Vor- und Nachteile aufweisen:

- **Selbst- bzw. Eigenevaluation**
  Die Personen, die eine Maßnahme durchführen, evaluieren diese auch.
- **Interne Fremdevaluation**
  Die Evaluation wird zwar von Personen der gleichen Organisation durchgeführt, die auch die Maßnahme anbietet, sie sind aber nicht direkt bei der Durchführung beteiligt.
- **Externe Evaluation**
  Die Evaluation wird von außenstehenden Personen durchgeführt (König 2007, Landwehr/Steiner 2019, Beywl/Niestroj 2009).

Zu diesen drei Varianten sind auch Mischformen denkbar. Dies vor allem dann, wenn wegen der Größe oder Komplexität einer Maßnahme der Einbezug unterschiedlicher Akteur*innen erforderlich wird oder wenn sich aus der Evaluation heraus die Notwendigkeit ergibt, doch einzelne Aspekte aus fachlichen oder pragmatischen Gründen heraus an externe Stellen zu vergeben oder bei einer externen Evaluation doch bestimmte Teile intern abzuhandeln.

Schließlich sind an dieser Stelle noch die Begriffe »Formative Evaluation« und »Summative Evaluation« relevant. Dies sind Begriffe, die sowohl etwas über den Zeitpunkt als auch über den Zweck der Evaluation aussagen. Eine formative Evaluation, das heißt gestaltende Evaluation nimmt Einfluss auf eine laufende Maßnahme. Ziel ist die Begleitung, Einführung und Umsetzung eines Angebots oder eines Programms zu unterstützen. Mittels gestaltender Evaluationen werden bislang gewohnte alltagspragmatische Handlungsroutinen hinterfragt bzw. reflektiert und im laufenden Umsetzungsprozess verändert. Die summative Evaluation bilanziert den Erfolg einer Maßnahme. Sie dient etwa der abschließenden Bewertung eines zeitlich begrenzten Projekts. Ihre Ergebnisse sollen als Grundlage für Programmwiederholungen oder weitere Maßnahmen genutzt werden (vgl. ebd.: 10).

Tab. 10: Vor- und Nachteile der Evaluationsperspektiven

	Vorteile	Nachteile
Selbstevaluation	• geringer zeitlicher und finanzieller Aufwand • Reflexion des eigenen Handelns möglich • Kompetenzerweiterung für die Mitarbeitenden der Maßnahme möglich • unmittelbare Umsetzung der Ergebnisse	• evtl. eingeschränkte Methodenkompetenz für Evaluationen vorhanden • fehlende Unabhängigkeit • Betriebsblindheit • mangelnde Glaubwürdigkeit
Interne Fremdevaluation	• geringer finanzieller Aufwand • mit Organisationsstrukturen vertraute Evaluator*innen • Kompromiss zwischen Selbst- und externer Evaluation	• fehlende Unabhängigkeit • Betriebsblindheit
Externe Evaluation	• gelten als objektive Prüfung • große Methodenkompetenz • Blick von außen/kein ›Tunnelblick‹	• Akzeptanzproblem • erhöhter Einarbeitungsaufwand, da keine Insiderkenntnisse • höhere Kosten

Modifiziert nach: In Form (2017). Leitfaden Evaluation. Bonn. S. 8: URL https://www.in-form.de/materialien/in-form-leitfaden-evaluation/ © Bundesministerium für Ernährung und Landwirtschaft

In der Fachliteratur nur selten zu finden ist, ob und wie Betroffene in die Evaluation von Angeboten und Maßnahmen einbezogen werden können. Dies betrifft den Aspekt der Professionalität der Sozialen Arbeit: Nicht deren Akteur*innen oder die für eine Evaluation beauftragten Expert*innen sind die zentralen Entscheider*innen bei Fragen der Weiterentwicklung. Es sind in erster Linie die Betroffenen und die Zielgruppe der Angebote, die uns einen Veränderungsbedarf mitteilen können und dabei ernst genommen werden müssen. Der Einbezug Betroffener in Evaluationsprozesse wird in der Fachliteratur bislang vor allem von Wright erprobt, beschrieben und, gemeinsam mit Betroffenen, stetig evaluiert (Wright 2010).

9.2 Wirkungsmodell der Schuldenberatung und Schuldenprävention

Wirkungsmodelle versuchen abzubilden, welche Effekte Maßnahmen oder Angebote bei den betreffenden Zielgruppen bewirken oder ob über die Wirkungen bei den Zielgruppen übergeordnete Veränderungen festgestellt werden können.

9.2 Wirkungsmodell der Schuldenberatung und Schuldenprävention

Kann durch Schuldenberatung tatsächlich die Verschuldung und die damit verbundenen beeinträchtigenden Faktoren reduziert und die eigenverantwortliche Alltagsgestaltung der Betroffenen gestärkt werden? Oder führt Schuldenprävention dazu, dass sich die Zielgruppen von Schuldenprävention weniger oder angemessener verschulden? In der Praxis ist es jedoch nicht die Herausforderung, solche Wirkungsmodelle aufzustellen, sondern diese auch tatsächlich empirisch zu belegen. Dies zum einen, weil es sich beim Angebot Schuldenberatung in der Regel um eine Kombination von Beratung des ratsuchenden Menschen, andererseits oft aber auch um eine Dienstleistung geht, bei Gläubiger*innen um einen Forderungsverzicht, eine Stundung oder um einen Teilerlass zu bitten. Doch was ist dann genau die Leistung, die es zu messen oder zu bewerten gilt: die Beratung der Menschen oder die technokratische Dienstleistung den Gläubiger*innen gegenüber? Ist es eine positive Wirkung von Schuldenberatung, wenn sich die Schuldsummen der ratsuchenden Menschen möglichst schnell stark reduzieren oder ist dies nicht gerade ein Hinweis darauf, dass die Gläubiger*innen zu sehr im Mittelpunkt der Beratung und die Anliegen der ratsuchenden Menschen zu wenig berücksichtigt werden? Dies sind Fragen, die es sowohl bei der Konzeption von Beratungsangeboten, später aber auch bei der Evaluation zu klären und zu reflektieren gilt.

Um das nachfolgende Wirkungsmodell der Schuldenberatung verstehen zu können, gilt es vorab jedoch folgende Begriffe zu definieren (vgl. Beywl/Niestroj 2009: 137f).

Input Als Input werden einerseits finanzielle, personelle oder andere Ressourcen verstanden, die in Erbringung von Dienstleistungen oder Durchführung von Projekten investiert werden. Teil des Inputs sind aber auch Konzepte, welche die Ziele und die Ausrichtung von Dienstleistungen oder Projekten definieren.

Aktivitäten sind die durchgeführten konkreten Interventionen und Angebote, die der Erreichung der Ziele dienen und auf der Basis der Inputs umgesetzt werden. Darunter gehört neben der Beratung durch spezialisierte und nicht spezialisierte Beratungsstellen auch die Beratung, die in anderen Settings wie zum Beispiel der aufsuchenden Sozialen Arbeit oder im Rahmen von Onlineangeboten geleistet wird. Denkbar sind hier aber auch die von der Sozialen Arbeit moderierten Foren oder Selbsthilfegruppen im Internet, Beratung durch angeleitete Ehrenamtliche und Peer-to-Peer-Projekte.

Output Als Output werden in unmittelbarem Zusammenhang mit den Interventionen von Dienstleistungen oder Projekten stehende Leistungen bezeichnet. Es handelt sich dabei um quantifizierbare Einheiten wie Produkte oder Teilnahmen, Nutzungen, Beratungen, finanzielle Zuwendungen, zur Verfügung gestellte Hilfsmittel, durchgeführte Kurse und Veranstaltungen etc.

Outcome Unter Outcome werden die Wirkungen einer Dienstleistung oder eines Projekts verstanden, die bei den Zielgruppen erreicht werden und sich vom Output ableiten lassen.

Impact Impacts sind die Wirkungen von Dienstleistungen oder Projekten, die über die Wirkungen bei den Zielgruppen hinausgehen. Dies können Wirkungen im Umfeld der Zielgruppen oder auf der Ebene der Gesellschaft sein.

Unter Berücksichtigung der Grundannahmen zur Evaluationsforschung und der zentralen Begrifflichkeiten der Wirkungsforschung kann folgendes Wirkungsmodell der Beratung von Menschen mit Schulden angeboten werden (▶ Abb. 18). Es handelt sich hierbei um ein Outcome-Modell eines gesamten Programms der Beratung von Menschen mit Schulden.

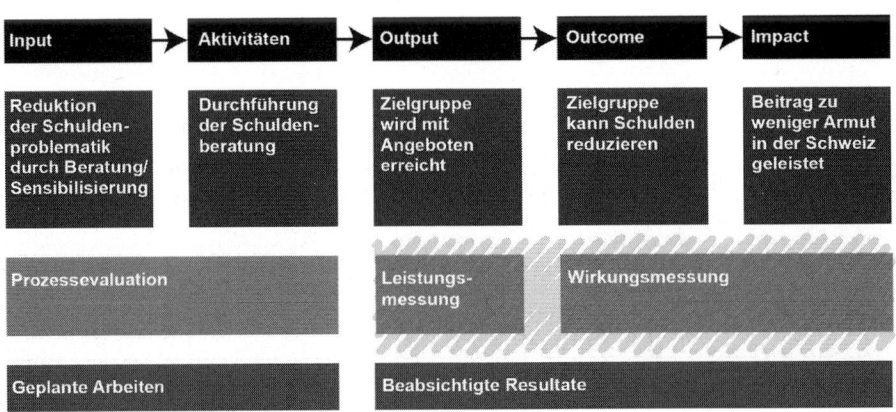

Abb. 18: Wirkungsmodell der Schuldenberatung und Schuldenprävention (Quelle: Stiftung Zewo, Wirkungsmessung für NPO im Gesundheits-, Sozial- und Umweltbereich, 2013)

Im wissenschaftlichen Diskurs sind solche Wirkungsmodelle, die einen nachweisbaren Zusammenhang zwischen Input, Aktivitäten, Output und Outcome herstellen, jedoch umstritten. Bedenken werden hier vor allem bei der fehlenden systematischen Evidenz der Effektivität von Programmevaluationen und somit auch der tatsächlich nachzuweisenden Wirkungen solcher Maßnahmen gesehen. Die tatsächlichen Wirkungen werden oftmals nur präskriptiv dargestellt, bleiben aber weitgehend ohne empirischen Nachweis. Zudem wird oft die Komplexität der theoretischen Grundlagen solcher Modelle kritisiert, die wegen ihrer Kompliziertheit häufig nicht zu einer Orientierung der Akteur*innen, sondern mehr zu deren Verwirrung führt (vgl. Widmer 2012: 69). Um solche Modelle praxistauglicher zu machen, rät Widmer von der Anwendung eines Wirkungsmodells ab und schlägt vor, lediglich mit logischen Modellen zu arbeiten, von welchen Wirkungen bei der Planung von Maßnahmen ausgegangen werden kann. Solche »Logic Models« beschreiben zwar die Aspekte und vermuteten Wirkungen im Zusammenhang von Input, Output, Outcome und Impact, sie verzichten aber darauf, innerhalb dieser Dimensionen einen Wirkungsnachweis zu versprechen, der oft nicht erbracht werden kann (vgl. ebd.: 70f). Zwar ist die Kritik von Widmer an den evidenzbasierten Wirkungsmodellen nicht von der Hand zu weisen, so verbleibt aber bei einer kritischen Auseinandersetzung mit Evaluationsforschung der Eindruck, dass Wirkungen oft lediglich Konstruktionen sind, die uns helfen, den Nutzen von Programmen zu verstehen. Einen Nachweis bleiben solche Modelle in der Regel leider schuldig.

9.3 Finanzielle Bildung bei Verschuldung

Aufgrund der oft schwierigen Finanzierung von Schuldenpräventionsangeboten, oft ermöglicht durch Zuwendungen gemeinnütziger Stiftungen oder der Kreditwirtschaft, ist der Ruf nach einem Wirkungsnachweis von Schuldenprävention, häufig zu vernehmen. Ein Wirkungsnachweis verspricht die Veröffentlichung »Wirkt Schuldenprävention?« (Meier Magistretti et al. 2013), die am Ende zwar auf Schwierigkeiten der Wirkungsmessung von Schuldenprävention eingeht und diese eigentlich ausschließt, trotzdem aber eine Wirkung attestiert. Hier wird deutlich, mit welcher Leichtfertigkeit mit »Logic Models« versucht wird, den Fachdiskurs und die öffentliche Auseinandersetzung mit der Vermeidung von Verschuldung in der Öffentlichkeit zu beeinflussen.

Die einzige bislang im deutschsprachigen Raum vorgelegte Studie zur Wirksamkeit von Schuldenprävention ist die von Müller und Straatmann (Müller et al. 2015). Darin wird deutlich, dass es weniger das Finanzwissen oder die allgemeine finanzielle Bildung ist, die eine Veränderung im Konsum- und Verschuldungsverhalten junger Menschen bewirkt, als vielmehr die Steigerung der Selbstwirksamkeitserwartung. Die Autoren kommen zu dem Ergebnis, dass nur durch die Kombination von finanzieller Bildung und Stärkung der Selbstwirksamkeit der Zielgruppen eine Wirkung auf das Verschuldungsverhalten erzielt werden kann. Weiterführend und über den deutschsprachigen Raum hinausreichend versuchen Kaiser und Menkhoff die Wirkung von finanzieller Bildung zu evaluieren und nehmen sich dabei auch dem Aspekt der Verschuldung an. In ihrem Beitrag »Was leisten verschiedene Methoden der Evaluierung der Effektivität von finanzieller Bildung?« (Menkhoff/Kaiser 2018) skizzieren sie ausführlich, warum die klassischen Methoden der Evaluationsforschung bei der Evaluation von Angeboten der finanziellen Bildung nicht oder nur bedingt wirken. Trotz diverser methodischer Schwierigkeiten, die die Evaluationsforschung mit sich bringt, weisen sie zumindest im Rahmen einer Metaanalyse, beruhend auf der Auswirkung zahlreicher international verfügbarer Studien, nach, dass finanzielle Bildung die Sparsamkeit der Zielgruppen tendenziell erhöht. Eine Wirkung von Angeboten der finanziellen Allgemeinbildung auf das Verschuldungsverhalten kann aber weiterhin nicht empirisch belegt werden.

So bleibt die Frage, wie wir in der Sozialen Arbeit überhaupt mit dem Begriff der Evaluation und dem immer stärker werdenden Bedürfnis, Wirkungen von Beratung und Prävention nachweisen zu können, umgehen können.

> Evaluation als Teil der Reflexion trägt dazu bei, die Ausrichtung, Umsetzung und Erneuerung der Angebote stets zu hinterfragen und zu überdenken. Sie hilft, gut durchdachte konstruierte Wirkungsmodelle zu erstellen, zugleich aber auch die Situation, Bedürfnisse und Besonderheiten der Zielgruppen nicht aus den Augen zu verlieren, um dem Gebot der Angemessenheit gerecht werden zu können.

Leitfragen zur Evaluation Ihres Beratungs- oder Präventionsangebots

Tun wir die richtigen Dinge?

- Verbessern wir die Situation der Zielgruppen?
- Tragen wir dazu bei, übergeordnete Ziele zu erreichen?
- Setzen wir die richtigen Prioritäten?

Tun wir die Dinge richtig?

- Erreichen wir unsere Ziele?
- Was haben wir gut gemacht, was nicht?
- Werden die Erwartungen der Zielgruppen erfüllt?

Wie können wir uns verbessern?

- Was sollten wir in Zukunft anders machen?
- Wie können wir mit gleichem Input mehr bewirken?
- Wie können wir die gleiche Wirkung mit weniger Input erreichen?

Quelle: http://www.zewo.ch[47]

9.4 Fazit: Keine Professionalität ohne Evaluation

 Die bisherigen Wirkungsnachweise zur Schuldenprävention beruhen lediglich auf einer deskriptiven Beschreibung denkbarer Zusammenhänge, inwiefern durch Prävention Einfluss auf das Verschuldungsverhalten von Menschen genommen werden kann. Dagegen ist die Bedeutung der Stärkung der Selbstwirksamkeitserwartung in der Schuldenprävention inzwischen für deren Wirkung empirisch nachgewiesen.

---

[47] Link: https://zewo.ch/de/wirkungsmessung-wozu-2/.

Evaluation, im Sinne von Reflexion der eigenen gesammelten Erfahrungen und anhand wissenschaftlicher Erkenntnisse, ist aber auch ein Bestandteil professioneller Sozialer Arbeit. Entsprechend lohnt es sich, auch ohne empirischen Wirkungsnachweis mittels Wirkungsmodellen die eigene Praxis der Beratung und Prävention zu reflektieren.

Die Professionalität von Schuldenberatung und Schuldenprävention als Soziale Arbeit zeichnet sich auch dadurch aus, dass Betroffene bei der Evaluation und den Entscheidungsprozessen, was an den Angeboten und Maßnahmen verändert werden soll, mit einbezogen werden.

Die Ergebnisse solcher Reflexionen können im weiteren Verlauf der Beratungs- und Präventionsarbeit helfen, sich immer mehr an den Bedürfnissen der Zielgruppe zu orientieren und professionelle wie disziplinäre Maxime der Sozialen Arbeit umzusetzen. Entsprechend ist eine stetige Reflexion und Evaluation der Arbeit der Schuldenberatung und Schuldenprävention die zentrale Voraussetzung für deren Professionalität.

10 Herausforderungen der Schuldenberatung als Soziale Arbeit: Ein Ausblick

Mit der Aussage »Die Geschichte der Schuldenberatung ist eine Erfolgsgeschichte« beginnt die Einführung dieses Buches, deren Errungenschaften und Verdienste für verschuldungsbetroffene Personen und Haushalte in den darauffolgenden Kapiteln beschrieben sind. Mit dem Fokus Schuldenberatung als Soziale Arbeit zeigt sich jedoch noch eine weitere Erfolgsgeschichte. Die Akteur*innen der Schuldenberatung brachten dieses Hilfeangebot vor, während und nach ihrer Institutionalisierung immer wieder zurück zur Sozialen Arbeit, auch wenn es hinreichend Gründe und Anlässe gegeben hätte, sich disziplinär anderweitig zu beheimaten.

> Schuldenberatung zeichnet sich heute als sozialpolitisch geprägtes Handlungsfeld aus, in dem Sozialarbeitende strukturell, präventiv und einzelfallbezogen tätig sind und sich trotz vieler thematischer Unschärfen der Profession Soziale Arbeit verpflichtet sehen.

Abschließend sei ein Blick auf die Herausforderungen geworfen, die die politischen und gesellschaftlichen Veränderungsprozesse, die stetigen Auseinandersetzung mit den Gläubiger*innen und auch der fortschreitende Professionalisierungsdiskurs in der Sozialen Arbeit mit sich bringen können:

- Ein aus heutiger Sicht zentraler Durchbruch der Schuldenberatung als professionelles Hilfeangebot war die Einführung von Restschuldbefreiungsverfahren ab Mitte der 1990er Jahre in Europa und der Festlegung der Schuldenberatung in Österreich und Deutschland, in diesen Verfahren mitzuwirken. Da sich inzwischen die Europäische Union den politischen Belangen des Konsument*innenschutzes angenommen und richtungsweisende Gesetzesänderungen seinen Mitgliedsstaaten abverlangt, wird die Schuldenberatung weiterhin mit der Umsetzung neuer oder veränderter Verfahrensabläufe gefordert sein. Doch gilt es, nicht nur sozialpolitisch Veränderungen einzufordern, sondern weiterhin diese auch in der Praxis umzusetzen.
- Ein zentrales, bislang absolut unerforschtes Thema sind die Wirkungen genuin sozialarbeiterisch geprägter Beratungsangebote auf die Alltagsbewältigung der ratsuchenden Menschen. Dahinter verbirgt sich die Frage, ob verschuldete Personen und Haushalte, die von einer Beratungsstelle mit starker sozialarbeiterischer Prägung zu ihren Schulden beraten wurden, in der Folge ihren Alltag, den Umgang mit knappen Finanzen und die Bewältigung ihrer

Verschuldungssituation besser bewältigen können als nach einer Beratung durch einen Rechtsanwalt/eine Rechtsanwältin oder einer anderen Berufsgruppe. Haben diese professionellen und disziplinären Vorstellungen der Sozialen Arbeit einen für die Verschuldungsbetroffenen erkennbaren Mehrwert und Nutzen, als es die auf Rechtsberatung und Entschuldung ausgerichteten Stellen erreichen können? Oder müssen wir uns in unserer Profession und Disziplin einmal mehr der ursprünglich gewerkschaftlich geprägten Kritik an der Sozialen Arbeit »Brot statt guter Worte« stellen. Was hilft besser und mehr: den Menschen die Last ihrer Schulden als soziale Dienstleistung abzunehmen oder sie zur ressourcenorientierten Bewältigung der eigenen Situation zu befähigen? Es fehlt der empirische Beweis, dass die Soziale Arbeit nachhaltigere Veränderungen herbeiführen kann und welche konkreten Beratungshaltungen und Reflexionsprozesse die Autonomie und Integrität der Ratsuchenden stärkt.

- Auch wenn die Schuldenberatung die Zuständigkeit für die Lösung des Problems der Ver- und Überschuldung für sich gewinnen konnte, wird sie sich auch weiterhin in einem Wettbewerb der Deutungshoheit zu Fragen überhöhter Verschuldung der privaten Haushalte mit der Finanzdienstleistungs- und Inkassoindustrie befinden. Die Akteur*innen der Gläubiger*innen- und Inkassobranche engagieren sich ebenfalls und mit weitaus mehr Ressourcen darin, die Ursachen, Probleme und Folgen privater Verschuldung in ihrem Sinne zu deuten und die öffentliche Wahrnehmung zu prägen. Dies erfolgt aktuell durch eigene Verschuldungsberichte oder Bildungs- und Präventionsangebote. In der Vergangenheit gab es nur wenige Kooperationen zwischen der Schuldenberatung bzw. deren Verbänden mit der Kredit- und Inkassowirtschaft, was zunächst verständlich ist. Blicken wir über den deutschsprachigen Raum und über Europa hinaus, so stellen wir fest, dass es durchaus Beispiele gibt, wie Kooperationen zwischen Schuldenberatung und Finanzwirtschaft dauerhaft gelingen können, zumindest bestimmte Verschuldungsprobleme gemeinsam zu lösen und hierzu Synergien zu nutzen. Trotzdem bleibt die Frage, wer zukünftig den Fachdiskurs zu Ver- und Überschuldung prägen und die fachliche Deutungshoheit ausfüllen wird.
- Unklar ist auch, wie die Schuldenberatung sich durch Digitalisierung weiterentwickeln kann. Erste Versuche, über digitale Medien für Ratsuchende erreichbar oder adressierbar zu sein, gibt es längst. Die Digitalisierung aber mehr als nur als weiteren Kommunikationsweg zu sehen und als Analyseinstrument in die Beratung mit einzubeziehen, ist bislang jedoch nicht angedacht. Will und kann die Schuldenberatung künstliche Intelligenz nutzen, um Fallverläufe zu analysieren und zu prognostizieren? Hierzu dürften umfassende Datenvorräte in den Beratungsstellen vorhanden sein, die über Rechenschaftsberichte hinaus für die Weiterentwicklung der Beratungsangebote nutzbar gemacht werden könnten.

Literatur

AG SBV, Arbeitsgemeinschaft Schuldnerberatung der Verbände (Hrsg.) (2000). Schuldnerberatung – eine neue Profession? Dokumentation einer Fachtagung am 14./15. Dezember 1999 im Katholisch Sozialen Institut Bad Honnef. Bochum.

AG SBV, Arbeitsgemeinschaft Schuldnerberatung der Verbände (2018). Soziale Schuldnerberatung. Aachen: URL https://www.agsbv.de/wp-content/uploads/2018/04/2018_04_03_Konzept-Soziale-Schuldnerberatung_AGSBV.pdf, Zugriff: 22.12.2020.

Angel, Stefan (2009). Private Verschuldung in Österreich. Sozioökonomische und soziodemographische Aspekte der Verschuldung privater Haushalte in Österreich. Saarbrücken: VDM.

Angel, Stefan/Heitzmann, Karin (2013). Kritische Ereignisse und private Überschuldung. In: Kölner Zeitschrift für Soziologie & Sozialpsychologie. 65. Jg. (3). S. 451–477.

Angel, Stefan/Heitzmann, Karin (2015). Over-Indebtedness in Europe: The Relevance of Country-Level Variables for the Over-Indebtedness of Private Households. In: Journal of European Social Policy. 25. Jg. (3). S. 331–350.

Ansen, Harald (2018). Soziale Schuldnerberatung, Prävention und Intervention. Stuttgart: Kohlhammer.

ASB, Staatlich anerkannte Schuldenberatungen GmbH (2019). Wege aus der Schuldenfalle. Rechts- und sozialpolitische Forderungen der Schuldenberatung. Linz: URL https://www.schuldenberatung.at/downloads/infodatenbank/rechtspolitik/asb_Forderungskatalog2019.pdf?m=1575294480&, Zugriff: 22.12.2020.

ASB Schuldnerberatungen (2020). Schuldenreport 2020. Linz: URL https://www.schuldenberatung.at/downloads/infodatenbank/schuldenreport/asb_Schuldenreport2020.pdf?m=1587454366&, Zugriff: 22.12.2020.

AvenirSocial (2010). Berufscodex Soziale Arbeit Schweiz. Ein Argumentarium für die Praxis. Bern: URL https://avenirsocial.ch/wp-content/uploads/2018/12/SCR_Berufskodex_De_A5_db_221020.pdf, Zugriff: 22.12.2020.

Averdijk, Margit (2017). Communities that Care, Jugendbefragung Herbst 2016. Gesamtergebnisse für Bischofszell, Köniz und Meilen. Zürich: Radix Forschungsbericht.

AWO, Arbeiterwohlfahrt Bundesverband (2016). Schuldner- und Insolvenzberatung. Rahmenkonzept der Arbeiterwohlfahrt. Berlin: URL https://www.awo.org/sites/default/files/2017 01/Rahmenkonzeption_SIB_neu_Stand_9.12.16.pdf, Zugriff: 22.12.2020.

Bamberger, Günter (2015). Lösungsorientierte Beratung. 5. Auflage. Weinheim: Beltz.

Bandura, Albert (1997). Self-Efficacy the Exercise of Control. New York: W. H. Freeman and Company.

Beahrs, John (1982). Unity and Multiplicity: Multilevel Consciousness of Self in Hypnosis, Psychiatric Disorder and Mental Health. In: American Journal of Clinical Hypnosis. 28. Jg. (1). S. 51–52.

Beahrs, John (1982). Unity and Multiplicity: Multilevel Consciousness of Self in Hypnosis, Psychiatric Disorder and Mental Health. New York: Brunner & Mazel.

Becker-Lenz, Roland/Müller-Hermann, Silke (2013). Die Notwendigkeit von wissenschaftlichen Wissen und die Bedeutung eines professionellen Habitus für die Berufspraxis der Sozialen Arbeit. In: Becker-Lenz, Roland/Busse, Stefan/Ehlert, Gudrun/Müller-Hermann, Silke (Hrsg.). Professionalität in der Sozialen Arbeit. Standpunkte, Kontroversen, Perspektiven. 3. Auflage. Wiesbaden: SpringerVS. S. 195–221.

Berkling, Heike (2010). Lösungsorientierte Beratung, Handlungsstrategien für die Schule. Stuttgart: Kohlhammer.
Berner Schuldenfachstelle (2013). Schulden – was tun? Der Weg aus der Schuldenfalle. 4. Auflage. Bern: Edition Soziothek.
Bertrand, Marianne/Mullainathan, Sendhil/Shafir, Eldar (2006). Behavioral Economics and Marketing in Aid of Decision Making among the Poor. In: Journal of Public Policy & Marketing. 25. Jg. (1). S. 8–23.
Betti, Gianni (2001). Untersuchung des Problems der Verbraucherverschuldung. Statistische Aspekte. London: Forschungsbericht.
Beywl, Wolfgang/Niestroj, Melanie (2009). Das ABC der wirkungsorientierten Evaluation. 2. Auflage. Köln: Univation – Institut für Evaluation Dr. Beywl und Associates.
Biervert, Bernd/Monse, Kurt/Rock, Reinhard (1984). Organisierte Verbraucherpolitik zwischen Ökonomisierung und Bedürfnisorientierung. Frankfurt am Main: Campus.
Binner, Esther/Richter, Claus (2014). Das Pfändungsschutzkonto in der Beratungspraxis, Ein Ratgeber für die Soziale Arbeit. 2. Auflage. Kassel: Broschüre der Bundesarbeitsgemeinschaft Schuldnerberatung (BAG-SB).
Block, Martina (2010). Partizipation der Zielgruppe in der Gesundheitsförderung und Prävention. In: Wright, Michael T./Unger von, Hella (Hrsg.). Partizipative Qualitätsentwicklung in der Gesundheitsförderung und Prävention. Bern: Huber. S. 35–52.
Blümle, Gerald (1999). Makroökonomie. In: Blümle, Gerald/Franke, Hans Herrmann (Hrsg.). Kompendium der Verwaltungs- und Wirtschaftsakademie. Band 1 Volkswirtschaftslehre. 2. Auflage. Freiburg im Breisgau: Rombach.
Boecker, Hans Jochen (1976). Recht und Gesetz im Alten Testament und im Alten Orient. Neukirchen-Vluyn: Neukirchener.
Bourdieu, Pierre (2000). Die zwei Gesichter der Arbeit. Interdependenzen von Zeit- und Wirtschaftsstrukturen am Beispiel einer Ethnologie der algerischen Übergangsgesellschaft. Konstanz: UVK.
Bretz, Michael (2019). Überschuldung – auf dem Weg zu neuen »Kerngruppen«. In: BM Bank und Markt. 48. Jg. S. 30–33.
Breuer, Stefan (1986). Sozialdisziplinierung. Probleme und Problemverlagerungen eines Konzeptes bei Max Weber, Gerhard Oestreich und Michel Foucault. In: Sachße, Christoph/Tennstedt, Florian (Hrsg.). Soziale Sicherheit und soziale Disziplinierung. Beiträge zu einer historischen Theorie der Sozialpolitik. Frankfurt am Main: Suhrkamp. S. 45–69.
BAG-SB, Bundesarbeitsgemeinschaft Schuldnerberatung e. V. (2020). Grundsätze guter Schuldnerberatung. Berlin: URL https://www.bag-sb.de/die-bag-sb/das-sind-wir/grundsaetze, Zugriff: 22.12.2020.
BAG-SB, Bundesarbeitsgemeinschaft Schuldnerberatung e. V. (o. J.). Aktuelle Positionen der BAG-SB. Berlin: URL https://www.bag-sb.de/die-bag-sb/positionen, Zugriff: 22.12.2020.
Brotherhood, Angelina/Sumnall, Harry (2013). European Drug Prevention Quality Standards. A Manual for Prevention Professionals. Luxembourg: https://op.europa.eu/en/publication-detail/-/publication/eacd8825-59b9-482a-b8cc-3b49d512cc58/language-en, Zugriff: 22.12.2020.
Brüggemann, Helga/Ehret-Ivankovic, Kristina/Klütmann, Christopher/Molter, Haja (2016). Systemische Beratung in fünf Gängen. Ein Leitfaden. 6. Auflage. Göttingen: Vandenhoeck & Ruprecht.
Bundesministerium für Gesundheit (2020). Prävention. Berlin: URL https://www.bundesgesundheitsministerium.de/service/begriffe-von-a-z/p/praevention.html, Zugriff: 22.12.2020.
Buschkamp, Heinrich Wilhelm (2019). Schuldnerberatung – die Entwicklung eines sozialberuflichen Arbeitsfelds in Deutschland. In: Schwarze, Uwe/Buschkamp, Heinrich Wilhelm/Elbers, Alexander (Hrsg.). Geschichte der Schuldnerhilfe in Deutschland. Varianten und Entwicklungspfade aus Perspektive der Sozialen Arbeit. Weinheim und Basel: Beltz Juventa. S. 148–217.
Caplan, Gerald (1964). Principles of Preventive Psychiatry. 5. Auflage. New York: Basic Books.

Dadaczynski, Kevin/Baumgarten, Kerstin/Hartmann, Thomas (2016). Settingbasierte Gesundheitsförderung und Prävention. In: Prävention und Gesundheitsförderung. 11. Jg. (4). S. 214–221.
Donk, Cyrilla van der/Lanen, Bas van/Wright, Michael T./Löffelholz, Annette (2014). Praxisforschung im Sozial- und Gesundheitswesen. Bern: Huber.
Ebbecke-Nohlen, Andrea (2020). Einführung in die systemische Supervision. 5. Auflage. Heidelberg: Carl Auer.
Ebli, Hans (2003). Pädagogisierung, Entpolitisierung und Verwaltung eines gesellschaftlichen Problems? Baden Baden: Nomos.
Ebli, Hans (2015). Wie es der Sozialen Arbeit gelang, die exklusive Zuständigkeit für die Bearbeitung von kreditspezifischen, finanziell schwierigen Situationen zu erhalten. In: Widersprüche. Zeitschrift für sozialistische Politik im Bildungs-, Gesundheits- und Sozialbereich. 34. Jg. (1). S. 53–64.
Elbers, Alexander (2019). Nach der Reform ist vor der Reform ... Die jüngere Geschichte deutscher Verbraucherinsolvenz (1975–2019). In: Schwarze, Uwe/Buschkamp, Heinrich Wilhelm/Elbers, Alexander (Hrsg.). Geschichte der Schuldnerhilfe in Deutschland. Varianten und Entwicklungspfade aus Perspektive der Sozialen Arbeit. Weinheim und Basel: Beltz Juventa. S. 260–294.
Engel, Frank/Nestmann, Frank/Sickendiek, Ursel (2007). Beratung – ein Selbstverständnis in Bewegung. In ders. (Hrsg.). Das Handbuch der Beratung. Tübingen: dgvt. S. 33–44.
Engelmann, Fabian/Halkow, Anja (2008). Der Settingansatz in der Gesundheitsförderung. Genealogie, Konzeption, Praxis, Evidenzbasierung. Berlin: Wissenschaftszentrum für Sozialforschung.
Fabian, Carlo (2019). Ein Blick aus der Sucht- und Gewaltprävention auf die Schuldenprävention. Was kann man lernen? In: Mattes, Christoph/Knöpfel, Carlo (Hrsg.). Armutsbekämpfung durch Schuldenprävention. Wiesbaden: SpringerVS. S. 119–143.
Fabian, Carlo/Müller, Caroline (2010). Früherkennung und Frühintervention in Schulen. Basel: FHNW Forschungsbericht.
Fabian, Carlo/Neuenschwander, Martin/Geiser, Marisa (2018). Erfolgsfaktoren und Empfehlungen für Präventionsprojekte in Gemeinden. Basel: FHNW Forschungsbericht.
Filipp, Sigrun-Heide/Aymanns, Peter (2018). Kritische Lebensereignisse und Lebenskrisen. 2. Auflage. Stuttgart: Kohlhammer.
Friese, Karin R./Göbel, Peter H./Lange, Elmar (2007). Teure Jugend. Wie Teenager kompetent mit Geld umgehen. Opladen und Farmington: Budrich.
Fürst, Roland/Hinte, Wolfgang (2019). Sozialraumorientierung. Ein Studienbuch zu fachlichen, institutionellen und finanziellen Aspekten. 3. Auflage. Wien: Facultas.
Gastiger, Sigmund (2012). Schuldnerberatung. Eine ganzheitliche Aufgabe für methodische Sozialarbeit. Freiburg im Breisgau: Lambertus.
Gerhardt, Uta (1986). Patientenkarrieren. Eine medizinsoziologische Studie. Frankfurt am Main: Suhrkamp.
Glatzel, Wolfgang (2020). Soziale Schuldnerberatung. In: Zeitschrift für das Fürsorgewesen. 72. Jg. (1). S. 23–24.
Gordon, Robert S. (1983). An Operational Classification of Disease Prevention. In: Public Health Reports. 98. Jg. S. 107–109.
Graeber, David (2014). Schulden. Die ersten 5.000 Jahre. München: Goldmann.
Groenemeyer, Axel (Hrsg.) (2010). Doing Social Problems. Mikroanalysen der Konstruktion sozialer Probleme und sozialer Kontrolle in institutionellen Kontexten. Wiesbaden: SpringerVS.
Grossmann, Ralph/Scala, Klaus (2006). Gesundheit durch Projekte fördern. Ein Konzept zur Gesundheitsförderung durch Organisationsentwicklung und Projektmanagement. 4. Auflage. Weinheim und München: Juventa.
Groth, Ulf (1984). Schuldnerberatung. Praktischer Leitfaden für die Sozialarbeit. Frankfurt am Main: Campus.
Grunwald, Klaus/Thiersch, Hans/Ansen, Harald (2016). Praxishandbuch lebensweltorientierte soziale Arbeit. Handlungszusammenhänge und Methoden in unterschiedlichen Arbeitsfeldern. 3. Auflage. Weinheim und Basel: Beltz Juventa.

Gutbrod, Heiner/Härtel, Saskia/Gaye, Yusupha (2019). Peer-to-Peer Ansatz im Präventionskonzept der Jugend-Schulden-Beratung Tübingen. Hamburg: Institut für Finanzdienstleistungen. URL https://www.iff-hamburg.de/wp-content/uploads/2019/09/Ueberschuldungsradar15_September19_Gutbrod.pdf, Zugriff: 22.12.2020.

Hafen, Martin (2017). Evidenzbasierte und wirkungsorientierte Canabisprävention. Ein Rahmenmodell in Theorie und Praxis. Luzern: HSLU Forschungsbericht.

Hafen, Martin/Fuchs, Peter (2005). Systemische Prävention. Grundlagen für eine Theorie präventiver Maßnahmen. Heidelberg: Carl Auer.

Happel, Birgit (2017). Geld und Lebensgeschichte. Eine biografieanalytische Untersuchung. Frankfurt am Main und New York: Campus.

Hartmann, Tomas/Hesse, Juliane (o. J.). Der Settingansatz in der Prävention und Gesundheitsförderung. APOLLON Hochschule für Gesundheitswirtschaft. URL https://www.apollon-hochschule.de/fileadmin/content/dms/user_upload/PDF/ZKs_Probelektionen_neu/Probekapitel_Angewandte_Praevention_Gesundheitsfoerderung_PRAEH01.pdf, Zugriff: 22.12.2020.

Hartung, Susanne (2011). Partizipation – wichtig für die individuelle Gesundheit? Auf der Suche nach Erklärungsmodellen. Berlin: Wissenschaftszentrum für Sozialforschung. URL https://bibliothek.wzb.eu/pdf/2011/i11-303.pdf, Zugriff: 22.12.2020.

Hartung, Susanne/Rosenbrock, Rolf (2018). Settingansatz/Lebensweltansatz. Köln: URL https://www.leitbegriffe.bzga.de/alphabetisches-verzeichnis/settingansatz-lebensweltansatz/, Zugriff: 22.12.2020.

Hering, Sabine/Münchmeier, Richard (Hrsg.) (2015). Geschichte der Sozialen Arbeit. Weinheim und Basel: Beltz Juventa.

Herzog, Kerstin (2015). Schulden und Alltag. Arbeit mit schwierigen finanziellen Situationen und die (Nicht-)Nutzung von Schuldnerberatung. Münster: Westfälisches Dampfboot.

Heuer, Jan-Ocko (2015). Private Überschuldung und Sozialpolitik. Varianten der staatlichen Regulierung von Verbraucherinsolvenz und Restschuldbefreiung. In: Zeitschrift für Sozialreform. 61. Jg. (3). S. 315–340.

Holzscheck, Knut/Hörmann, Günter/Daviter, Jürgen (1982). Die Praxis des Konsumentenkredits in der Bundesrepublik Deutschland. Eine empirische Untersuchung zur Rechtssoziologie und Ökonomie des Konsumentenkredits. Köln: Bundesanzeiger.

Hradil, Stefan/Schiener, Jürgen (2001). Soziale Ungleichheit in Deutschland. 8. Auflage. Opladen: Leske + Budrich.

In Form (2017). Leitfaden Evaluation. Bonn: URL https://www.in-form.de/materialien/in-form-leitfaden-evaluation/, Zugriff: 22.12.2020.

Kindl-Beilfuß, Carmen (2011). Fragen können wie Küsse schmecken. Systemische Fragetechniken für Anfänger und Fortgeschrittene. 3. Auflage. Heidelberg: Carl Auer.

Kleiber, Dieter/Appel, Elke/Pforr, Petra (1998). Peer Education in der Präventionsarbeit. Entwicklungslinien, Begründungsmuster, Erfahrungen und Entwicklungsanforderungen. Berlin: Institut für Prävention und psychosoziale Gesundheitsforschung der Freien Universität Berlin. Forschungsbericht.

Klumker, Christian Jasper (1918). Fürsorgewesen. Einführung in das Verständnis der Armut und der Armenpflege. Leipzig: Quelle & Meyer.

Knöpfel, Carlo (2019). Armut und Verschuldung als Lebenslage. Schuldenprävention im sozialpolitischen Kontext der Armutsbekämpfung. In: Mattes, Christoph/Knöpfel Carlo (Hrsg.). Armutsbekämpfung durch Schuldenprävention. Wiesbaden: SpringerVS. S. 3–20.

Knöpfel, Carlo/Mattes, Christoph (2014). Der Sozialstaat als Gläubiger. Forschungsstand und Forschungsperspektiven. In: Soziale Sicherheit. 22. Jg. (1). S. 27–28.

Koch, Waldemar (1956). Die Entwicklung der deutschen Teilzahlungswirtschaft seit 1945 und ihre Problematik. Berlin: Duncker & Humblot.

Kölln, Detlef/Pallasch, Waldemar (2020). Pädagogisches Gesprächstraining. Lern- und Trainingsprogramm zur Vermittlung pädagogisch-therapeutischer Gesprächs- und Beratungskompetenz. 10. Auflage. Weinheim und Basel: Beltz Juventa.

König, Joachim (2007). Einführung in die Selbstevaluation. Ein Leitfaden zur Bewertung der Praxis Sozialer Arbeit. 2. Auflage. Freiburg im Breisgau: Lambertus.

Königswieser, Roswita/Hillebrandt, Martin (2017). Einführung in die systemische Organisationsberatung. Heidelberg: Carl Auer.

Korczak, Dieter (1997). Marktverhalten, Verschuldung und Überschuldung privater Haushalte in den neuen Bundesländern. Stuttgart: Kohlhammer.

Korczak, Dieter (2001). Überschuldung in Deutschland zwischen 1988 und 1999. Gutachten im Auftrag des Bundesministeriums für Familie, Senioren, Frauen und Jugend. Stuttgart: Kohlhammer.

Korczak, Dieter (2003). Definition der Verschuldung und Überschuldung im europäischen Raum, Literaturrecherche im Auftrag des Bundesministeriums für Familie, Senioren, Frauen und Jugend. München: GP Forschungsgruppe. Forschungsbericht.

Korczak, Dieter/Peters, Sally/Roggemann, Hanne (2021). Private Überschuldung in Deutschland. Auswirkungen der Covid 19 Pandemie und die Zukunft der Schuldnerberatung. Bonn: Forschungsbericht der Friedrich Ebert Stiftung. http://library.fes.de/pdf-files/wiso/17552-20210505.pdf, Zugriff: 20.05.2021.

Korczak, Dieter/Pfefferkorn, Gabriela (1992). Überschuldungssituation und Schuldnerberatung in der Bundesrepublik Deutschland. Stuttgart: Kohlhammer.

Krug, Wolfgang/Tully, Claus J. (2011). Handreichung Bildungsinstitutionen und nachhaltiger Konsum. Stand der Jugendforschung und Forschungsergebnisse aus dem Projekt BINK. Bad Homburg: VAS.

Lackmann, Frank/Binner, Esther (2017). Schulden erfolgreich bewältigen. Von der Pfändung bis zur Privatinsolvenz. München: C. H. Beck.

Landwehr, Norbert/Steiner, Peter (Hrsg.) (2019). Begleitete Selbstevaluation. Ein neuer Weg zur wirksamen Qualitätsdiagnose an Schulen. Bern: hep.

Lange, Elmar (1997). Jugendkonsum im Wandel. Konsummuster, Freizeitverhalten, Lebensstile und Kaufsucht. Opladen: Leske + Budrich.

Lange, Elmar (2004). Jugendkonsum im 21. Jahrhundert. Eine Untersuchung der Einkommens-, Konsum- und Verschuldungsmuster der Jugendlichen in Deutschland. Wiesbaden: SpringerVS.

Lange, Elmar (2005). Jugendkonsum im internationalen Vergleich. Eine Untersuchung der Einkommens-, Konsum- und Verschuldungsmuster der Jugendlichen in Deutschland, Korea und Polen. Wiesbaden: SpringerVS.

Langosch, Andreas (2015). Ressourcenorientierte Beratung und Therapie. München und Basel: Reinhardt.

Lanzen, Vera (2019). Verschuldung von jungen Erwachsenen. Biographische Verläufe im Kontext von Partizipation und Risiko. Weinheim und Basel: Beltz Juventa.

Lehmann, Frank (2011). Kriterien guter Praxis in der Gesundheitsförderung bei sozial Benachteiligten. Ansatz – Beispiele – weiterführende Informationen. 5. Auflage. Köln: URL https://www.bzga.de/infomaterialien/fachpublikationen/fachpublikationen/band-5-kriterien-guter-praxis-in-der-gesundheitsfoerderung-bei-sozial-benachteiligten/, Zugriff: 22.12.2020.

Lemelsen, Joachim (1969). Budgetberatung als Mittel der Konsumentenpolitik. Göttingen: Funke.

Lindart, Marc (2016). Was Coaching wirksam macht. Wirkfaktoren von Coaching-Prozessen im Fokus. Wiesbaden: SpringerVS.

Lindner, Ruth/Steinmann-Berns, Ingeborg (1998). Systemische Ansätze in der Schuldnerberatung. Ein Arbeitsbuch. Dortmund: Borgmann.

Lippmann, Eric (2013). Coaching. Angewandte Psychologie für die Beratungspraxis. 3. Auflage. Berlin und Heidelberg: Springer.

Loibl, Cäzilia (2016). Internationale Ansätze der Überschuldungsprävention aus verhaltensökonomischer Sicht. In: Creditreform e. V. (Hrsg.). SchuldnerAtlas Deutschland. Überschuldung von Verbrauchern. Neuss. S. 42–58.

Mattes, Christoph (1998). Macht es den Weg frei? Neuregelung des Privatkonkurses – Konsequenzen für die soziale Arbeit. Freiburg im Breisgau: Lambertus.

Mattes, Christoph (2007). Im Schatten der Konsumgeschichte. Eine Kritik der Bearbeitung der Konsumentenverschuldung durch die Soziale Arbeit. Basel: Edition Gesowip.
Mattes, Christoph (2009). Schuldnerberatung – Soziale Arbeit zwischen erwünschter und unerwünschter Verschuldung. In: Maier, Konrad (Hrsg.). Armut als Thema der Sozialer Arbeit. Freiburg im Breisgau: FEL. S. 171–189.
Mattes, Christoph (2010). Der aktivierende Sozialstaat – Ein Ende des Ideals der Schuldenfreiheit? In: Mattes, Christoph (Hrsg.). Wege aus der Armut. Strategien der Sozialen Arbeit. Freiburg im Breisgau: Lambertus. S. 215–226.
Mattes, Christoph (2014). Schuldnerberatung als Soziale Arbeit. Eine Standortbestimmung. In: Bauer, Petra/Weinhardt, Marc (Hrsg.). Perspektiven sozialpädagogischer Beratung. Empirische Befunde und aktuelle Entwicklungen. Weinheim: Beltz. S. 33–46.
Mattes, Christoph (2016a). Von Expertenwissen verfolgt? Peer-to-Peer als partizipativer Ansatz in der Schuldenprävention. In: BAG-SB Informationen. 31. Jg. (2). S. 178–184.
Mattes, Christoph (2016b). Jugendverschuldung, Familienarmut und institutionelle Unvernunft. Zur Relevanz haushaltswissenschaftlicher Fragen in der Verschuldungsforschung und Verschuldungsprävention. In: Zeitschrift für Sozialpädagogik. 14. Jg. (3). S. 302–315.
Mattes, Christoph (2020). Professionalisierung und Professionalität der Schuldnerberatung. In: Sozialmagazin. 5/6. Jg. S. 23–29.
Mattes, Christoph/Alder, Marlies (2007). Peer to Peer-Education als lebensweltorientierter und partizipativer Ansatz in der Verschuldungsprävention. In: BAG-SB Informationen. 22. Jg. (3). S. 45–48.
Mattes, Christoph/Fabian, Carlo (2018). Armut und Schulden in der Schweiz. Ansätze der Schuldenbewältigung und ihr Beitrag zur Armutsbekämpfung und -prävention. Bern: URL https://www.gegenarmut.ch/fileadmin/kundendaten/7_17d_eBericht.pdf, Zugriff: 22.12.2020.
Mattes, Christoph/Schnorr, Valentin/Caviezel, Urezza/Knöpfel, Carlo (Hrsg.) (2021). Verschuldet zum Arbeitsamt. Wiesbaden: SpringerVS.
Mattes, Christoph/Knöpfel, Carlo (2019). Armutsbekämpfung durch Schuldenprävention – gesellschaftliche Rahmenbedingungen, Forschungsperspektiven und Herausforderungen. In: dies. (Hrsg.). Armutsbekämpfung durch Schuldenprävention. Wiesbaden: SpringerVS. S. 233–238.
Mattes, Christoph/Knöpfel, Carlo/Bochsler, Yann/Pardini, Riccardo (2016). Existenzielle Überschuldung. Übersicht zu Ursachen, Prävention und Beratung sowie Vorschlag zur Ausarbeitung eines Stakeholderdialogs. Basel: FHNW Forschungsbericht.
Mattes, Christoph/Lang, Michael (2015). Professionalität und Entfremdung in der Schuldnerberatung – ein Beitrag zur Präzisierung des beruflichen Handelns der Sozialen Arbeit bei Verschuldung. In: BAG-SB Informationen. 30. Jg. (2). S. 70–77.
Mattes, Christoph/Wyss, Andreas (2012). Die doppelte Krise der Existenzsicherung. Soziale Arbeit im Spannungsverhältnis zwischen Sozialstaatserosion und Alltagsbewältigung. In: SozialAktuell. 44. Jg. (2). S. 16–18.
Meier, Isaak/Hamburger, Carlo (2014). Die Entschuldung von Privatpersonen im schweizerischen Recht. In: Schweizer Juristen-Zeitung. S. 93–105.
Meier Magistretti, Claudia/Arnold, Claudia/Zinniker, Maya/Brauneis, Peter (2013). Wirkt Schuldenprävention? Luzern: HSLU Recherchebericht.
Meier-Gräwe, Uta/Preuße, Heide/Sunnus, Eva Maria/Meier, Uta (2003). Steckbriefe von Armut. Haushalte in prekären Lebenslagen. Wiesbaden: Westdeutscher Verlag.
Meilwes, Michael (1996). Konsumentenkredite – Soziale Ausgrenzung – Schuldnerberatung. Hemmingen: Sozialwissenschaftliche Studiengesellschaft.
Menkhoff, Lukas/Kaiser, Tim (2018). Was leisten verschiedene Methoden der Evaluierung der Effektivität von finanzieller Bildung? In: BAG-SB Informationen. 38. Jg. (2). S. 72–77.
Meyer, Silke (2017). Das verschuldete Selbst. Narrativer Umgang mit Privatinsolvenz. Frankfurt am Main und New York: Campus.
Mrazek, Patricia Beezley/Haggerty, Robert J. (2010). Reducing Risks for Mental Disorders. Frontiers for Preventive Intervention Research. Washington: National Academy Press.

Müller, Caroline/Mattes, Christoph/Guhl, Jutta/Fabian, Carlo (2013). Risikoentwicklungen bei Schülerinnen und Schülern frühzeitig erkennen und intervenieren – Evaluationen von Pilotprojekten in der Deutschschweiz. In: Piller, Edith Maud/Schnurr, Stefan (Hrsg.). Forschungsbeiträge zur Kinder- und Jugendhilfe in der Schweiz. Wiesbaden: SpringerVS. S. 229–254.

Müller, Karsten/Kötter, Ute-Anna/Straatmann, Tammo/Kraus, Johannes (2015). Transformative Konsumentenpsychologie am Beispiel der Überschuldung von Jugendlichen: Psychologische Bedingungsfaktoren und Ansätze der Prävention. In: Wirtschaftspsychologie. 4. Jg. (1). S. 56–72.

Müller, Marion/Pfeil, Patricia/Dengel, Udo/Donath, Lisa (2018). Identität unter Druck. Überschuldung in der Mittelschicht. Wiesbaden: SpringerVS.

Müller-Herrmann, Silke/Becker-Lenz, Roland (2018). Professionalisierung: Studium, Ausbildung und Fachlichkeit. In: Graßhoff, Gunther/Renker, Anna/Schröer, Wolfgang (Hrsg.). Soziale Arbeit – eine elementare Einführung. Wiesbaden: SpringerVS. S. 687–697.

Münder, Johannes (1987). Schuldnerberatung – eine Aufgabe der Sozialarbeit. Münster: Votum.

Natho, Frank (2007). Die Skalierungsscheibe – in drei ausgewählten beraterischen Kontexten: Erziehungsberatung, Schuldnerberatung und Paarberatung. In: Kontext. 38. Jg. (3). S. 242–257.

Nestmann, Frank/Engel, Frank/Sickendiek, Ursel (2013). Das Handbuch der Beratung. Tübingen: dgvt.

Neurath, Otto (1981). Gesammelte philosophische und methodologische Schriften. Wien: Hölder-Pichler-Tempsky.

Noori, Rausan/Furger, David/Nyffeler, Olivia/Roncoroni, Mario (2020). Handbuch Kreditfähigkeitsprüfung. Bern: URL www.konsumkreditgesetz.ch, Zugriff: 15.12.2020.

Nußbaumer, Barbara/Hemedinger, Fritz (2013). Jugend und Geld. Befragung oberösterreichischer Jugendlicher. Linz: URL https://fitfuersgeld.at/fileadmin/user_upload/Jugendstudie_OOE_131128.pdf, Zugriff: 22.12.2020.

Oevermann, Ulrich (2001). Strukturprobleme supervisorischer Praxis. Eine objektiv hermeneutische Sequenzanalyse zur Überprüfung der Professionalisierungstheorie. Frankfurt am Main: Humanities Online.

Otto, Hans-Uwe/Thiersch, Hans/Treptow, Rainer/Ziegler, Holger (2018). Handbuch Soziale Arbeit. Grundlagen der Sozialarbeit und Sozialpädagogik. 6. Auflage. München: Reinhardt.

Peters, Sally/Größl, Ingrid (2020). IFF Überschuldungsreport. Verschuldung in Deutschland. Hamburg: URL https://www.iff-hamburg.de/wp-content/uploads/2020/06/iff-ueberschuldungsreport-2020_web.pdf, Zugriff: 22.12.2020.

Peters, Sally (2019). Armut und Überschuldung. Bewältigungshandeln von jungen Erwachsenen in finanziell schwierigen Situationen. Wiesbaden: SpringerVS.

Proksch, Roland (2001). Schuldnerberatung. In: Otto, Hans Uwe/Thiersch, Hans (Hrsg.). Handbuch Sozialarbeit Sozialpädagogik. 2. Auflage. Neuwied und Kriftel: Luchterhand. S. 1527–1531.

Reifner, Udo (2011). Finanzielle Allgemeinbildung und ökonomische Bildung. In: Retzmann, Thomas (Hrsg.). Finanzielle Bildung in der Schule. Mündige Verbraucher durch Konsumentenbildung. Schwalbach: Wochenschau. S. 9–30.

Reifner, Udo/Reis, Claus (1992). Überschuldung und Hilfen für überschuldete Haushalte in Europa. Stuttgart: Kohlhammer.

Reifner, Udo/Weitz, Ewald/Uesseler, Rolf (1978). Tatsachen zum Verbraucherschutz im Konsumentenkredit. Ergebnisse einer rechtswissenschaftlichen Lehrveranstaltung. Tübingen: Mohr.

Reis, Claus (1992). Konsum, Kredit und Überschuldung. Zur Ökonomie und Soziologie des Konsumentenkredits. Frankfurt am Main: Eigenverlag Deutscher Vereins für öffentliche und private Fürsorge.

Reiter, Gerhard (1991). Kritische Lebensereignisse und Verschuldungskarrieren von Verbrauchern. Berlin: Duncker & Humblot.

Roncoroni, Mario (2011). Der Betreibungsalltag. Vom Zahlungsbefehl zum Verlustschein. 3. Auflage. Bern: Edition Soziothek.
Sachße, Christoph (2001). Geschichte der Sozialarbeit. In: Otto, Hans Uwe/Thiersch, Hans (Hrsg.). Handbuch Sozialarbeit Sozialpädagogik. 2. Auflage. Neuwied und Kriftel: Luchterhand. S. 670–681.
Sachße, Christoph/Tennstedt, Florian (1986). Soziale Sicherheit und soziale Disziplinierung. Beiträge zu einer historischen Theorie der Sozialpolitik. Frankfurt am Main: Suhrkamp.
Sanio, Werner/Groth, Ulf/Schulz-Rackoll, Rolf (2006). Hilfe zur Selbsthilfe – Krisenberatung, Prävention und finanzielle Bildung für Schuldner. In: Verbraucherzentrale Bundesverband/Deutscher Caritasverband/Deutsches Rotes Kreuz/Diakonisches Werk der EKD (Hrsg.). Schuldenreport. Berlin: Berliner Wissenschaftsverlag. S. 223–243.
Schein, Edgar H. (2010). Prozessberatung für die Organisation der Zukunft. Der Aufbau einer helfenden Beziehung. 3. Auflage. Bergisch Gladbach: Ed. Humanistische Psychologie.
Schindelbeck, Dirk (2003). Marken, Moden und Kampagnen illustrierte deutsche Konsumgeschichte. Darmstadt: Primus.
Schlippe, Arist von/Schweitzer, Jochen (2019). Systemische Interventionen. 4. Auflage. Göttingen: Vandenhoeck & Ruprecht.
Schmidt, Gunther (2013). Einführung in die hypnosystemische Therapie und Beratung. 5. Auflage. Heidelberg: Carl Auer.
Schmidt, Martin (2020). Zirkuläres Fragen. In: Lexikon der Psychologie. URL https://www.spektrum.de/lexikon/psychologie/zirkulaeres-fragen/17244, Zugriff: 22.12.2020.
Schneider, Sabine (2006). Sozialpädagogische Beratung. Praxisrekonstruktionen und Theoriediskurse. Tübingen: dgvt.
Schnorr, Valentin/Caviezel, Urezza/Mattes, Christoph (2020). Zum Begriff »Schulden«. Ein Plädoyer zur Rekapitulation über die eigenen Fachbegriffe und die eigene Fachlichkeit. In: BAG-SB Informationen. 35. Jg. (3). S. 96–100.
Schnorr, Valentin/Mattes, Christoph (2019). Wenn das Geld der Existenzsicherung nicht reicht. Ursachen und Folgen von Verschuldung. In: ZESO Zeitschrift für Sozialhilfe. 116. Jg. (1). S. 24–25.
Schruth, Peter/Schlabs, Susanne/Müller, Peter/Stammler, Claudia/Westerath, Jürgen/Wolkowski, Jürgen (2011). Schuldnerberatung in der Sozialen Arbeit. Weinheim: Juventa.
Schuwey, Claudia/Knöpfel, Carlo (2014). Neues Handbuch Armut in der Schweiz. 2. Auflage. Luzern: Caritas.
Schwarze, Uwe (1998). Schuldnerberatung – Profession zwischen Armenfürsorge und Insolvenzmanagement. In: Archiv für Wissenschaft und Praxis der sozialen Arbeit. 29. Jg. (1). S. 32–52.
Schwarze, Uwe (2019). Die Geschichte der Schuldnerhilfe in Deutschland – von den frühen Ursprüngen bis Ende des 20. Jahrhunderts. In: Schwarze, Uwe/Buschkamp, Heinrich/Elbers, Alexander (Hrsg.). Geschichte der Schuldnerhilfe in Deutschland. Varianten und Entwicklungspfade aus Perspektive der Sozialen Arbeit. Weinheim und Basel: Beltz Juventa. S. 17–143.
Schwarzer, Ralf (2004). Psychologie des Gesundheitsverhaltens. Einführung in die Gesundheitspsychologie. 3. Auflage. Göttingen und Bern: Hogrefe.
Schwarzer, Ralf/Jerusalem, Matthias (2002). Das Konzept der Selbstwirksamkeitserwartung. In: Jerusalem, Matthias/Hopf, Dieter (Hrsg.). Selbstwirksamkeit und Motivationsprozesse in Bildungsinstitutionen. Weinheim und Basel: Beltz. S. 28–53.
Schweizer Konferenz für Sozialhilfe (2021). SKOS-Richtlinien. Allgemeiner Teil. Bern.
Schweizer Konferenz für Sozialhilfe (2005). SKOS-Richtlinien für die Ausgestaltung und Bemessung der Sozialhilfe. Bern.
Seeber, Günther/Retzmann, Thomas (2017). Financial Literacy, finanzielle (Grund-)Bildung, ökonomische Bildung. In: Vierteljahreshefte zur Wirtschaftsforschung. 86. Jg. (3). S. 69–80.
Shah, Anuj K./Mullainathan, Sendhil/Shafir, Eldar (2012). Some Consequences of Having too little. In: Science. Band 338. S. 682–685.

De Shazer, Steve/Dolan, Yvonne M. (2020). Mehr als ein Wunder. Lösungsfokussierte Kurztherapie heute. 6. Auflage. Heidelberg: Carl Auer.
Sickendiek, Ursel/Engel, Frank/Nestmann, Frank (2008). Beratung. Eine Einführung in sozialpädagogische und psychosoziale Beratungsansätze. 3. Auflage. Weinheim und München: Juventa.
Siegrist, Hannes (Hrsg.) (1997). Europäische Konsumgeschichte. Zur Gesellschafts- und Kulturgeschichte des Konsums (18. bis 20. Jahrhundert). Frankfurt am Main: Campus.
Sozialmagazin (2020). Themenheft Schulden und Schuldnerberatung. 45. Jg. (6). Weinheim und Basel: Beltz Juventa.
Stalder, Heidi (1967). Budgetberatung und Lohnverwaltung als soziale Hilfe. Bern: Abschlussarbeit.
Starker, Vera/Peschke, Tilman (2017). Hypnosystemische Perspektiven im Change-Management. Veränderung steuern in einer volatilen, komplexen und widersprüchlichen Welt. Wiesbaden: SpringerVS.
Statistisches Bundesamt Destatis (2019). Rechtspflege. Wiesbaden. URL https://www.destatis.de/DE/Themen/Staat/Justiz-Rechtspflege/Publikationen/Downloads-Gerichte/zivilgerichte-2100210187004.pdf?__blob=publicationFile, Zugriff: 22.12.2020.
Statistisches Bundesamt Destatis (2020). Statistik zur Überschuldung privater Personen. Wiesbaden: URL https://www.destatis.de/DE/Themen/Gesellschaft-Umwelt/Einkommen-Konsum-Lebensbedingungen/Vermoegen-Schulden/Publikationen/Downloads-Vermoegen-Schulden/ueberschuldung-2150500197004.pdf;jsessionid=D6CE79A753A7DF1D1E529FF08D5EA497.internet8711?__blob=publicationFile, Zugriff: 22.12.2020.
Sterdt, Elena/Walter, Ulla (2012). Ansätze und Strategien der Prävention und Gesundheitsförderung im Kontext von Stadtplanung. In: Böhme, Christa/Kliemke, Christa/Reimann, Bettina/Süss, Waldemar (Hrsg.). Handbuch Stadtplanung und Gesundheit. Bern: Huber. S. 27–36.
Stimmer, Franz/Ansen, Harald (2016). Beratung in psychosozialen Arbeitsfeldern. Grundlagen – Prinzipien – Prozess. Stuttgart: Kohlhammer.
Streuli, Elisabeth (2013). Geld, Knappheit und Verschuldung im Jugendalter zwischen finanzieller Abhängigkeit und Mündigkeit. In: Piller, Edith Maud/Schnurr, Stefan (Hrsg.). Kinder- und Jugendhilfe in der Schweiz. Wiesbaden: SpringerVS. S. 333–365.
Streuli, Elisabeth/Mattes, Christoph/Steiner, Olivier/Shenton Bärlocher, Franziska (2007). Die Bedeutung von Geld und Schulden für Jugendliche. Olten/Basel: Forschungsbericht FHNW.
Sucht Schweiz (2013). Verhältnisprävention: Strukturorientierte Suchtprävention. Lausanne: Sucht Schweiz. Forschungsbericht.
Suter, Jürgen/Wagner, Herbert (1986). Schuldnerberatung und Schuldenregulierung in der sozialen Arbeit. Heidelberg: Decker.
Swiecka, Beata/Grzesiuk, Aleksandra/Korczak, Dieter/Wyszkowska-Kaniewska, Olga (2019). Financial Literacy and Financial Education. Theory and Survey. München und Wien: De Gruyter.
Thiersch, Hans (1997). Soziale Beratung. In: Nestmann, Frank (Hrsg.). Beratung – Bausteine für eine interdisziplinäre Wissenschaft und Praxis. Tübingen: dgvt. S. 99–110.
Thomsen, Monika (2008). Professionalität in der Schuldnerberatung Handlungstypen im Vergleich. Wiesbaden: SpringerVS.
Trinkner, Reinhold (1996). 50 Jahre Betriebs-Berater, 50 Jahre Rechtsentwicklung am Beispiel von 100 Aufsätzen. Heidelberg: Verlag Recht und Wirtschaft.
Tully, Claus (2018). Jugend – Konsum – Digitalisierung. Über das Aufwachsen in digitalen Konsumwelten. Wiesbaden: SpringerVS.
Tully, Claus/Santen, Eric von (2016). Konsum und Kommerzialisierung des Jugendalters – Trends, Befunde und Grenzen des Konsums. In: Zeitschrift für Sozialpädagogik. 14. Jg. (3). S. 249–265.
Verbraucherzentrale Bundesverband/Deutscher Caritasverband/Deutsches Rotes Kreuz/Diakonisches Werk der EKD (Hrsg.) (2006). Schuldenreport 2006. Berlin: Berliner Wissenschaftsverlag.

Weisser, Gerhard (1951). Hauptmerkmale des Begriffs »Lebenslage«. Frankfurt am Main: Vorlesungsmanuskript.
Weisser, Gerhard (1957). Einige Grundbegriffe der Sozialpolitiklehre. Frankfurt am Main: Vorlesungsmanuskript.
Widmer, Thomas (2012). Evaluation. Grundlagen, Ansätze und Anwendungen. Glarus: Edition Rüegger.
Widulle, Wolfgang (2012). Gesprächsführung in der Sozialen Arbeit. Grundlagen und Gestaltungshilfen. 2. Auflage. Wiesbaden: SpringerVS.
Wiesendanger, Agnes (1953). Budgetberatung innerhalb der Fürsorgepraxis. Zürich: Abschlussarbeit.
Wright, Michael T (2010). Partizipative Qualitätsentwicklung in der Gesundheitsförderung und Prävention. Bern: Huber.
Wright, Michael T./Noweski, Michael (2010). Qualitätsentwicklung in Primärprävention und Gesundheitsförderung. Berlin: Diskussionspapier der Forschungsgruppe Public Health des Wissenschaftszentrums für Sozialforschung.
Zurhorst, Günter (1998). Die Theorie der Lebenswelt als Grundlage psychosozialer Beratung. In: Journal für Psychologie. 6. Jg. (3). S. 53–58.

Abbildungs- und Tabellenverzeichnis

Abbildungen

Abb. 1: Konzept der Verschuldung von Privatpersonen und Privathaushalten 76
Abb. 2: Gerichtliche Mahnverfahren zwischen 2005 und 2018 90
Abb. 3: Altersklassen und deren durchschnittliche Verschuldung 95
Abb. 4: Anzahl Gläubiger*innen mit durchschnittlicher Verschuldungshöhe 96
Abb. 5: Einkommens- und Verschuldungshöhe der ratsuchenden Haushalte 98
Abb. 6: Dauer der finanziellen Notlage 100
Abb. 7: Offene Rechnungen und Schulden 101
Abb. 8: Strategien zur Vergrößerung finanzieller Spielräume 103
Abb. 9: Subjektives Gesundheitsempfinden 104
Abb. 10: Wünsche bei verbesserter wirtschaftlicher Situation 105
Abb. 11: Risiko- und Schutzfaktoren 137
Abb. 12: Wirkungen von Verhaltens- und Verhältnisprävention 138
Abb. 13: Typologien von Prävention 140
Abb. 14: Besonders betroffene Personengruppen 144
Abb. 15: Relevante Settings 148
Abb. 16: Handlungsebenen und Handlungsfelder der Schuldenprävention 155
Abb. 17: Wirkungsmessung und Professionalität 163
Abb. 18: Wirkungsmodell der Schuldenberatung und Schuldenprävention 168

Tabellen

Tab. 1: Länderprofile im Vergleich 18
Tab. 2: Beratungsinhalte und Beratungsablauf bei Verschuldung 56
Tab. 3: Anzahl Ratenkredite und Neuverträge 88
Tab. 4: Gläubiger*innenstruktur und durchschnittliche Forderungshöhe 97
Tab. 5: Die 500-Franken-Frage 102
Tab. 6: Vergleich von Expert*innenberatung mit systemischer Beratung und Intervention 130

Tab. 7: Zusammenhang zwischen Risikofaktoren und
Problemverhalten 136
Tab. 8: Handlungsstrategien der Schuldenprävention 153
Tab. 9: Stufen der Partizipation in der Schuldenprävention 157
Tab. 10: Vor- und Nachteile der Evaluationsperspektiven 166